W0171844

DON BOSCO
VERLAG

PETER DYCKHOFF

Finde den Weg

Geistliche Wegweisung
nach Miguel de Molinos

Don Bosco

Peter Dyckhoff, geboren 1937, Theologe, Psychologe, Priester und Gemeindepfarrer. Kurse und Veröffentlichungen zur Gebetspraxis früher Kirchenväter.

Die Deutsche Bibliothek – CIP-Einheitsaufnahme

Dyckhoff, Peter:
Finde den Weg : geistliche Wegweisung nach Miguel de Molinos / Peter Dyckhoff. – 1. Aufl. – München : Don Bosco, 1999
   ISBN 3-7698-1148-8

1. Auflage 1999 / ISBN 3-7698-1148-8
© 1999 Don Bosco Verlag München
Umschlag: Margret Russer
Umschlagfoto: Vojtěch Vlk
Gesamtherstellung: Don Bosco Grafischer Betrieb, Ensdorf

Inhalt

Vorwort

„Finde den Weg" möchte allen Begleiter sein, die nach einem geistlichen Weg suchen oder die auf ihrem geistlichen Weg Mut, Bestätigung oder Korrektur benötigen. Unter Zeitdruck sollte man das Buch nicht zur Hand nehmen, da sonst der Wert und die Tiefe dieser „Wegweisung" verlorengehen könnten.

Der beschriebene Weg besteht aus einem Prozeß des Loslassens, einem wachsenden Losgelöstsein, das es ermöglicht, innere Ruhe zu erfahren - mystisches Schweigen, wo Reden, Denken und Streben aufhören und Gott zur Seele spricht. Dieser Weg gehört zum Grundbestand der christlichen mystischen Tradition. Er lehrt, daß die unmittelbare Mitteilung Gottes sich im Seelengrund vollzieht, jenseits des reflektierenden Verstandes und des bewußten Willens. Voraussetzung ist, alle anstrengenden Übungen zu meiden und die innere Ruhe zuzulassen.

Die „Wegweisung" nach Miguel de Molinos, einem spanischen Mystiker des 17. Jahrhunderts, ist eine Übertragung seines Werkes „Guia espiritual". Sie soll nicht als wissenschaftliche Übersetzung gelten, son-

dern in einer einfachen und heute verständlichen Sprache Anleitung zu vertieftem inneren Beten sein.

Vier „Einsichten" stellt Molinos den drei Büchern der „Wegweisung, um den inneren Frieden zu erlangen" voraus. Diese möchten den Einblick in verschiedene Arten des Betens gewähren und erlauben ein Reflektieren eigener Erfahrungen. Die Einsichten wollen sensibel und spürig machen, damit die Zeichen auf jedem individuellen Lebensweg erkannt und gedeutet werden können - die Zeichen, die zu tieferer Erfüllung und zu größerer Gottesnähe führen.

Die dann folgenden drei Bücher der Wegweisung beschreiben nicht nur den geistlichen Weg des Loslassens, um göttliche Gnade zu empfangen, sondern rüsten und befähigen, diesen auch wirklich und erfolgreich zu gehen.

Geistliche Wegweisung
nach
Miguel de Molinos

Sehnsucht nach einem erfüllteren Leben haben wir alle. Es gibt viele Wege zu diesem Ziel. Wir scheuen verständlicherweise jedoch davor zurück, uns zusätzlich zu unseren täglichen Pflichten im geistig-geistlichen Bereich anzustrengen. Eine religiöse Entwicklung und die damit verbundene Freude bleiben uns somit oft versagt. Diese religiöse Wegweisung möchte die Menschen begleiten, die auf einfache Weise christliche Erfahrung und tiefere Einsicht suchen, die sich nach einem reicheren inneren Leben und nach innerer Ruhe sehnen – selbst inmitten aller Anforderungen, die der Alltag stellt.

Daher wird hier keine theologische oder wissenschaftliche Betrachtung vorgelegt, sondern ein einfach zu gehender christlicher Weg beschrieben.

Der „Wegweiser" möchte Freude am Dasein schenken und Anleitung sein. Er möchte einfache Lebens- und Gebetsweisen vermitteln und Hindernisse beseitigen, die Lebensenergien im Wege stehen.

Möge denen, die sich auf diesen Weg begeben, neue Kraft für ihren Alltag zufließen und neues Licht leuchten. Mögen die Erfahrungen auf diesem Weg zu Erkenntnissen führen, die helfen, das Leben besser in den Griff zu bekommen, ihm tieferen Sinn zu geben und Freude am Leben zu vermitteln.

Erste Einsicht

Über zwei Wege kann man zu einer tieferen Erkenntnis und einem tieferen Glauben gelangen:

- *Der erste ist der Gebrauch des Verstandes, der es erlaubt, aus Gedachtem Schlußfolgerungen zu ziehen.*
- *Der zweite ist die Versenkung – ein vertrauensvolles Loslassen von allem.*

Beide Wege führen zu dem einen Urgrund, der Liebe ist.

Durch den Gebrauch des Verstandes, durch Denken und Nachsinnen kann der Mensch diesem Ziel näherkommen und wesentliche Erkenntnisse gewinnen, die seinen Glauben bereichern. Beim Gehen dieses ersten Weges sind sinnliche Wahrnehmungen Voraussetzung, die die menschliche Vorstellungs- und Gedankenwelt prägen. Dieser Weg wird, da er Aktivität erfordert, von Stufe zu Stufe schwieriger und anstrengender.

Der zweite Weg erfordert keinen aktiven Beitrag. Wer tiefer in die Erkenntnis der Wahrheit eindringen möchte, erfährt den Fortschritt rein geistlich. Die hierzu notwendige Wegweisung lehrt unsere Seelenkräfte, sich auf einfache Weise vorübergehend in ihren

Ursprung zu versenken. Die Kräfte der Seele bleiben – ohne etwas leisten zu müssen – in ruhevoller Wachheit. Daher wird dieser Weg auch „Aufmerken der Seelenkräfte" genannt.

2 Auf dem ersten Weg ist der menschliche Geist in Bewegung. Er gelangt von einer Wahrnehmung zur anderen und von einer Erkenntnis zu einer anderen. Bringt der menschliche Geist es fertig, Betrachtungen über die Geheimnisse der Schöpfung anzustellen, so ist er auch auf diesem ersten Weg in der Lage, die Seele in eine größere Nähe zum Schöpfer zu bringen. Wenn die menschliche Seele erst einmal diese Richtung eingeschlagen hat, wird sie auch auf diesem mit dem Denkvermögen eingeleiteten Weg wie von selbst weitergeführt.

Geistige Aktivität wie auch sogenanntes vernünftiges Denken bleiben zurück – vorausgesetzt, es wurde ein Zeichen des Glaubens gegeben.

Der erste Weg beginnt mit einem längeren Anstieg: Er führt durch das Denken an den Punkt, an dem kein Denken zum Weitergehen erforderlich ist. Der zweite Weg verzichtet auf den Umweg des Denkens. Er beginnt gleich mit dem Loslassen und der Hingabe.

An dieser Schwelle treffen sich beide Wege:

Der Mensch übereignet sich ganz und gar vertrauend seinem Schöpfer. Von der schöpferischen Kraft der Liebe wird er den Weg geführt, der für ihn - und einzig und allein für ihn - bestimmt ist. Dieser entscheidende Schritt kann aber nur gelingen, wenn der auf sein Ziel Zugehende sich immer wieder einübt, bewußtes Denken auszuschalten, und bereit ist, Eingaben und Einwände der Vernunft wie auch jegliches Betrachten loszulassen. Durch die der Seele innewohnende schöpferische Kraft wird sie nun weitergeführt in heitere und helle Bereiche, in die der menschliche Verstand niemals einzudringen vermag.

In diesen Zeiten der Hingabe an ihren Ursprung wird die Seele vorübergehend aus ihren sinnlichen und bildlichen Begrenzungen befreit und erlebt einen Zustand, der nicht mehr mit Worten beschrieben werden kann. Sie erhebt sich zu dem, was sie aus ihrer eigentlichen Natur selbst ist. Diese Bewegung der Seele geschieht ohne Anstrengung, ohne ein Bereden von außen und auch ohne jegliche eigene verstandesmäßige Beeinflussung.

Erst langsam und mit der Zeit der Übung oder gar durch Schicksalsschläge geht diese Bewegung der Seele, die anfänglich immer wieder verharren will, in ein Fließen und Strömen über. Der Seele ist eine Sehnsucht eingegeben, die nach Erfüllung drängt - eine gesunde Unruhe, die das Erleben einer tiefen geistigen Ruhe zum Ziel hat.

3 Die Liebe innerhalb der Schöpfung und vor allem unter den Menschen kann um so stärker strömen und sich entfalten, je mehr sie in der Lage ist, sich zwischenzeitlich vom Geliebten und somit auch von allem Geschaffenen zu lösen, um sich auf den Urgrund der Liebe, auf Gott, auszurichten.

Die Liebe eines Menschen kann nur wachsen, wenn sie beständig teilhat an der absoluten Liebe, die sich immer und überall verschenken möchte. Durch das vorübergehende Loslassen des Kleineren und das Sich-Öffnen für das Größere und letztlich dem Größten gegenüber geschieht Wachstum. Selbst wenn Fortschritt nicht sofort wahrnehmbar ist, dürfen wir sicher sein: Der Seele werden heimlich neue Kräfte der Liebe eingegeben, die sich oft erst später unter geeigneten Bedingungen entfalten können.

Für viele Menschen bedeutet das Loslassen des einmal Erkannten und durch die Sinne Wahrgenommenen etwas außergewöhnlich Schweres und oft gar Schmerzhaftes. Hier bedarf es der Einübung, so daß die oft allzu tief eingravierten Bilder, die die Seele einengen und belasten, sich wieder lösen können. Die Kraft der Liebe, die wachsen und sich entgrenzen möchte, ist ständig im Aufbruch und möchte sich von allem Ballast befreien, um sich in lichtere Bereiche zu erheben.

Obwohl alle Menschen das Loslassen im Schlaf erfahren, haben viele Angst davor, diesen notwendigen Schritt auch während des Wachseins zu tun. Sie wissen nicht, was mit ihnen geschieht, wenn vorübergehend ihr eigenes aktives Denken, ein ihnen vertrautes Nachsinnen oder gar ihre Vernunft aufgegeben ist, und sie sich der „göttlichen Finsternis" überlassen.

Ist allerdings der eigene Seelengrund nicht fundiert oder bewußt, ist jemand nicht mit dem eigenen Schweigen vertraut und verfügt er über nur mangelnde Erfahrung einer liebenden Hingabe, kann er sich auf diesem Weg seines eigenen Wesens beraubt fühlen.

Wenn der Übende trotzdem diesen Schritt der Aufgabe und Hingabe wagt, wird er auf einen geraden Weg geleitet, der ohne Umwege und Hindernisse zu seinem individuellen Ziel führt.

Die erste wunderbare Erfahrung, von der alle berichten, die diesen Weg gehen, besteht in einer Sicherheit dem sich verändernden Leben gegenüber, das für viele Menschen oft untragbar scheint. Diejenigen, die

sich darauf einlassen, von der Kraft göttlicher Liebe geführt zu werden, erleben eine Führung, wie sie niemals durch eigene Denk- und Sinneserfahrung möglich ist.

Die innerpersönliche Kraftzuwendung stärkt das gesunde Selbstbewußtsein derart, daß alles Bereden von außen wirkungslos bleibt. Die eigene Überzeugung ist in der Wahrheit gegründet. Sie läßt sich zwar bereichern, aber nicht mehr beeinflussen oder durch andere Meinungen ins Wanken bringen. Daß menschliches Vermögen und jegliches Denken von einer anderen, ihnen zugrunde liegenden Kraft bei weitem übertroffen wird, ist zu einem absolut sicheren Erfahrungs- und Erkenntnisbestandteil des persönlichen Lebens geworden.

Erkenntnis des Wahren und Wesentlichen geschieht einzig innerhalb des Menschen selbst und durch Ihn, der anwesend ist. Andere Menschen können zwar dazu anleiten – die Gotteserkenntnis jedoch ist und bleibt ein innerpersönlicher, seelischer Vorgang, der sich nach nicht einsehbaren Gesetzen den Menschen schenkt.

4 Jenseits des Verstandes und allen Verstehens wirkt eine liebende Kraft, die es gut mit allen Geschöpfen und allem Geschaffenen meint. Auf diese

Liebe richtet sich die Seele aus; sie wird von ihr angezogen und möchte an dieser Liebe teilhaben. Für den
menschlichen Verstand bleiben diese Sphären unerreichbar und geheimnisvoll - menschliches Denken
und jede Art der Vorstellung stoßen hier an Grenzen.

Ein Kind, das seinen Vater nie gesehen hat, wird ab einem bestimmten Alter nicht daran zweifeln, daß es einen Vater hat. Vertrauensvoll glaubt das Kind denen,
die ihm von seinem Vater Gutes berichten. Dann wird
das Kind - selbst wenn es ihn nicht gesehen hat - den
Vater lieben.

5 Ein nur vernunftgemäßes Eindringen und Erfassen
subtiler Regungen der Seele läßt die Schöpfung
nicht zu. Da sich dem Menschen zur rechten Zeit und
ihm angemessen das Geheimnis als ein Geschenk des
Himmels offenbart, sollte er aus den göttlichen Geheimnissen keine Wissenschaft machen und mit Gewalt in sie eindringen. Dem denkenden menschlichen
Geist, der erforschen und erkennen möchte, fällt es
äußerst schwer, eine für ihn unüberwindliche Grenze
zu akzeptieren und sie anzuerkennen. Das Denken
fühlt sich seines eigenen Wesens beraubt.

Wenn die Seele es noch nicht vermag, etwas von dem
jenseits der Grenze strahlenden Licht und der wohltuenden Ruhe aufzunehmen, kann sie durchaus vor-

übergehend die Erfahrung von Dunkelheit, Einsamkeit, Unruhe und Dürre machen. Diese nicht angenehme Befindlichkeit darf uns nicht verunsichern oder beunruhigen. Es ist geboten, still, fest und standhaft zu bleiben, damit die wesentlichen Lebenskräfte jenseits des Denkens sich entfalten und wirken können.

Vom menschlichen Leistungsdenken aus wird dieser Zustand als passiv empfunden, sinnlos und oft sogar als Müßiggang. Die Empfindung ist subjektiv durchaus richtig, da man völlig machtlos zu sein scheint. Viele Menschen meinen an dieser Stelle, unbedingt von sich aus etwas in Gang setzen zu müssen, da sie diese Inaktivität nicht ertragen können. Sie scheuen vor dem Kommenden zurück und ergreifen die Flucht, indem sie bewußt Gedanken aufnehmen, sinnliche Eindrücke zulassen und sich somit wieder mit dem beschäftigen, von dem sie Abstand nehmen wollten. Sie schrecken vor der eigentlichen Wahrheit und Wirkung des göttlichen Wesens zurück und verhindern wesentliche Erfahrungen und Erkenntnisse, die sich dem Menschen aus entgegenkommender Liebeszuwendung Gottes offenbaren und schenken möchten.

6 Viele Suchende, die sich auf den Weg gemacht haben und unweigerlich an diese oft schmerzhafte

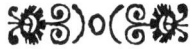

Grenze stoßen, bekommen Angst, kehren um und halten sich wieder an Gewohntem fest. Würden sie sich an dieser Stelle der weiterführenden Wegweisung anvertrauen und sich von allem Greif- und Denkbaren lösen, wäre ihnen der Zustrom ungeahnter gnadenvoller Energien gewiß. Zu diesem Schritt bedarf es großen Vertrauens, das von Kindheit an in zwischenmenschlichen Bereichen gefördert werden sollte.

7 Selbst wenn bei dieser geistlichen Weisung der menschliche Wille ausgeschaltet und als müßiggängerisch oder gar als unbeweglich empfunden wird, bedeutet das nicht, daß der Mensch auf die Kraft seines Willens generell verzichten kann und soll. Selbst wenn der Verstand letztlich nicht in der Lage ist, das zu erkennen, was die Seele liebt, so können doch durch den menschlichen Willen und Verstand Impulse dieser Liebe fließen.

Man sagt, es sei eine Grundregel: *Was man nicht erkennt, das kann man auch nicht lieben.* Obgleich der Verstand Gott nicht durch Denken, Vorstellungen, Nachsinnen und Betrachtungen erkennen kann, so spielt er doch beim Wachsen des menschlichen Bewußtseins zum Gottesbewußtsein eine nicht unbedeutende Rolle. Durch die guten und Gott nahen Erfahrungen, die der Mensch jenseits seines eigenen Wollens und aktiven Denkens macht, wird sowohl

der Wille als auch jeglicher Gedanke bereichert und kultiviert.

Die gewonnene Erfahrung ist zwar übernatürlich, doch führt sie zu einer wesentlich klareren und vollkommeneren Erkenntnis, die durch den bloßen Verstand nicht hätte erreicht werden können. Die höchsten geistigen Leistungen, die der Mensch zu vollbringen imstande ist, reichen nicht einmal ansatzweise an das wahre Wesen des Schöpfers heran.

8 Man nähert sich dem Wesen Gottes - so sagt Dionysius - eher durch ein Denken dessen, was Gott nicht ist, als durch Denken und Vorstellen dessen, was Gott sein könnte. Der Mensch kann sich dem Wesen Gottes und seiner Ausstrahlung besser nähern - auch gedanklich - wenn er zutiefst erkennt, daß Gott unbegreiflich und über unsere Sinnestätigkeit und jegliche Gedankenaktivität erhaben ist.

Gott ist nicht aussagbar und nicht vorstellbar - weder als Güte, Schönheit noch als Bildnis. Die Erkenntnis, daß Gott unbegreiflich für den Menschen bleibt, schafft bedeutend mehr Raum in uns. Seine liebenden Kräfte können sich in diesem Raum besser entfalten als bei jeglicher gedanklichen Vorstellung oder gefühlsmäßigen Betrachtung. Sind wir gewillt, Ihm Zeit und Freiraum in uns zu schenken, so daß Er uns zum

Besseren wandeln kann, werden wir den Weg zu Ihm schneller und leichter finden als durch bloßes Bedenken und zögerndes Abwägen. Damit menschliche Liebe wachsen und sich immer neu - selbst unter vorübergehenden Belastungen - verschenken kann, darf sie nicht ausbrennen und sich verzehren. Sie benötigt Ruhephasen, in denen ihr erlaubt wird, zum Urgrund Liebe zurückzufinden.

Die Suchbewegung, diesen Quellgrund aufzuspüren und aus ihm zu schöpfen, ist der Seele eigen. Viele Menschen beklagen sich, die wirkliche Liebe sei ihnen fern - und damit auch Gott. Sie haben einseitig ausgerichtete Erwartungen, haften allzuoft an ihren eigenen Vorstellungen und lassen somit die Begegnung und Berührung mit einer ihnen noch unbekannten Dimension der Liebe nicht zu.

Zweite Einsicht

Unterschied zwischen dem, was allgemein als „Betrachtung" bezeichnet wird und dem „Gebet der Ruhe" oder der „Inneren Einkehr".

9 Von vielen wegweisenden Lehrern der Kirche wird die Erhebung der Seele über alles Geschaffene hinaus als Gebet angesehen. Der Schöpfer selbst ist weitaus größer als seine Schöpfung und steht über ihr. Innerhalb der Schöpfung kann die menschliche Seele zwar ihren Schöpfer erahnen und erspüren, doch schwerlich direkt mit Ihm Kontakt aufnehmen oder Ihm gar begegnen. Dank ihrer Fähigkeit aber, sich über alles Geschaffene zu erheben und für Augenblicke alles loslassen zu können, ist der menschlichen Seele eine Gottesbegegnung eher möglich als durch und innerhalb der geschaffenen Welt.

Einen gangbaren Weg zu diesem Ziel weist das Gebet. Von vielen wird es als freundliche Unterredung der Seele mit Gott bezeichnet. Generell unterscheidet man zwei wesentliche Arten: die Betrachtung und das Gebet der Ruhe oder die Innere Einkehr.

IO Erwägen wir durch unser Denken und durch die Kraft unserer Vorstellung die Geheimnisse der Schöpfung, die in allem auf ihren Schöpfer verweist, so sprechen wir von „Betrachtung". Darüber hinaus wird ebenso das Erwägen und Erspüren der Geheimnisse des Glaubens als Betrachtung bezeichnet. Der menschliche Verstand ist damit beschäftigt, tiefere Wahrheiten zu erkennen, indem die Geheimnisse des Glaubens befragt, erwogen und betrachtet werden. Der Betrachter möchte verstehen und beleuchtet daher alle vorstellbaren Umstände, um mit seinen Kräften dem Geheimnis des verborgenen Gottes auf die Spur zu kommen.

II Das Gebet der Ruhe oder die Innere Einkehr kann zum einen das Ergebnis vielfältigen Nachsinnens sein. Durch bestimmte gedankliche Fähigkeiten hat die Seele eine solche Freiheit erlangt, daß sie zur Ruhe kommt und sich dem öffnet, was sich ihr schenken möchte.

Zum anderen spricht man vom Gebet der Ruhe, wenn die Seele ohne Hindernisse auf ihren Ursprung ausgerichtet ist. In diesem lauteren und ruhigen Zustand verharrt sie eine Zeitlang in der ihr eigenen Stille, offen dem Unnennbaren gegenüber und bereit zu empfangen. Durch Erleuchtung werden ihr göttliche Wahrheiten zuteil.

In dieser Hingabe, die „Ruhegebet" genannt wird, wird die Seele und damit der ganze Mensch von einer Liebesenergie und Wahrheit durchdrungen, die keiner Betrachtung mehr bedarf und keine Beweisgründe nötig hat. Selbst der menschliche Wille, dem es schwerfällt zu schweigen und zu empfangen, weil er eigene Wege gehen und selbst etwas leisten will, ist nun ganz und gar erfüllt von einer Liebe, die ihn auf neue Wege führt und zu größeren Leistungen anspornt. Dieses Gebet der Ruhe, das auch als „inneres Einkehren" oder „Aufmerken der Seelenkräfte" bezeichnet wird, löst spontan tiefe Freude aus und schenkt Erfüllung.

12 Das Gebet der Ruhe oder das Innere Einkehren geschieht ohne jegliche Überlegung und ohne Nachsinnen. Es ist ein Offensein für die ewige Wahrheit, ein einfach Da-Sein und Geschehenlassen. Trachtet man aber danach, göttliche Wahrheiten in den Kreaturen zu erkennen, und versucht man, über die geschaffene Welt zur letzten Vollkommenheit vorzudringen oder Betrachtungen über die Menschheit und das Christentum anzustellen - dann hat dieses an sich gute Vorgehen nichts mit dem zu tun, was wir „Ruhegebet" nennen.

Selbstverständlich ist es einem jeden möglich, durch und über die Schöpfung zurück zum Schöpfer zu finden. In besonderer Weise ist dies möglich über die Liebe eines Menschen - und als vollkommenstes Mittel über das Menschsein Jesu Christi. Wenn auch für viele Menschen der irdische Jesus zum höchsten Weg und Vermittler aller Gnaden und Gaben geworden ist, so besteht doch zwischen diesem kontemplativen Weg und dem Gebet der Ruhe ein Unterschied.

Während des Ruhegebetes richtet sich der Betende auf das höchste Gut aus: Gott, der gleichzeitig Vater, Sohn und Heiliger Geist ist. Jesus Christus hat als Mensch und Gottes Sohn seinen irdischen Weg durch die Passion und das Kreuz vollendet. Er wurde erhöht und ist beim Vater in der ewigen Herrlichkeit.

Ohne zu denken, ohne sich irgend etwas vorzustellen - selbst die Vorstellung eines Weges wird aufgegeben - läßt sich der Betende wie von unsichtbarer Hand geführt in ein erfülltes Schweigen hineinnehmen. Erleuchtete sprechen in diesem Zustand von der Anschauung Gottes. Da es ein Schauen mit den Augen der Seele und nicht mit denen des Leibes ist, fehlen gänzlich Worte, um diese mystische Erfahrung zu beschreiben.

Seit Jahrhunderten wird davon berichtet, daß die im Ruhegebet Geübten über einen einfachen, aber tiefen und tragfähigen Glauben verfügen und ihr Leben

durch das Gehen des sogenannten beschaulichen Weges sehr bereichert ist.

13 Durch welches Mittel wir an das andere Ufer
oder ans Ziel gelangt sind, spielt - dort angekommen - keine Rolle mehr. Wenn die Überfahrt
zum Beispiel mit einem Schiff ein Ende hat und es im
sicheren Hafen vor Anker gegangen ist, haben wir das
Ziel unserer Reise erreicht und verlassen das Schiff.

Übertragen auf die Seele bedeutet das: Welchen Weg
auch immer wir gegangen sind, ist letztlich nicht mehr
von Bedeutung, wenn wir ans Ziel gelangt sind. Mit
Worten kann die Befindlichkeit am Ziel kaum beschrieben werden: Es ist Staunen, Dasein, Empfangen,
Licht - vor allem aber ein Schweigen, unendliche
Stille und ein Zur-Ruhe-Gekommensein. Ob wir nun
nach Mühen oder mühelos seelisch, geistig wie auch
körperlich an diesen Ort der Ruhe und Stille gelangt
sind, ist rückblickend nicht mehr von Bedeutung.

Üben wir uns ein, um häufig in diese tiefe Ruhe zu
kommen und in ihr vorübergehend zu bleiben, muß
in jedem Fall alles menschliche Tun, Denken, Nachsinnen und Betrachten zurückgelassen und aufgegeben werden. In dieser Ausrichtung auf die Liebe Gottes - die Sehnsucht der menschlichen Seele - kümmern wir uns nicht um die von selbst einfallenden

Gedanken. Sie kommen und schwinden wie Wolken, die vorübergehend das Licht der Sonne verdecken. Wenn sich Gemütsbewegungen einstellen, lassen wir sie zu. Wir steigen weder in sie ein noch halten wir sie fest – selbst wenn sie noch so angenehm erscheinen. Wir lassen uns durch nichts voreilig aus diesem tiefen Schweigen und Stillsein herausbringen. Nehmen aber die nach außen gerichteten Tendenzen überhand und versuchen uns abzuziehen, richten wir erneut die Augen der Seele auf die Liebe Gottes. Dies kann praktisch geschehen, indem wir leise und innerlich Seinen Namen anrufen oder um Erbarmen bitten. Dann wird sich wie von selbst unsere Seele in die Hände Gottes legen, und tiefere innere Ruhe wird uns erneut erfüllen. Diese Augenblicke werden von uns als Dauer oder gar als zeitlos empfunden. Das Wesentliche und Wesentlichste geschieht: Die schöpferische Gegenwart Gottes erfüllt uns und läßt uns die Kraft zuströmen, die wir am notwendigsten für unser Leben und in unserem Leben gebrauchen. Gleichzeitig wird uns durch diese Erfahrung ein lebendiger Glaube geschenkt, auf den wir uns zu jeder Zeit verlassen können.

Das Ruhegebet besteht darin, uns auf schnellem und leichtem Weg in eine größere Gottesnähe zu führen, um neue, von Seinem Geist durchströmte Lebens- und Liebesenergie aufnehmen zu dürfen. Das Gebet der Ruhe, die Innere Einkehr oder das Aufmerken der

Seelenkräfte dient der Bereicherung und Erfüllung unseres Lebens, damit wir es mit den uns anvertrauten Menschen teilen können und verantwortungsvoll mit allem Geschaffenen, den Tieren, den Pflanzen und der gesamten Schöpfung umgehen.

14 In seiner „Mystischen Theologie" gibt Dionysius eine genaue Anweisung, wie der Weg zu beschreiten ist, um in diesen Zustand des erfüllten Schweigens zu gelangen.

„Wenn du dich ernsthaft auf den geistlichen Weg begibst, verlasse zunächst deine Sinne, indem du den Austausch mit der Welt, der durch deine Sinne geschieht, völlig aufgibst. Ziehe das, was dich ausmacht, aus allen Gedanken- und Gemütsbewegungen zurück. Gehe nicht mehr bewußt dem verstandesmäßigen Denken nach und verharre nicht in Gefühlen. Beschäftige dich nicht mit dem, was ist, wie auch nicht mit dem, was nicht ist oder sein könnte. Erlaube es deiner Innerlichkeit, deiner Seele, mit der ihr innewohnenden Sehnsucht und Kraft, sich zu ihrem Ursprung empor zu schwingen. Mische dich – soweit du es eben vermagst – nicht in diese von selbst fließende Bewegung ein. Deine Seele wird sich auf eine dir unbekannte und unaussprechliche Weise mit Dem vereinen, der über allen Wesen und über aller Erkenntnis ist."

15 Die einfache Wegweisung zu einem vertieften Glaubensleben wie auch zu einem erfüllten All-

tag besteht in der Versenkung, in der der Betende alles losläßt: die geschaffene Welt, alles, worauf sich die Sinne, der Verstand und die Wünsche richten. Mit einem Wort: alles, was ist, nicht ist oder sein könnte.

Das Wesentliche dieser Gebetsübung besteht darin, sich vertrauend in die Hände Gottes fallen zu lassen. Von Ihm wird der Betende unendlich mehr zurück erhalten, als er je aufgegeben hat; seine Lebenskräfte werden sich erneuern, und er wird Bereicherung erfahren, wo er unter Mangel zu leiden hatte. Die schöpferische Kraft, die sich in der Stille sammelt, nimmt der Betende ganz in sich auf, wenn er das Stillschweigen zuläßt. Er macht schon sehr bald die wichtige Erfahrung, daß allem Tun ein Nichttun, allem Denken ein Nichtdenken und allem Fühlen ein Nichtfühlen vorausgeht. Aus diesem Bereich der Ruhe holt er sich die für ihn notwendigen Lebensimpulse, die ihm wie von selbst zufließen.

16 In unserem Leben ist es dem menschlichen Verstand zwar nicht vergönnt, Gott zu erkennen, aber die Fähigkeit, ihn zu lieben, kann durchaus zum großen Nutzen des Liebenden in ihm entwickelt werden.

17 Die sich bei allem Handeln, Sprechen, Denken und Fühlen nach außen entfaltenden Seelenkräfte werden - um den hohen Zustand im Gebet zu erreichen - vorübergehend eingezogen. Die Seele zieht sich in sich selbst und damit in ihren Mittelpunkt zurück. Hier, in dieser Mitte, ist ihr die Ebenbildlichkeit Gottes eingeprägt. Die Seele pulsiert in einem Stillschweigen und vergißt dabei die dingliche Welt. Der auf diese Weise Betende hat seinen eigenen Willen zurückgenommen und vertraut sich ganz dem Willen Gottes an.

Das Ruhegebet ist ein Aufmerken der Seelenkräfte, die, vorübergehend die Welt verlassend, sich ganz auf Gott ausrichten, Ihn hören und von Ihm empfangen.

18 Alle, die dieser Wegweisung folgten, berichten darüber, wie einfach und mühelos sich durch das Ruhegebet nicht nur Ruhe und Frieden einstellen, sondern sich Lebensenergien schenken, die im Alltag von großem Nutzen sind. Sie sagen darüber hinaus, daß sich im Stillschweigen ein erfüllendes Gefühl für Körper, Geist und Seele einstellt.

Auf dem arbeitsintensiven Weg der „Betrachtung" dagegen stellen sich nur langsam Erfolge ein. Durch die Betrachtung werden durchaus gute Voraussetzungen geschaffen. Sie ist mit einem Landmann zu vergleichen, der sät. Doch erst im Ruhegebet oder im schweigenden Aufmerken der Seelenkräfte schenkt sich die

Ernte. In der Betrachtung ist ein ständiges Suchen enthalten – im Ruhegebet dagegen erlebt der Betende das einfach Da-Sein, in dem sich das Wesen des Schöpfers seinem Geschöpf zuneigt. Der Betende erlebt diesen Zustand nicht mehr als ein Suchen, sondern als ein Finden.

Ein Bild drückt den Unterschied zwischen der Betrachtung und dem Gebet der Ruhe aus: Die geistige Aktivität des Betrachtenden ist mit dem Zubereiten und Kauen einer Speise zu vergleichen – das Aufmerken der Seelenkräfte kommt dem Schmecken der Speise gleich, von der sich die Seele nährt.

19 Das Lesen eines geistlichen Textes kann man mit dem Bereiten der Speise vergleichen, die Betrachtung mit dem Essen, das Gebet aber läßt kosten und verleiht den eigentlichen Geschmack. Das Ruhegebet führt noch einen Schritt weiter: Es verleiht Wohlgeschmack und ist der Seele Nahrung, indem sie gestärkt, vor allem aber erfreut wird.

Dritte Einsicht

*Die Übung allein macht das Gebet der Ruhe nicht aus.
Sie ist zwar Voraussetzung– die Ruhe und Erfüllung
der Seele werden dem Betenden jedoch ohne sein
Dazutun geschenkt. Im folgenden wird von den Zeichen
gesprochen, die sich offenbaren, wenn alle
Aktivität zurückgelassen wird, die Kräfte der Seele
aufmerken und in eine tiefe Ruhe übergehen.*

20 Zunächst wird im Gebet äußerlich und innerlich die ersehnte Ruhe angestrebt. Die vorläu-
fige Art des Ruhegebetes ist noch unvollkommen, da
sie von uns zuwege gebracht wird. Die sich dann wie
von selbst einstellende tiefere Art des Ruhegebetes
wird vom Betenden, der sich passiv verhält, wie eingegeben und als Geschenk empfunden.

Die Anwege, die bei den meisten Menschen not-wen-
dig sind, sollen zuerst bedacht werden. Wir müssen
nicht nur den Wunsch haben, den ersten Schritt zu
tun, sondern uns auch aufmachen, wirklich zu gehen
und voranzuschreiten. Alle, die dieser Wegweisung
folgen, berichten, daß ihr Tun schon sehr bald von ungeahnten schöpferischen Kräften unterstützt und gefördert wird. Die Seelenkräfte entfalten sich nicht

mehr nach außen wie bei jedem gewöhnlichen Tun, sondern sie sammeln sich und ziehen sich unter Ausschaltung der sinnlichen Wahrnehmung nach innen zurück.

Dieser Vorgang, den wir durch unseren freien Willen in Bewegung setzen, ist nichts anderes als eine Bereitung oder ein Bereithalten, damit der Wille Gottes sich uns ungehindert offenbaren kann.

21 *„Ich will hören, was Gott, der Herr, in mir redet." (Psalm 85,9)*

„Sie zogen zusammen weiter, und er kam in ein Dorf. Eine Frau namens Marta nahm ihn freundlich auf. Sie hatte eine Schwester, die Maria hieß. Maria setzte sich dem Herrn zu Füßen und hörte seinen Worten zu. Marta aber war ganz davon in Anspruch genommen, für ihn zu sorgen. Sie kam zu ihm und sagte: „Herr, kümmert es dich nicht, daß meine Schwester die ganze Arbeit mir allein überläßt? Sag ihr doch, sie soll mir helfen!"
Der Herr antwortete: „Marta, Marta, du machst dir viele Sorgen und Mühen. Aber nur eines ist notwendig. Maria hat das Bessere gewählt, das soll ihr nicht genommen werden." (Lukas 10,38–42)

Selbst wenn das Verhalten Marias hier besonders gelobt wird, bedeutet dies nicht, daß die Arbeit und die Mühen Martas gering geschätzt werden. Beides – das kreative Tun und das schweigende Aufmerken und Hören - ist untrennbar in diesem Leben miteinander verbunden und verlangt nach jeweiliger Erfüllung. Doch sollte man sich dem Höchsten zuerst zuwenden, um Kraft, Ansporn und Energie zu bekommen - die besten Voraussetzungen, um die Lebensaufgaben gern und freudig auszuführen.

22 Es ist gut, wenn im Gebet an erster Stelle das Zurücknehmen des eigenen Willens steht und das schweigende Aufmerken der Seelenkräfte in uns zugelassen wird. Die vornehmliche Aufgabe eines geistlichen Wegweisers ist es, den Menschen im Gebet der Stille sich Gott nahen zu lassen.

Konkret besteht die Aufgabe darin, den Betenden anzuweisen, wie er sich ohne Umschweife, leicht und einfach der Anziehungskraft des Schöpfers hingeben kann. Man lernt, im Gebet der Hingabe jede Bindung - selbst die an die eigenen Gedanken - loszulassen und aufzugeben.

Große geistliche Lehrer wie Bernhard von Clairvaux, Thomas von Aquin und Teresa von Avila haben auf ihre Weise diesen Gebetsweg im Schweigen gewiesen. Wie könnten sie und alle anderen Lehrer des inneren Gebetes unabhängig voneinander über ähnliche oder gleiche Erfahrungen sprechen, wenn es nicht für jeden in Wirklichkeit möglich wäre, durch das Gebet der Hingabe so mühelos den wesentlichen Gaben des Schöpfers teilhaftig zu werden?

23 Obwohl der Übende den ersten Schritt beim Ruhegebet tut, so ist er doch immer auf die ihn weiterführende göttliche Gnadenzuwendung angewiesen. Der Betende kann von sich aus kaum beurteilen, in welcher Phase des Gebetes er sich befindet und inwieweit seine Seelenkräfte bereits fähig sind, ungehindert aufzumerken.

Daher sollte er unbedingt einen geistlichen Begleiter finden, der Anleitung gibt. Ein Gott naher Mensch, dem wir vertrauen, ist durch seine eigene Gebetserfahrung und seine objektive Einstellung zu uns durchaus in der Lage, uns wesentlichen Rat zu geben. In Ermangelung eines solchen Menschen kann auch ein Buch zu einem geistlichen Ratgeber werden. Der Begleiter wie die Wegweisung als Buch haben die sensible Aufgabe, uns behutsam und sicher auf den Weg zu bringen, uns zu geleiten und uns unsere eigene Erfahrung bewußt zu machen.

Die Wegweisung dient uns, das zu entdecken, was wir zwar im Grunde des Herzens empfinden, doch bisher nicht erkannt und wertgeschätzt haben. Da sich aber beim Lesen und geistlichen Umsetzen eines geschriebenen Textes leicht Fehlinterpretationen einschleichen können, oft Zweifel und Unsicherheit zurückbleiben, wird geraten, mit einem Menschen unseres Vertrauens über die Erfahrungen zu sprechen, die wir beim Gehen dieses geistlichen Weges machen.

24 Diese Wegweisung will versuchen, dem Betenden Geleit zu geben und ihm vermitteln, an welchen Zeichen und durch welche Erfahrungen er die rechte Ausführung des Ruhegebetes erkennen kann.

Erstens:
Der rechte Einstieg beginnt mit einem Lassen aller Willensanstrengung, damit die eigenen Kräfte der Seele in tiefer Ruhe aufmerken können. Die Seele wird durch einen Anruf Gottes auf Ihn ausgerichtet. Diesen zarten „Willensimpuls" nehmen wir sofort zurück und unterlassen jede Beobachtung. Wenn uns Gedanken durchziehen, gehen wir ihnen nicht nach; wenn Stimmungen oder Gemütsbewegungen aufkommen oder Unruhe uns befällt, lassen wir sie bedenkenlos zu, bemühen uns jedoch nicht, sie zu verdrängen. Wir versagen uns jeglicher Willensanstrengung.

Eine derartige Haltung muß immer wieder geübt werden. Daß sich oft Hindernisse einstellen und man versucht ist, einzugreifen, bleibt nicht aus. Doch sollte man sich auf keinen Fall von einer vermeintlichen Un-

geschicklichkeit, dem Gefühl des „Nicht-Könnens" oder einer natürlichen Erwartungshaltung entmutigen lassen. Ungewollt werden Gedanken, Erwartungen und Gefühle entstehen, die sich der Weisung hindernd in den Weg stellen oder uns gar Argumente einflüstern, die der Wegweisung entgegengesetzt sind.

Alle diese Kräfte, die versucht sind, uns vom Weg in die Ruhe und das Schweigen in Gott abzuziehen, haben keinen Bestand, wenn wir in der Zeit des Gebetes unsere Aufmerksamkeit nicht auf sie richten. Zu diesen Kräften, die wir einfach nicht beachten, gehören das Gefühl einer geistlichen Dürre, Euphorie wie auch Depression, Minderwertigkeitsgefühle, Überheblichkeit, Besserwisserei und Zweifel.

Es sollte uns nicht irritieren, wenn Tage oder gar Monate dahingehen, und wir das Gefühl haben, durch das Gebet nichts Wesentliches erreicht zu haben. Ein subjektives Dafürhalten kann oft sehr täuschen, denn das Entscheidende bereitet sich in uns oft nur sehr langsam – dafür aber dauerhaft und zuverlässig. Jegliches Beurteilen, Denken und Empfinden tritt zurück, wenn es der Seele vergönnt ist, durch das Gebet in das Schweigen und die Nähe Gottes geführt zu werden.

Die „Betrachtung", in der unser Geist durch Gedanken, Vorstellungen, Imaginationen wie auch durch ge-

steuerte Gefühle mehr oder weniger aktiv ist, kann mit der Übung verglichen werden, Gott zu suchen. Wenn auf diese Weise unsere Seele dem Wesen Gottes auf die Spur gekommen ist und dadurch eine tiefe innere Ruhe und Erfüllung erfährt, dann gewöhnt sie sich sehr schnell daran und verbietet unserem Verstand – wenn sie sich das nächste Mal auf diesen Weg begibt – durch lange Betrachtungen große Umwege zu machen. Es ist für den Betenden nicht mehr notwendig, seinen Willen zu gebrauchen und den Verstand zu bemühen.

25 Zweitens:
Ein Kennzeichen für die rechte Ausübung des Ruhegebetes ist der tiefe Wunsch, sich während des Gebetes zurückzuziehen. Der Betende möchte allein oder nur in schweigender Gemeinschaft derer sein, die ebenfalls diesen Gebetsweg gehen.

Drittens:
Eine weitere Voraussetzung auf dem Weg, der den Kräften der Seele erlaubt, aufzumerken, um etwas vom göttlichen Wesen in sich aufzunehmen, besteht darin, daß der Betende seine geistlichen Bücher aus der Hand legt und ganz seiner Innerlichkeit folgt. Sollte er das, was ihm in seinem Herzen gewahr wurde, später in der Literatur wiederfinden, kann sie ihm durchaus wesentlicher Begleiter werden. Wenn

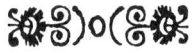

wir jedoch den ersten Schritt im Gebet der Ruhe tun, bleibt jedes geschriebene, gedachte oder gefühlte Wort zurück.

Viertens:
Der Weg in ein tieferes Schweigen wird frei und gangbar, wenn wir uns an nichts festhalten, unsere Gedanken nicht steuern oder irgendeine Macht auf uns selbst ausüben. Während der Zeit des Gebetes - und das muß betont werden - soll bewußt nicht gedacht werden, so daß es der Seele erleichtert wird, die Bewegung aufzunehmen und die Richtung einzuschlagen, die ihrem augenblicklichen Zustand und ihrer Sehnsucht entspricht.

Fünftens:
Außerhalb des Gebetes zeigt es sich, daß wir eindeutiger und schneller eine klare Entscheidung treffen können, die lebensunterstützend ist und nicht zum Schaden anderer wird. Es stellt sich eine tiefere Erkenntnis der Wahrheit ein, und Dank an den Schöpfer drückt sich auf natürliche Weise in unserem gesamten Verhalten aus.

26 Das Ruhegebet wird zu einem vollkommenen Gebet, wenn wir um uns und in uns ein Schweigen bereit haben, in dem das Gemüt ohne Regungen und unser Verstand ohne Gedanken ist. Erst durch die liebevolle Zuwendung des Schöpfers zu seinem Geschöpf geschieht Bereitung zum Gebet und letzlich zum vollkommenen Gebet. Wenn Er uns Seinen Willen kundtut, wenn Gott zu den Menschen redet – ohne uns den Laut Seiner Stimme hören zu lassen – sind wir sprachlos und Empfangende. Jeglicher Impuls von menschlicher Seite bedeutet in diesem Aufmerken der Seelenkräfte eine Hemmung und ist daher eher schädlich als nützlich.

Die Seele atmet und genießt die Gnade, mit der Gott sie würdigt. Menschliche Sprache reicht nicht, diesen Zustand mit Worten zu beschreiben. Auch nach dieser grenzenlosen Erfahrung ist unser Verstand nicht zu einer Aussage in der Lage. Die Seele ist ganz und gar erfüllt; sie weiß jedoch nicht, wie und wodurch. Sie genießt das, was in sie einströmt, versteht jedoch nicht, wie und auf welche Weise sie atmet und die Gnade genießt.

Vom Grund der Seele erhebt sich eine Wesenskraft, die den Betenden durchströmt und ihn erfahren läßt, daß ihm eine Begegnung außerhalb seines Willens und Wollens zuteil wird. Er spürt einen tiefen Zusammenhang zwischen dem Guten, das in der Welt passiert, und dem Leiden, das ebenso Wirklichkeit ist. Er spürt, wie er selbst eingewoben ist und es eigentlich nicht verdient hat, dieses unsagbare Gut zu empfan-

gen: die Gabe Gottes, des Herrn des Himmels und der
Erde, die nicht nur der Seele neue Lebenskraft zuströmen läßt, größere Zusammenhänge offenbart, sondern auch Geist und Körper des Betenden heilsam berührt.

Diese Zuwendung ist ein Geschenk des Schöpfers.
Wann und was Er wem zuteilt, bleibt für den Menschen unergründbares Geheimnis. Unsere Vorstellungen, unser Abwägen und Denken stoßen hier an Grenzen, die mit dem Verstand nicht überschritten werden. Wird im Gebet der Ruhe dem Betenden diese in
seine Seele eingegossene Gabe zuteil, spürt er sie als
Gnade Gottes und nicht als eigenen Verdienst.

Vierte Einsicht

*Diese Anweisung zeigt, wie wir mit dem eigenen Willen,
seinen Eigenheiten und Widerspenstigkeiten
umgehen sollten, um inneren Frieden wie auch
Ruhe der Seele zu erlangen.*

27 Der erste Schritt besteht darin, den WillenGottes zu erkennen und zu erspüren, ob wir mit Ihm einig gehen. Innerer Friede entfaltet sich mehr und mehr, lassen wir Seinen Willen zu unserem Willen werden. Die kleinsten Gegebenheiten und Entscheidungen des Alltags können zu einer großen Übung werden, durch die sich die dritte Vaterunser-Bitte an uns erfüllt. Innerer Friede und damit auch die Ruhe der Seele stellen sich nur dauerhaft ein, wenn unser Wille ganz und gar in den göttlichen Plan eingebettet ist und von dort seine Impulse und Aufgaben empfängt.

Diejenigen allerdings, die ihren eigenen Willen immer und überall an die erste Stelle setzen und bestrebt sind, daß sich alles nach ihrem Wunsch und Begehren richtet, kennen den Weg des Friedens noch nicht. Oft führen diese Menschen ein mit sich und anderen unzufriedenes Leben, sind voll Unruhe und machen auf ihre Mitmenschen einen bitteren und verdrießlichen Eindruck.

Der Weg des wirklich tiefen, inneren und dauerhaften Friedens beginnt damit, unseren Willen mit dem Willen Gottes in Einklang zu bringen.

28 Nur durch das Anwachsen der Gleichförmigkeit des menschlichen Willens mit dem göttlichen Willen werden wir tiefer in das Reich des Friedens, der innerlichen Ruhe und Klarheit geführt. Durch erste Erfahrungen erkennen wir, wie widerspenstig unser Wille sein kann, und daß diese Widerspenstigkeit die vornehmste Ursache aller Unruhe ist. Sind wir nicht immer wieder bestrebt, unseren Willen mit dem Seinen in Einklang zu bringen, werden wir Unsicherheit und Angst zu erdulden haben.

Gelingt es uns, unser Wollen und Wünschen zwischenzeitlich aufzugeben, um Ihm und Seiner Gnade in uns Freiraum zu geben, empfinden wir spontan große Ruhe, inneren Frieden, und eine klare Stille legt sich auf unsere Seele. Ein nicht in Worte zu fassendes Gefühl der Glückseligkeit gehört zu den ersten Erfahrungen, von denen die berichten, die diesen Weg gehen.

Die folgenden Weisungen beschreiben nicht nur den Weg, sondern rüsten und befähigen uns, ihn wirklich zu gehen.

Der Herr erleuchte uns durch sein göttliches Licht, damit wir die geheimen Stufen dieses innerlichen Weges erkennen und uns aufmachen, ihn zu beschreiten.

Wegweisung, um den inneren Frieden zu erlangen
Erstes Buch

Vorübergehende Finsternis, Dürre und Anfechtungen bedeuten – wenn man recht damit umzugehen versteht – eine Reinigung der Seele. Die Sehnsucht der Seele besteht darin, sich in ihren eigenen Grund zu versenken. Bei dieser Rück-Kehr der Seelenkräfte ist es notwendig, den Weg zum Seelengrund von allen Hindernissen zu reinigen und zu befreien.

I. Kapitel

Damit Gott den Weg zu uns gehen und in unserer Seele
ruhen kann, muß zunächst der Grund unserer Seele von
aller Unruhe, Anfechtung und Bedrängnis befreit sein.

J Du sollst wissen: Deine Seele ist der Mittelpunkt, die Wohnung und das Reich Gottes. Du sollst wissen: Im Zentrum deiner Seele befindet sich das Reich Gottes. Das Zentrum oder den allertiefsten und innersten Grund der Seele nennt Johannes Tauler (14. Jh.) das Wesen der Seele oder die höchste Kraft der Seele, die fähig ist, die Zuwendung Gottes unmittelbar aufzunehmen.

Die Mystiker geben dieser Seelenkraft unterschiedliche Namen: Gottesbewußtsein, Gegenwart Gottes im Menschen, das Ebenbild Gottes im Menschen, Zeichen oder Sitz Gottes. Franz von Sales (16.–17. Jh.) entschließt sich bescheiden und zurückhaltend zu folgender Umschreibung: Teil der menschlichen Seele, den Gott liebend berührt. Doch letztlich wird weder die Sprache noch irgendein menschlicher Ausdruck diesem Mysterium gerecht.

Wenn du also möchtest, daß der Höchste deine Seele berühren und in ihr gegenwärtig sein soll, kannst du die rechten Vorbedingungen schaffen. Um Ihm in deiner Seele einen Platz zu bereiten, müssen alle Hindernisse beseitigt oder aufgelöst werden:

- Das Üben der Ruhe mitten im Alltag trägt wesentlich hierzu bei.
- Still-sein, wenn es allzu laut um dich und in dir wird.
- Den Ausgleich, die Versöhnung und den Frieden suchen.
- Du solltest es unbedingt meiden, Vorteile auf Kosten anderer zu suchen oder nach dem zu streben, was dir nicht zusteht.
- Du wirst eine große Unterstützung und Hilfe erfahren, wenn du dich allem stellst und vor niemandem davonläufst.
- Mache dich auf den Weg, deine Angst und Furcht zu erkennen und ihrer Herr zu werden.
- Lasse es nicht zu, wenn unlautere Begierden dich antreiben wollen.
- Versuche es immer wieder, ruhig und friedlich in Anfechtungen und Drangsalen zu bleiben.
- Und im Gebet der Ruhe solltest du es lernen, frei und ledig von Gedanken zu sein.

2 Du solltest einsehen, daß das Reich Gottes in dir nur wachsen und sich entfalten kann, wenn du

ihm Raum in deiner Seele gewährst – einen Raum der Stille und des Schweigens, gereinigt und frei von allem, was der herrlichen Entfaltung im Wege steht. Du kannst durch deine aufrechte und aufrichtige Haltung wesentlich dazu beitragen – ebenso durch eine eindeutige und klare Aussage deiner Meinung.

Bewahre deinen Standort, besonders wenn ungute Kräfte anderer dich zu beeinflussen suchen. Weise nicht Unvermeidbares von dir zurück, sondern lerne es anzunehmen, um dann möglichst schnell frei davon zu werden oder die Kraft zu erhalten, Schicksalsschläge oder Leid zu ertragen.

Zögere nicht lange, Entscheidungen zu fällen; sei bereit, dich den Konsequenzen zu stellen. Wisse, daß du nicht jedes Geheimnis durchdringen kannst; übe dich in Geduld und warte, bis es sich dir offenbart.

Du darfst gewiß sein, daß das, was der Herr in deiner Seele bewirkt, dir zum Besten gereicht, und daß Ihm an deinem geistlichen Wachstum gelegen ist. Doch solltest du auch wissen: Sobald das Reich des Friedens und der inneren Ruhe in dir zu wachsen beginnt, wird der Feind auf den Plan gerufen. Er versucht, dich mit allerhand Anfechtungen zu bedrängen, dir dunkle Gedanken einzuflößen und dich zu verfolgen. Du spürst es durch Unruhe, die dich überfällt – vieles, was dir Freude und Gewinn bedeutete, wird dir auf einmal zum Verdruß und widerwärtig.

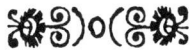

3 Sei in diesen Situationen vor allem standfest, und lasse dich durch nichts irritieren. Bist du zuversichtlich, und ist dein Herz still, wird alle Unruhe und Drangsal an dir vorüberziehen, ohne dir etwas anhaben zu können. Wende dich ganz einfach und in aller Ruhe dem Grund deiner Seele zu und kehre dort ein, wo dir göttliche Kraft zuströmt. Sie wird dir in allen Lebenssituationen zur Seite stehen, dich verteidigen und schützen.

Du erlebst diesen Ort der Ruhe als sichere Festung. Selbst wenn du von deinen Feinden verfolgt wirst, brauchst du dich nicht zu fürchten, denn nichts kann dir etwas anhaben. Du brauchst dich nur mit deinem ganzen Bewußtsein an diesen Ort zu begeben, und alle feindliche Macht und jegliche Verfolgung werden zunichte gemacht. Eine derartige Festung – vorausgesetzt, du findest den Weg zu ihr – ist deine Seele. Hier bist du sicher vor allen deinen sichtbaren und unsichtbaren Feinden, vor ihrer Hinterlist und ihrer Verfolgung. Hier darfst du dir des mächtigen Beistandes vom Himmel gewiß sein, der göttlichen Hilfe und Gnade.

Nimmst du immer wieder dorthin deine Zuflucht, so wird alles, was du tust, sprichst und denkst, sich in Ruhe und Sicherheit vollziehen.

4 Dein vornehmstes Anliegen soll darin bestehen, durch Übung die Ruhe deines Herzens dauerhaft zu festigen, damit der Höchste in dir Raum findet. Das, was du von deiner Seite tun und einüben kannst, ist sehr einfach. Erlaube es vorübergehend den Kräften deiner Seele nicht, sich zu entfalten, sondern eröffne ihnen den Weg, sich nach innen, zu ihrem Ursprung zurückzuziehen. Du wirst spüren, wie sich diese Kräfte in dir sammeln und von selbst ihrer eigenen Sehnsucht folgen.

Das Gebet der Ruhe hilft dir bei dieser Einkehr oder Versenkung. So kann sich dir mehr und mehr das Schweigen und die Gegenwart Gottes offenbaren. Damit du die äußere Welt mit all ihren Anforderungen bestehen kannst und in der Lage bist, Anfechtungen und Kämpfe auszuhalten, begib dich regelmäßig in den Bereich deines tiefsten Inneren und nimm von dort so viel Ruhe und Frieden auf, wie es dir möglich ist. Diesen Ort der Ruhe und Geborgenheit wirst du wie eine Festung erleben, die dir auch nach der Einkehr in all deinem Tun Schutz gewährt.

Es wird aber immer wieder vorkommen, daß du dieser schützenden und tragenden Kraft verlustig gehst und du dich unsicher, schwach und schutzlos fühlst. Daher solltest du in das Gebet der Ruhe eintauchen, um dich zu erfrischen, dir neue Energie zu holen, um durch, mit und in Ihm alle Hindernisse zu überwinden.

Selbst wenn die Wogen über dir zusammenzubrechen scheinen und du weder ein noch aus weißt: Wende dich im Gebet der Stille deiner Seele zu, bis du – wie Noah in seiner Arche – Sicherheit und Klarheit gefunden hast. Auf diesem inneren Weg wirst du manches Unwetter und Ungewitter überstehen müssen, das sich häufig in deinem eigenen Willen als Widerwillen, Widerwärtigkeit oder Unruhe ausdrückt. Bleibe in der sicheren Arche deines Gebetes, bis auch dein Wille und deine Gefühle Gelassenheit, Frieden, Klarheit und Ruhe gefunden haben.

5 Lasse unter keinen Umständen davon ab, den Weg weiter zu beschreiten, selbst wenn du betrübt, traurig, verzagt, voller Zweifel oder gar depressiv bist. Wisse, daß dir inmitten aller Bedrängnis das Tor zur inneren Ruhe immer offen steht. Setze dich nur hin, schweige und erlaube dir ein Nichttun, so daß deine Seele ihren eigenen Ursprung finden und berühren kann. Das liebende Entgegenkommen Gottes wird in deiner Seele neue Lebenskraft wecken und dir Frieden schenken. Doch dazu mußt du Ihm Raum und Zeit gewähren:
Er möchte deine Seele schweigend und befreit von allen Hindernissen finden. Durch die Innere Einkehr wird dir der Beistand Seiner Gnade zuteil, der dich befähigt, inmitten der oft verwirrenden Vielfalt das Eine zu erfahren.

- In der Gesellschaft bewahrst du deine Individualität.
- Bei Problemen wird dir eine Lösung einleuchten – wie in der Finsternis ein Licht aufgeht.
- Deine Schwäche wandelt sich in Stärke.
- In Bedrängnis wird dir zur rechten Zeit das rechte Wort und eine entsprechende Handlungsweise eingegeben.
- Du kannst mit unabänderlichen Schicksalsschlägen, Krankheiten und Leiden anders umgehen und sie besser ertragen.
- Entschiedenheit und Mut werden dir da zuwachsen, wo du ihrer bedarfst.
- Unsicherheit schwindet und dein Handeln wird spontan richtig.
- In Auseinandersetzungen bewahrst du Ruhe und strahlst Frieden aus.

II. Kapitel

Anfangs wird es für dich und deine Seele fremd sein, sich in einem Zustand zu befinden, in dem von menschlicher Seite keine Bewegung stattfindet. Erlaube dir und deiner Seele aber, in diesem Gebet der Ruhe zu verharren. Kümmere dich um nichts und ängstige dich nicht. Du kannst kaum ermessen, von welch großem Nutzen dieses Eintauchen in das Schweigen ist. Körper, Geist und Seele empfangen neue Lebensimpulse– deine Persönlichkeit kann sich klarer und schneller entwickeln.

6 Anfangs wirst du - wie es alle durchgemacht haben, die diesen innerlichen Weg gehen - viele berechtigte Fragen stellen. Es werden Zweifel und Mißtrauen aufkommen, da du der Freiheit deines Denkens und Betrachtens im Ruhegebet beraubt bist. Es gibt Phasen, in denen das Gefühl vorherrscht, Gott würde dir nicht mehr beistehen. Du ziehst voreilig Schlüsse und glaubst, dieses Gebet sei für dich nicht geeignet. Die Zeit, die du aufwendest, sei fehlinvestiert - zumal weder die Arbeit deines Verstandes gefragt ist noch irgendein gewohnter Gedanke.

7 Vielleicht wirst du vorübergehend ein wenig verwirrt sein, da du Gewohntes - wie etwa die geistli-

che Betrachtung – entbehrst. Triffst du einen Menschen, der in diesem geistlichen Weg nicht erfahren ist, so könnte er meinen, es stehe nicht gut um dich. Aller Wahrscheinlichkeit nach wird er dir aus Unwissenheit raten, unbedingt aktiv etwas zu tun, damit das Gefühl von Leistung dein Gewissen entlastet.

Irrigerweise raten sogar Geistliche jemandem, bewußt Leiden zu suchen und auf sich zu nehmen. Auch Übungen, die dir schwerfallen und von denen du glaubst, sie würden dein Gewissen befreien, solltest du meiden. Sie rufen nur eine Verwirrung und Unruhe in dir hervor. Viele Menschen werden durch Lebensumstände oder durch Einsicht auf den inneren Weg der Ruhe gerufen, wagen ihn aber aus Angst vor mangelnder Leistung oder fehlender Unterstützung und Anleitung nicht zu gehen. Hier bedarf es einer guten Wegweisung, die uns gleichsam an die Hand nimmt und weiter führt.

Unerfahrenheit, Zweifel, intellektuell übertriebenes Abwägen und mangelndes Vertrauen stehen leider oft der Wegweisung entgegen und hemmen jeglichen Fortschritt.

8 Damit du aber auf deinem eingeschlagenen Weg nicht zurückfällst und deine alte Gangart einnimmst, benötigst du Sicherheit und Bestätigung, daß

das, was in deinem Gebet der Ruhe geschieht, richtig ist. Wenn du im Gebet nicht mehr deinen eigenen Gedanken oder Betrachtungen nachgehen kannst, sondern dich ganz und gar in die innere Ruhe und damit letztlich in die Hände Gottes begibst, darfst du versichert sein, dich auf dem rechten Weg zu befinden. Ein inneres Glücksgefühl wird dich bestätigen und klares Zeichen dafür sein, daß du durch das Schweigen im Ruhegebet auf dem kürzesten und leichtesten Weg in eine große Nähe zu Gott geführt wirst. In ihrer Einfältigkeit gelingt deiner Seele mehr und mehr ein Aufmerken auf Gott.

Stelle dir ein Kind vor, das nach Hause kommt und liebevoll von seiner Mutter und seinem Vater erwartet und empfangen wird. Vertrauensvoll legt es sich in den Schoß seiner Eltern.

Johannes Gerson (14. Jh.), einflußreicher Theologe des Spätmittelalters, der den Vorrang der mystischen vor der scholastischen Theologie betont, sagt:
„Ich habe mich vierzig Jahre lang mit dem Lesen beschäftigt und gebetet: Aber ich habe keinen kürzeren noch sichereren Weg zu den göttlichen Geheimnissen gefunden als den, unsere Seele wie ein Kind dem Schöpfer zu übereignen.“

9 Diese Art des Betens ist nicht nur die einfachste und leichteste, sondern auch die sicherste. Sie be-

darf weder der Vorstellungs- noch der Einbildungskraft, kein bildhaft anschauliches Denken ist notwendig und keine Gefühlsbewegung – ob melancholisch
oder euphorisch – soll den Betenden aufhalten.

Auch bedient sich das Ruhegebet – und dies sollte erneut betont werden – nicht des Nachsinnens und der
bewußten Gedankenführung. Die Seelenkräfte werden nicht wie im Alltag in alle lebensnotwendigen
Richtungen gestreut – im Gegenteil: In der Wendung
nach innen sammeln sie sich und folgen der ihnen
eingestifteten inneren Bewegung. Bei diesem Vorgang
darf es kein Beobachten, Festhalten oder gar eine Erwartungshaltung geben. Wir würden uns nur in Spe-
kulationen verwickeln. Es besteht die Gefahr, Wohlgefallen daran zu finden und somit an uns selbst
hängenzubleiben.

10 Inmitten der Wolke völligen Nichtwissens offenbarte sich Gott dem Mose. Der Berg, zu dem Er
ihn kommen ließ, war in Dunkelheit und Finsternis
gehüllt. Dicke Wolken umzogen ihn, so daß Mose weder seine Sinne, seine Sprache noch sein vernunftbegabtes Denken gebrauchen konnte. Und gerade in dieser, vom Menschen aus gesehenen Finsternis schenkt
sich der Seele Licht und die Herrlichkeit Gottes, die
als höchste Erfüllung erlebt wird.

11 Die Erfahrung der Nähe Gottes geschieht nicht ohne entsprechende Bereitung oder die notwendigen Anwege. Unsere Seele muß erst eine Schule besuchen, die von der göttlichen Pädagogik geleitet wird, und muß lernen, den Weg zu beschreiten, auf dem ihr dann tiefere Erkenntnis geschenkt und mehr Einblick in die göttlichen Geheimnisse und Gesetze gewährt werden.

Durch das Ablegen und Hingeben von allem werden wir befähigt, weitere Schritte zu gehen. Übergänge werden von einigen vorübergehend als Wandeln in Finsternis erlebt oder gar als lästige Durststrecken. Ohne Bereitung aber wären wir nicht in der Lage, das überhelle Licht zu ertragen und es in uns aufzunehmen. Zunächst sind grundlegende Erfahrung und Wissen notwendig, daß im Gebet der Ruhe aus menschlichem Wollen und Vermögen, durch unsere Vernunft oder Klugheit rein gar nichts erreicht werden kann.

Die Wegweisung betont daher ein völliges Loslassen, ein Aufgeben und Hingeben dessen, was uns und unsere sogenannte Persönlichkeit während der übrigen Zeit ausmacht. Das Gehen des inneren Weges geschieht immer im Stillschweigen.

12 Ein treffendes Beispiel gibt der Patriarch Noah. Mutig und der inneren Weisung folgend, han-

delte er, obwohl er von allen verspottet und für töricht gehalten wurde. Noah fand sich ohne Segel und Ruder, in einem Kasten verschlossen, umgeben von wilden Tieren, auf dem ungestümen Meer wieder. Er wußte nicht, was Gott weiter mit ihm vorhatte – er lebte aus einem tiefen und vertrauenden Glauben.

13 Vielleicht wirst du dich in deinem Gebet der Ruhe in einer ähnlichen Situation befinden. In diesem Zustand soll dich keine Angst befallen. Übe dich weiter in Geduld und unterlasse es nicht, dich dem Willen Gottes und damit neuer Eingebungen zu öffnen. Lasse ab von dir selbst und gebe alles Erwägen, Denken und Betrachten auf. Gehe gelassen und in Stillschweigen den Weg der Hingabe. Deine Glaubenserfahrung und die erneute Zuwendung des Schöpfers werden dich tragen und weiterführen.

Du kannst dich bedenkenlos Gott überlassen, der immer da ist, sich nicht ändert und es unendlich gut mit dir meint. Du darfst aus Seiner Hand alles empfangen, was dir zum Besten gereicht. Als beseligende Erfüllung wirst du die Zeit des Gebetes empfinden, in der deine Seele gelassen und schweigend in den Bereich der Ruhe eintritt, die Gott eigen ist. Hier empfängst du ohne Hindernis Seinen göttlichen Einfluß.

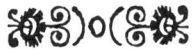

14 Deine Sinne allein sind nicht fähig, die Güter, die der Himmel für dich vorgesehen hat, wahrzunehmen und zu genießen. Daher ist es wichtig, durch Schweigen im Ruhegebet eine andere Dimension in dir zu entwickeln, die im Bereich deiner Seele jenseits der Sinneserfahrung liegt.

Habe Ausdauer und lerne im Gebet das Schweigen und die Geduld. Dein Glaube, als Erfahrung einer Wirklichkeit, wird gestärkt, und du bist fähig, das dir Zugedachte - was es auch sei - zu tragen, zu ertragen oder dich herzlich daran zu erfreuen.

Macht und Einfluß in dieser Welt zu haben, bedeutet rein gar nichts gegenüber dem Schweigen, in dem du dich von der Hand Gottes leiten und führen läßt. Selbst, wenn dich vorübergehend Zweifel befallen, das Gebet sei reiner Müßiggang, und du würdest keine Leistung oder Verdienste erbringen - kümmere dich nicht um diese Anfechtungen. Setze deinen Weg im Schweigen und der Gelassenheit fort - du wirst unaussprechliche und überreiche Gaben empfangen.

15 Glaubt man - um mit einem Beispiel zu sprechen - das Samenkorn wäre verfault oder verdorben, wenn es lange in der Erde liegt? Es bedarf einer Reifungszeit, in der sehr viel Wesentliches geschieht, das aber unseren Augen zunächst verborgen bleibt. Und dann, wenn das Samenkorn als solches gestorben ist, bringt es neues Leben hervor. Wurzeln wachsen in die Erde, und gleichzeitig schießt ein Sproß hervor, der grünen, blühen und fruchten wird.

Ähnlich ist es mit der Seele, wenn sie der Sinneswahrnehmung und jeglichen Tuns beraubt wird. Sie wird das vorübergehend unangenehme Gefühl ausschalten müssen, aus sich heraus nichts zu tun, ohne Bewegung und gleichsam verloren zu sein. Mit der Zeit wird sie jedoch gewahr, wie das Wesentliche sich nur im Geschehenlassen vollzieht, wie sie weiterkommt und sich entwickelt, um dann mitten in der Welt – frei von der Welt – zu stehen. Sie empfängt wirkliches und dauerhaftes Leben und gibt es an Geist und Körper weiter.
Der Betende und entsprechend Handelnde wird sich bewußt, daß er sich auf dem Weg zur Vollkommenheit befindet, und er läßt nicht davon ab, weiter voranzuschreiten. Die Erlebnisse und Erfahrungen im Gebet der Hingabe wie auch nachher können nicht einmal durch unsere kühnsten Vorstellungen und weitreichendsten Gedanken erfaßt werden.

16 Erschrecke nicht, wenn du im Gebet mit deinem Verstand nichts bewirken und erreichen kannst. Halte deine Gedanken weder fest noch folge ihnen; um so leichter und schneller schenkt sich dir

der Zustand der Ruhe, in dem du frei bist. Kümmere dich um rein gar nichts, sondern stelle dich schweigend in die Gegenwart Gottes. Damit dir dieser Schritt erleichtert wird, rufe einige Male und vor allem, wenn du abgelenkt wirst, den Schöpfer um Sein Erbarmen an. Sei beständig auf diesem Weg und verlasse dich auf Seine göttliche Güte, die dir einen starken Glauben, wahre Eingebung und Erleuchtung sowie himmlische Gnade vermitteln möchte. Gehe diesen Weg vertrauend – mit geschlossenen Augen.

Dies ist sowohl im wahrsten Sinne des Wortes als auch übertragen zu verstehen: ohne eigenen Gedanken, ohne Nachsinnen und ohne jegliches Tun. Befiehl dich Seinen väterlichen und liebenden Händen. Lasse es zu, daß Sein Wille an dir geschehe.

III. Kapitel

*„Im Urstand war der Mensch mit der Fähigkeit
erschaffen, die Ruhe der Beschauung zu genießen.
Aber er wandte sich vom wahren Licht ab und dem
veränderlichen Gute zu"* (Bonaventura).

17 Fast alle geistlichen Begleiter und Lehrer des Gebetes sowie die Menschen, die über ihre tiefen Gebetserfahrungen sprechen, stimmen darin überein, daß nur durch Hingabe die Seele imstande ist, sich dem göttlichen Wesen zu nähern, um mit Ihm vereint zu werden.

Das Ruhegebet, das in seiner Einfachheit vor allen anderen Gebeten steht, hilft dir, dich in die Hingabe einzuüben. Mit ihm beginnst du, konsequent einen geistlichen Weg zu gehen. Schon nach sehr kurzer Zeit der Übung – nach einigen Monaten – erlebst du, wie deine Entscheidungsfähigkeit zunimmt und wie sich dir tiefgreifende Erkenntnisse schenken. Ohne daß du darum fragen und bitten mußt, lernst du wie von selbst das zu tun, was für dich richtig ist und es von dem zu unterscheiden, was dir kein Heil bringt.

18 Sehr viele Menschen meinen, einen geistlichen Weg zu gehen, doch halten sie sich oft zeitlebens nur innerhalb ihrer eigenen Gedanken und Betrachtungen auf. Sie beklagen sich darüber, letztlich nicht beten zu können. Und als Folge dieser vermeintlichen Unfähigkeit tun sie ihren Gedanken sogar Gewalt an. Sie sind fest davon überzeugt, immer – auch im Gebet – etwas leisten und sich konzentrieren zu müssen, um in einen besseren Stand und zu einem vollkommeneren Gebet zu gelangen. Noch nach Jahren erleben gerade diese Menschen, daß sie noch am Anfang stehen und keinen Schritt auf dem geistlichen Weg weitergekommen sind.

Vermeide also unbedingt einen solchen Fehler. Zwinge deine Gedanken im Gebet der Ruhe nicht, denn deine betrachtenden Gedanken bereits versperren dir nur den Weg. Wenn du nicht lernst, immer wieder dein Wollen und deine Gedanken loszulassen, sind gerade sie es, die dir das Haupt deines Geistes brechen. Wenn du das Wesentliche, das Wesen und damit Gott mit deinen Gedanken und Gefühlen – also von außen – zu umkreisen versuchst, wirst du in deinen eigenen Gedanken und Gefühlen gefesselt bleiben und nichts erreichen. Die dafür aufgebrachte Zeit wird verloren sein. Begebe dich für das Gebet an einen Ort, an dem du dich wohlfühlst, löse dich von Bildern und vor allem: Zwinge deine Gedanken nicht.

Folge einfach im Loslassen dem sich nach innen wendenden natürlichen Strom. In diesem „Eingehen" wirst du wie von selbst den für dich richtigen Weg geführt, auf dem du das und den finden wirst, wonach dein Herz sich sehnt.

19 Als Augustinus (4. Jh.) diesen inneren Weg geführt wurde, beklagte er sich rückblickend über den, den er vorher gegangen war.

„Ich, o Herr, war wie ein verirrtes Schaf; ich suchte dich durch kluges, vernunftgemäßes Nachsinnen aus-wendig, und du warst in-wendig. Ich bemühte mich sehr, dich außer mir zu finden, und du wohntest in mir. Ich verlangte und seufzte nach dir; ich lief an alle Ecken der Welt, auf den Gassen und Straßen einer großen Stadt, dich zu suchen und fand dich nicht; weil ich den vergeblich von außen suchte, der doch in-wendig in mir selbst war." (Alleingespräche, c. 31)

20 Thomas von Aquin (13. Jh.) gebietet denjenigen Einhalt, die Gott von außen durch Vernunft-Schlüsse suchen. Er bezeichnet es als große Blindheit und Torheit, wenn zu Gott in einer Weise gebetet wird, als wäre Er weit entfernt.

„Wißt ihr nicht, daß ihr Gottes Tempel seid und der Geist Gottes in euch wohnt?" (1. Korintherbrief 3,16)

Viele Menschen sind ständig in der äußeren Welt auf der Suche nach Gott. Sie beten zu Ihm aus der Distanz, wundern sich und sind traurig darüber, keine Fortschritte festzustellen. Wie kann jemand etwas außerhalb seines Hauses suchen, wenn es nur innerhalb seines Hauses zu finden ist, weil es als fester Bestandteil zum Inneren des Hauses gehört? Wie kann jemand Kraft von einer Speise erwarten, die er zwar begehrt, doch niemals zu sich nimmt?

So ist es auch im Leben vieler sogenannter Betenden, die immer auf der Suche sind, ohne Ruhe zu finden. Sie erleben weder die Freude, die das Erreichen eines Zieles schenkt, noch können sie diesen Zustand genießen. Daher bleibt all ihr Tun letztlich unvollkommen.

21 Christus möchte, daß alle – besonders die Armen im Geiste, die Einfältigen und Ungelehrten – vollkommen sein sollen. *„Ich preise dich, Vater, Herr des Himmels und der Erde, weil du all das den Weisen und Klugen verborgen, den Unmündigen aber offenbart hast."* (Matthäus 11,25)

22 Selbst die gelehrtesten Gelehrten wie auch alle, die sich durch Betrachtungen und subtiles Nachsinnen auf den Weg machen, werden die Vollkommenheit nicht erlangen, weil sie sich nur an die

Bewegungen ihres eigenen Willens halten. Bonaventura (13. Jh.) lehrt:

„Im Urstand war der Mensch mit der Fähigkeit erschaffen, die Ruhe der Beschauung zu genießen. Aber er wandte sich vom wahren Licht ab und dem veränderlichen Gute zu.

Es scheint aber erstaunlich, daß nur so wenige den Urgrund in sich selbst zu schauen vermögen, obschon Gott unserer Seele so nahe ist. Der Grund dafür ist offensichtlich. Durch Sorgen abgelenkt, tritt die Seele des Menschen nicht durch das Gedächtnis in sich selber ein; durch Phantasiebilder umnebelt, kehrt sie nicht durch den Verstand zu sich selber zurück und, von Begierden angelockt, findet sie auch durch das Verlangen nach innerer Ruhe und geistlicher Freude nicht mehr zu sich heim. So ist sie ganz in das Sinnenfällige verstrickt und kann deshalb zum Bilde Gottes in sich nicht einkehren.

Doch immer bleibt das Angebot des Ruhe-Tages übrig. In dieser Ruhe kann sich die Seele von allen Verstrickungen lösen und der Scharfsinn des menschlichen Geistes sich von jedem Werk ausruhen, das er vollbracht hat.

Soll dieser Übergang vollkommen sein, muß jede Geistestätigkeit aufhören und das tiefste Fühlen des Gemütes ganz in Gott aufgehen und in ihn umgewandelt werden. Willst du aber wissen, wie das geschieht, dann frage die Gnade, nicht die Wissenschaft; die Sehnsucht, nicht den Verstand; das Gebet der Ruhe, nicht das forschende Lesen; Gott, nicht den Menschen." (Pilgerbuch der Seele zu Gott)

23 Infolge mannigfaltiger Erfahrungen, die große Theologen und Beter mit der Gebetsweise, die dir die „Wegweisung" vorstellt, gemacht haben, brauchst du dich nicht zu ängstigen. Du darfst dich vertrauensvoll auf das Ruhegebet verlassen. Sei dir immer wieder bewußt: Bei dieser Art des Betens kannst du – wie du es vielleicht gewohnt bist – nicht mehr deine eigenen Gedanken denken oder ihnen nachhängen.

Diese Anweisung muß besonders betont werden, da viele die Übung des Ruhegebetes aus der Angst heraus abbrechen, ihre eigenen Gedanken nicht denken zu können. Du übst dich darin, nicht nur deine Gedanken aufzugeben, sondern auch deine Willensanspannung loszulassen und keine bestimmte Erwartung oder Absicht zu haben.

Es kommt vor, daß junge Raben von den Alten verlassen werden, da sie keine schwarzen Federn an ihren Jungen sehen. Für eine kurze Übergangszeit nehmen die Raben-Eltern an, die Brut gehöre nicht zu ihnen. Ein Beispiel des vorübergehenden Loslassens geben die jungen Adler, die fliegen lernen. Oben auf einer Felsenklippe, über einem tiefen Abgrund, haben die Adler ihr Nest gebaut, in dem die Jungen aufwachsen. Wenn die Zeit näher rückt, in der sie „flügge" werden müssen, versuchen die alten Adler, die Jungen aus dem Nest zu jagen. Die Jungen krächzen und sträuben

sich ängstlich, da sie noch nicht fliegen können. Schließlich krallt eines der Eltern ein Jungtier, fliegt über den Abgrund und läßt es fallen. Der junge Adler versucht hilflos, seine Flügel zu bewegen, doch es gelingt nicht, und er stürzt in die Tiefe. Es scheint, daß er jeden Augenblick auf dem Boden des Abgrunds zerschellt. Doch plötzlich schießt der alte Adler, der ruhig seine Kreise gezogen hat, steil nach unten, fängt das Junge auf und trägt es wieder nach oben. Dies geschieht so oft, bis der junge Adler selbst zu fliegen gelernt hat.

Es ist wichtig, im Gebet der Hingabe sich der Grenzen des eigenen Nestes zu entledigen, alles Denken und Nachsinnen loszulassen und sich vertrauensvoll der liebenden und rettenden Anziehung Gottes zu überlassen. Hingabe schafft Rettung.

24 Diesen Schritt zu tun, Gewohntes vorübergehend aufzugeben, löst bei vielen - verständlicherweise - Angst aus. Wenn du dich dessen beraubt fühlst, was dir eigen war, kann das großes Leid bedeuten. Doch im gleichen Augenblick strömt dir eine sonderbare Gnade zu, die alle Angst nimmt und deine Finsternis erhellt.

Der gewiesene Weg kann anfangs durchaus beschwerlich sein, doch ist er für deine Seele der sicherste und

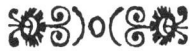

schnellste zur Vollkommenheit. Bist du erst einmal auf diesem Weg und hast erste Erfahrungen gemacht, so lasse dich durch nichts wieder zurückdrängen: weder durch deine Gedanken, Vorurteile oder Ausreden. Allzu schnell und leicht wirst du sonst in alte und eingefahrene Gangarten zurückfallen.

Da deine Seele nach einer tiefen inneren Ruhe und einem Glücklichsein strebt, gewähre ihr eine Zeit, in der du dich still verhältst und schweigst. Lasse auch deine Gedanken und Gefühle zur Ruhe kommen, indem du statt ihrer leise den Namen oder das Erbarmen Gottes anrufst. Bleibe in dieser Übung und habe Geduld, dann wirst du letztlich und dauerhaft die höchste Ruhe und Glück in dir festigen. Du wirst wahren Frieden erfahren und von der göttlichen Liebe berührt werden, über die Worte nicht mehr imstande sind, etwas auszusagen.

IV. Kapitel

Ängstige und sorge dich um rein gar nichts und laß nicht ab vom Gebet der Ruhe, selbst wenn du vorübergehend das subjektive Gefühl hast, erfolglos zu sein.

25 Wisse: Es gibt zwei Arten der Gebetserfahrung. Beginnst du mit dem Gebet, wirst du vornehmlich Erfahrungen der ersten Art machen: Der Gebetsweg erscheint dir einfach, das Gehen leicht, und die Empfindungen sind angenehm.
Doch mit zunehmendem Fortschritt wird dir auch unweigerlich die andere Seite begegnen: Augenblicke kommen dir vor wie eine endlose Durststrecke, Trostlosigkeit breitet sich über deine Seele aus und erfüllt sie mit Anfechtungen und Finsternis.

Die erste Erfahrung ist die einer unendlich liebevollen Anziehungskraft Gottes. Er handelt wie mit einem Kind, wo immer es sich auch befindet und was immer es angestellt hat – es darf sich letztlich der Sehnsucht seiner Eltern zu ihm und ihrer Liebe gewiß sein.
Doch geht der Schöpfer mit dir gleichzeitig wie mit einem erwachsenen Menschen um, wenn Er dich durch dunkle Erfahrungen schickt, die nichts anderes sind als eine Reinigung deiner Seele von allem Unguten.

26 Beim Einstieg in das Ruhegebet wirst du zunächst eine erhöhte Empfindsamkeit deiner Sinne wahrnehmen. Die dich begleitenden Gefühle sind angenehm und lassen dich deine Liebe erfahren. Du fühlst dich in größere Zusammenhänge eingebunden und freust dich, einen geistlichen Weg zu gehen.

Nach einiger Zeit der Übung jedoch machst du zusätzlich neue Erfahrungen, die dir – da sie mit der Reinigung deiner Seele zu tun haben – bei weitem nicht angenehm erscheinen. Eine innere Bewegung findet statt, die – ohne deine willentliche Beteiligung – dich wie ein Streit anmutet. Von deiner gesunden Vernunft her solltest du wissen, wie notwendig auch gerade diese Prozesse sind, um auf dem Weg zur Vollkommenheit weitergehen zu können.

27 Sei versichert, daß dir gerade diese Erfahrungen der Dürre und eines eventuell schmerzhaften Ablösungsprozesses zum Besten dienen. Sei nicht mutlos und gebe nicht auf, wenn du vorübergehend einen Mangel an Empfindsamkeit und Kreativität verspürst. Oft geben Unwissende, die diesen geistlichen Weg gehen, ihn vorzeitig auf, da sie glauben, vor unlösbaren Hindernissen zu stehen. Sie halten damit ihre geistig-seelische Entwicklung nicht nur auf, sondern machen sogar Rückschritte und unterlassen dabei das Gebet selbst. Viele lassen sich zwar den Weg weisen, geben ihn aber schnell wieder auf, da sie zeitweilig keine wohltuenden und ihnen Kraft zuströmenden Erfahrungen machen.

28 Du sollst wissen: Je weiter du fortschreitest, um so mehr hast du das Gefühl, daß der Schöpfer sein Werk in dir und vor dir verbirgt. Du gewinnst den Eindruck eines trockenen und trostlosen Zustandes, der sich eher noch verhärtet, anstatt zu weichen. Genau hier sieht es die göttliche Pädagogik vor, uns noch hingebungsvoller, bescheidener und demütiger zu machen.

Wie leicht und schnell ist der Mensch schon nach kleinsten Fortschritten und Erfolgen bestrebt, sich aufzublähen, sich selbst zu gefallen und anderen zu gefallen. Die Gefahr, eitel zu werden, liegt nahe, und allzu leicht bildet man sich ein, etwas sehr Gutes getan zu haben. Der Trugschluß und die Einbildung, Gott nahe zu sein, haben uns bereits weit von Ihm entfernt.

29 Für dich sollte es unzweifelhaft sein: Begibst du dich auf den inneren Weg, müssen alle Gedanken und Empfindungen zurückgelassen werden. Mit der Zeit der Übung werden auch die Gedanken und Empfindungen weniger, die von selbst, ohne dein Dazutun, in dir aufsteigen. Scheue unter keinen Umständen vor einer eventuellen Dürre zurück. Du hast zwischenzeitlich den Eindruck, daß dir trotz deiner geistlichen Übung und deiner hervorragenden Gebetserfahrung diese Zuwendung wieder entzogen wird. Halte diesen Zustand aus und halte durch- selbst wenn du keine Freude am Ruhegebet mehr hast oder glaubst, deine Innerlichkeit mache keine Fort- schritte, da etwas ausbleibt, was dir vorher gnadenhaft zuströmte.

Diese Phase auf dem Gebetsweg ist notwendig, damit auch die feinen und feinsten Kräfte unserer Seele, die wir vom Bewußtsein aus steuern können, zur Ent- spannung kommen, nicht mehr achtgeben und nicht auf das schauen, was sich tut. Jegliche Anspannung bedeutet ein Hindernis und läßt keinen Fortschritt zu. Die Zuwendung des Schöpfers kann nicht ungehin- dert durchdringen und somit in Seinem Geschöpf nicht wirken.

30 Nimm es daher leicht, quäle dich nicht mit vor- übergehenden Hindernissen und denke auf keinen Fall, dein Gebet sei nutzlos, wenn du mit Un- behagen aufstehst. Der Landmann sät zu einer Zeit und zu einer anderen erntet er. So wird auch Gott zur rechten Zeit dir das Rechte vermitteln, dir nach Sei- nem Wohlgefallen helfen, damit du das Leben beste- hen und Anfeindungen widerstehen kannst. Und ge- rade dann, wenn du am wenigsten daran denkst, wird

Er dir Lebensenergie, Kreativität und Heil zuströmen lassen. Wirst du Ihm da noch deinen Dienst und dein Gebet versagen können?

Wisse: Gerade beim Ruhegebet, in dem du lernst, nichts zu tun, um Ihm alles zu überlassen, werden oft Zweifel aufsteigen, in denen dich eine innere Stimme beredet: Es steht dir nicht zu, nichts zu tun. Du mußt etwas leisten, auch im Gebet. Machst du so weiter, verlierst du nur Zeit ...! Laß dich durch diese Eingebungen nicht vom Gebet der Ruhe abhalten, denn gerade in Zeiten, die dir schwierig und als Durststrecken erscheinen, empfängt deine Seele eine Vielzahl von Früchten, die dir jedoch erst viel später als solche bewußt werden.

31 Du darfst dir der folgenden Ergebnisse deines Gebetes absolut gewiß sein:

Erstens:

Indem du immer wieder – auch in schweren Zeiten – zum Ruhegebet zurückkehrst, wird sich dir ebenfalls in anderen Bereichen deines Lebens Durchhaltevermögen und Beharrlichkeit schenken. Weitere gute Eigenschaften erwachsen aus dieser Beharrlichkeit.

Zweitens:

Dein Leben wird sich verändern. Du lernst Entschiedenheit, indem du all das meidest, was dir schadet, und dich klar und eindeutig für das entscheidest, was dir hilft und dich auf deinem geistlichen Weg weiterführt. Die Sehnsucht nach einem tieferen Gottesdienst wird sich in dir entfalten.

Drittens:
Deine Wahrnehmung erweitert sich, und du wirst zu tieferen Erkenntnissen geführt. Du durchschaust vieles und kommst auf den wahren Grund; dabei offenbaren sich dir Schwächen und Gebrechen, die du vorher nicht erkannt hast.

Viertens:
Eine heimliche, rechtzeitige innere Warnung hält dich davon ab, Ungutes zu tun – sogar zu denken oder zu fühlen. Eine verfeinerte Intuition läßt dich da schweigen, wo es geboten ist, hält dich von Rechtfertigungen ab, die dir nicht zustehen, und steuert deine Kritik in rechter und unterstützender Weise. Du lernst, mit deiner kostbaren Zeit besser umzugehen, in deinem Alltag Prioritäten zu setzen und dich mit Menschen zu umgeben, die dir etwas bedeuten – und du ihnen.

Fünftens:
Hast du einen Fehler gemacht – vielleicht aus Unüberlegtheit oder Schwäche – wirst du ihn gleich als solchen erkennen, dich entschuldigen und Vorkehrungen treffen, damit er sich nicht wiederholt.

Sechstens:
Die Sehnsucht und die Fähigkeit, den Willen Gottes zu erfüllen, werden in dir wachsen. Du wirst in allem tragfähiger – auch im Leiden, wenn es unabänderlich ist.

Siebtens:
Du sehnst dich danach – ungeachtet eigener Vorteile – aus Liebe zu handeln, um anderen Gutes zu erweisen. Wenn es geboten ist, fällt es dir leicht, dich selbst zu überwinden und rein egoistische Verhaltensweisen zurückzustellen. Mit allen ungeordneten Trieben und Gemütsregungen wie auch mit deinen geistlichen Feinden, die dich auf deinem Weg aufhalten, kannst du angemessen umgehen.

Achtens:
Die Dürre und geistige Trockenheit, die du zwischenzeitlich beim Ruhegebet empfinden magst, dient ferner dazu, daß die Seele lernt, sich selbst gründlich zu erkennen. Sie lernt, ihre Grenzen wahrzunehmen und gleichzeitig Gott als den Grenzenlosen hoch zu achten. Deine Seele signalisiert dir die Notwendigkeit des Gebetes und davon nicht abzulassen – obwohl sie weiß, daß sie durch die Übung des Ruhegebetes einiges durchzumachen hat, um kultiviert zu werden.

Neuntens:

Aus der Übung des Ruhegebetes wirst du mit der Zeit für deine Seele, für deinen Geist wie auch für deinen Körper großen Frieden gewinnen. Du empfindest immer mehr Freude daran, zu beten, und die Dinge zu tun, die dir und deinem jeweiligen geistlichen Stand entsprechen. Deine Fähigkeit, dich auf den Urgrund der Schöpfung, Gott, zu verlassen, wird stärker und dein Vertrauen nimmt zu. Eine natürliche Gelassenheit und Selbstverständlichkeit stellen sich ein. Du weißt um die Veränderlichkeit alles Geschaffenen; du lernst, nichts festzuhalten und dein Herz nicht an alles zu hängen.

Immer wenn du dich im Ruhegebet Gott überläßt, gibst du Ihm die beste und größte Möglichkeit, in deiner Seele anwesend zu sein und in ihr zu wirken. Wie können dich da noch trockene und mühselig empfundene Zustände abhalten, dich im Gebet Ihm immer wieder zu übereignen? Die Früchte, die auch und besonders in einer trüben und dunklen Zeit wachsen, wirst du zu gegebener Zeit erkennen, ernten und genießen dürfen.

32 Diese wie auch viele andere Früchte, die dir aus dem Gebet der Ruhe zuwachsen, sind ein Geschenk des Schöpfers an dich. Lasse dich auf keinen Fall von vorübergehenden Empfindungen der Trok-

kenheit und Unfruchtbarkeit im Gebet täuschen. Selbst, wenn du ein Wachstum der genannten guten Eigenschaften nicht spontan und unmittelbar wahrnehmen kannst, so sei trotzdem beständig im Gebet und übe dich in Geduld. Wisse darum, wie wichtig es ist, dich im Gebet in die Ruhe zu begeben, damit Wesentliches in dir - zunächst erst im Verborgenen - wachsen und dann offenbar werden kann.

V. Kapitel

Anwege und die Bereitung zum Ruhegebet. Wie man mit Empfindungen und Gefühlsbewegungen umgehen sollte. Es gehört zum Wesen der Seele und bedeutet keinen Müßiggang, wenn sie zeitweilig und vornehmlich im Ruhegebet schweigt und der Verstand keine Gedanken hegt.

33 Für rechtes und sinnerfülltes Beten gibt es wesentliche Voraussetzungen, die im alltäglichen Geschehen leicht eingeübt werden können. Mache dich auf den Weg und bereit, in allem, was du tust, sprichst, denkst und - soweit es dir möglich ist - fühlst, das in den Mittelpunkt und an die erste Stelle zu setzen, was dir wertvoll und gut erscheint. Dazu gehört es, die Naturgesetze, die durch dich zum Ausdruck kommen möchten, zu erspüren und umzusetzen. Es wird dir leichtfallen, nicht nur für dich selbst, sondern auch für andere Gutes zu tun und darüberhinaus die Empfehlungen des Schöpfers wahrzunehmen, um Seinen Anweisungen zu folgen und Seine Gebote zu vollbringen. Je weiter du auf diesem Weg fortschreitest, um so mehr empfindest du, wie notwendig für dich ein Gottesdienst ist.

Lasse dich nicht durch Rückschläge, die wohl ein jeder erfährt, entmutigen, und wisse, daß vom Menschen aus nichts vollkommen geschehen kann. Die Anwege und die Bereitung sind oft von Anfechtungen, Schatten und sogar von Finsternis begleitet. Widerstehst du ihnen jedoch, wirst du unweigerlich auf den Weg des wahren Gebetes geführt.

34 Noch etwas sehr Wichtiges solltest du beachten: Durch die geistlichen Übungen und die damit verbundenen Fortschritte wirst du in deinem Leben nicht nur gefestigter, sondern auch sensibler und feinfühliger, was man eine verbesserte Qualität des Herzens nennen könnte. Doch welche Lebensqualität sich auch immer bei dir zu entfalten beginnt – im Ruhegebet sollst du sie nicht bewußt suchen, sie erwarten oder ihr anhängen.

Auf dem Weg, dessen Fülle sich dir in jeglicher Weise offenbaren möchte und muß, ist es geboten, dir wiederholt die Anweisung zu geben, im Ruhegebet keine bestimmte Erwartung zu haben und deinen Willen nicht – wie du es im Alltag gewohnt bist – auf ein zu erreichendes Ziel auszurichten. Jegliches Einmischen in den natürlichen Vorgang der Ruhe für Leib und Seele behindert das Fortschreiten auf dem inneren Weg.

※)o(※

Außerhalb des Gebetes hast du entgegengesetzte Aufgaben: Um wahr und wesentlich zu leben, solltest du alle dir zur Verfügung stehenden Kräfte einsetzen, die – und davon darfst du ausgehen – von der Gnade Gottes unterstützt werden. Diese göttliche Gnade wird dir zuteil durch Christus, die heiligen Geheimnisse, die Gottesmutter und die Heiligen.

35 Viele Menschen verwechseln angenehme Gefühlsbewegungen während des Gebetes mit besonderen Gnadenzuwendungen Gottes oder gar mit Gotteserfahrung. Sie tun alles dafür, diese sogenannten seligen Zustände wieder zu erlangen. Im Grunde jedoch betrügen sie sich selbst.

Auf ihrem Weg, den wir durch das Gebet der Ruhe unserer Seele bereiten, beginnt sie damit, aus der für uns wahrnehmbaren Welt aufzubrechen und sich auf ihr ureigenstes Wesen auszurichten. Die ruhevolle Wachheit der Seele ist mit einem Aufmerken zu vergleichen. Daher wird das Ruhegebet auch „Aufmerken der Seele" genannt. Gefühlsbewegungen mögen diesen Vorgang zeitweilig begleiten, doch sollten wir uns davor hüten, sie anzustreben, darum zu bitten oder uns gar in ihnen zu ergehen.

Menschen, die sich während des Aufmerkens der Seele bewußt in eigenen Gefühlsregungen aufhalten,

hindern ihr Inneres daran, das wahre Licht zu empfangen. Auf dem Weg zur Vollkommenheit machen sie
daher keine Fortschritte. Wenn wir auch durch unsere
Seele Gefühlsqualitäten empfangen, so legen wir doch
im Vorgang der Versenkung diese wieder ab, um unserer Seele zu erlauben, geistlich zu werden. Bei dieser
Einkehr dürfen wir keine Maßstäbe anlegen oder beurteilen, ob unsere Seele fähig ist zu lieben oder nicht.
Die Erfahrung des Lebens und unser gelebter Glaube
nach den Zeiten des Ruhegebetes werden wie von
selbst tiefere Empfindungen, Einsichten und größere
Liebe offenbaren.

36 Ein natürliches Wachstum deiner Persönlichkeit – verbunden mit dem Gebrauch des freien
Willens und den nach außen gerichteten Bewegungen
deines Geistes und deiner Seele – sind unverzichtbar
wichtig. Beschreitest du jedoch den inneren Weg, bleiben all dein Wollen und all deine Gefühle im Gebet
zurück. Du übst dich darin, dich ganz der Führung
Gottes zu überlassen. In möglicher Finsternis wird Er
dein Licht und in Zeiten der Dürre deine Quelle sein.

37 In Phasen der Finsternis und geistiger Trockenheit folge nicht den Gedanken, Zweifeln und
den Gewissensbissen, die dir einreden wollen, deine
Zeit des Gebetes und der Stille sei verlorene Zeit und
umsonst; nur im Handeln läge für dich Gewinn und

nicht im Müßiggang. Erlebst du den Zustand im Ruhegebet als für dich nicht effektiv, so wisse um diesen notwendigen Übergang und halte durch. Dein Verstand wird nicht begreifen, daß er beim Aufmerken deiner Seele auf Gott sich nicht bemühen muß und nicht gefragt ist. Das Aufmerken deiner Seele geschieht in größter Stille und vollendet sich in höchster Ruhe. Den Weg dorthin kannst du bereiten; das Ruhen deiner Seele jedoch ist ein Geschenk und das allergrößte Werk Gottes.

38 Nicht aus dem Lesen dieser Worte – sie mögen dich unterstützen und bejahen – sondern aus deiner eigenen Gebetserfahrung kannst du sagen, in deiner Seele, obgleich sie untätig ist, werde eine Wirkkraft mächtig, die du unzweifelhaft dem Heiligen Geist zuschreiben darfst.

Das Wirken deiner Seele besteht nun vornehmlich darin, daß sie sich im Lassen bereit macht zu empfangen. Dabei folgt sie ganz von selbst ihrem ureigensten Wesen, das von Gott angezogen und sich Ihm nähern möchte. Je nach ihrem Fassungsvermögen und dem von Gott ihr Zugedachten empfängt deine Seele Eingebungen, denen zu folgen später deine Aufgabe wird. So wird Gabe zur Auf-Gabe.

Im innersten Grund deines Herzens beginnt Gottesbewußtsein zu wachsen, so daß der Wunsch in dir
entsteht, Ihn anzubeten und gleichzeitig im aktiven
Leben dich nach Ihm und Seinem Willen auszurichten.

Schrecke nicht davor zurück, wenn auf dem Weg dorthin während der Zeit des Gebetes dich viele Gedanken und Ideen beunruhigen. Wende dich ihnen weder bewußt zu noch schenke ihnen deine Aufmerksamkeit. Wenn dich trotzdem eine Unruhe überfällt,
lasse sie einfach zu in dem Wissen, daß sie nicht
währt, sondern der tiefen Ruhe deiner Seele Platz machen wird. Erlaubst du der Seele im Ruhegebet, inak-
tiv und einfältig zu sein, um dadurch geistlich zu werden, darfst du dir guter und besonderer Auswirkungen für dein Alltagsleben sicher sein.

＊] ○ [＊

VI. Kapitel

Werde nicht unsicher und sei nicht beunruhigt, sollten
sich nicht sofort die Erfolge einstellen, die du erwartest.
Selbst wenn dein Inneres und deine Seele sich von
Finsternis umgeben sehen, sollst du wissen:
Selbst die Finsternis kann zu einem Mittel
größten Fortschritts werden.

39 Zwei Arten der sogenannten Finsternis sind zu unterscheiden. Die erste ist die, die wir durch ungute freie Willensentscheidungen an uns ziehen. Wir können uns darin üben, Dunkles zu meiden, damit es weder unser Nervensystem noch unser Herz und unsere Seele belastet.

Und dennoch spüren wir auf unserem geistlichen Weg - vornehmlich in der tiefen Ruhe des Gebetes - manchmal oder sogar oft eine Finsternis, die nur schwerlich ihrem Gegenteil weichen will. Sie ist mit einer dunklen Nacht zu vergleichen, in der sich unsere Seele befindet. Diese Nacht, von der wir oft glauben, sie werde niemals weichen, sollte als erstes von uns bejahend zugelassen werden. Wenn sie uns umgibt, helfen in dieser Seelentiefe keine analytischen Gedanken, sie zu vertreiben.

Du weißt, die Dunkelheit wird nur durch das Aufgehen des Lichtes schwinden. Lasse dich also nicht verwirren, beunruhigen oder betrügen, wenn du dich gleichsam in einer dunklen Nacht befindest. Gott und das Licht, das dir vorher ein Strahlen sandte, haben dich nicht verlassen. Durch die tiefe Ruhe im Gebet wird mehr und mehr Dunkelheit schwinden, die durch dich in deine Seele gefallen ist, und es wird ein Licht aufgehen.

Halte aber unbedingt noch aus einem anderen, wichtigeren Grund am Gebet fest: Spürst du, daß dich Nacht umgibt, kann die Dunkelheit ebenso gut ein Zeichen dafür sein, daß die göttliche Barmherzigkeit dich den inneren Weg führen will. Bleibe also – ohne darüber nachzudenken – gelassen und still in dem Wissen, daß die Dunkelheit auch Mittel sein kann, um zur vollkommenen Ruhe, zum wahren Licht und zu tieferen geistlichen Werten zu gelangen.

40 Sei also nicht verunsichert und wisse, daß es einen Weg der Finsternis gibt, der der richtige, der sichere und zur Vollkommenheit führende Weg sein kann. Auf ihm wirst du Fortschritte machen. In seinem Dankgebet spricht David von Gott: *„Er hüllte sich in Finsternis, in dunkles Wasser und dichtes Gewölk wie in ein Zelt."* (2 Samuel 22,12)

Auch du wirst dich Gott, der in der Finsternis wohnt, nähern, damit Er das übernatürliche Licht, das Er für dich bereitet und vorgesehen hat, in deine Seele fließen lassen kann. Mitten in der Finsternis werden die Weisheit und die wahre Liebe geboren.

Möge es dir einleuchten, daß deine Seele von dieser Liebe um so mehr angezogen wird, als du dich im Ruhegebet von deinen bewußt gesteuerten Gedanken löst und alle Bilder und Vorstellungen aufgibst. Auf diese Weise wirst du nicht nur den inneren Weg finden, der durchaus etwas Einfältiges hat, sondern Gott wird auch deine Seele durch das Gebet der Ruhe zu größerer Erleuchtung und Vollkommenheit führen.

Er wird in allem dein Wegweiser sein und es zulassen, daß der Weg zu Ihm von allen Hindernissen befreit und dein Herz von ungeordneten Bewegungen gereinigt wird, die dem geistlichen Fortschritt widersprechen.

41 Ist nicht unter den genannten Perspektiven auch die Dunkelheit etwas sehr Wertvolles und Großes? Du hast in ihr nichts anderes zu tun, als dich vertrauend ruhig zu verhalten. Deine Seele kann aufmerken - eventuell durch wiederholte Anrufung Seines Namens - um sich der göttlichen Gegenwart bewußt zu werden und in ihr zu bleiben.

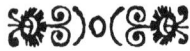

Nimm deinen eigenen Willen zurück und gib alles Wissen- oder Erkennenwollen auf. Trachte weder nach „religiösen Empfindungen" noch nach einer „andächtigen Haltung". Strebe nicht danach, etwas zu erreichen, sondern habe nur den einen inneren Wunsch, der Wille Gottes möge an dir geschehen. Dieser Wunsch der dritten Vaterunser-Bitte geht mit zunehmender Gebetserfahrung in einfaches Offensein für Gott über.

Wenn du dagegen nur mit dir selbst beschäftigt bist und im Gebet um dein Ego kreist, wird dein Leben nichts anderes sein als ein Zirkel oder Kreis, aus dem du nicht entkommen und keinen Schritt zu deiner geistlichen Entwicklung tun kannst. Bei all deinen Bemühungen wirst du am Ende der eigentlichen und wesentlichen Mitte nicht näher gekommen sein.

Dein eigener Seelengrund, in dem Gottes Gegenwart und Liebe sich dir offenbaren möchten, ist dir fremd und unzugänglich geblieben. Ihn als deine wirkliche Mitte hast du nicht gefunden, da du stets an der Peripherie schweifst und in immer weiter werdenden Kreisen um den Mittelpunkt herum läufst. Anstatt in dir suchst du Gott außerhalb von dir. Hättest du dagegen um den Mittelpunkt eine Acht geschlagen, würde deine Seele selbst bei deinen nach außen gerichteten Bewegungen mit der eigentlichen Mitte in Kontakt bleiben und durch sie immer neue Nahrung empfan-

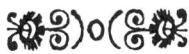

gen. Auf welchen Abschnitt dieser liegenden Acht – dem Zeichen der Unendlichkeit – du auch immer deinen Fuß setzt, deine Seele würde sich über kurz oder lang wieder der Mitte nähern, und du hättest Gott in dir gefunden.

VII. Kapitel

Den Weg zu Gott, der im Grunde deiner Seele ruht, kannst du durch entlastende und die Seele freimachende Übungen beschleunigen. Der wahre innere Friede allerdings ist ausschließlich ein Geschenk des Schöpfers, das Er dir in Seiner liebenden Zuwendung offenbart, wenn Er deine Seele von letztenWiderständen und Hindernissen befreit.

42 Hast du auch nur den leisesten Wunsch, einen geistlichen Weg zu gehen, wirst du Gottes Entgegenkommen spüren. Vieles in deinem Alltagsleben kannst du vorbereitend verändern und auf das eine Ziel ausrichten: die Begegnung mit Ihm, dessen Sehnsucht du bist. Dann wird Er seine liebende Hand über dich ausbreiten und dich von unguten und krankmachenden Denk- und Verhaltensweisen befreien. Er wird es sein, der die ungeordneten Begierden in dir ordnet und unliebsame Eigenarten kultiviert. Er wird es sein, der viele verborgene Fehler, die du vielleicht nicht erkennst, auslöscht und dunkle Schatten, die im Grunde deiner Seele herrschen und eine Begegnung mit Ihm verhindern, in strahlendes Licht verwandelt.

43 Durch äußere Übungen, Willensanstrengungen und entsprechende Taten allein wirst du nicht in den Zustand der bleibenden Nähe Gottes gelangen. Auf Seine Weise und für dich angemessen wird Er dir durch Sein liebendes Entgegenkommen innere Freiheit und die Erfüllung deiner Sehnsucht schenken. Er allein weiß, was gerade jetzt für deine Seele notwendig ist und wie sie von ihren offensichtlichen und heimlichen Gebrechen geheilt werden kann.

Versuche daher, des öfteren innezuhalten, um das Gebet der Ruhe zu pflegen. Du wirst dann um so schneller von einem Verhaftetsein an Menschen und Güter befreit, die dir Schaden bringen. Grobe Verhaltensweisen und ungesteuerte Begierden werden verfeinert. Durch die Regelmäßigkeit des Betens und die damit verbundene Hingabe wirst du auch in subtileren Bereichen deiner Persönlichkeit eine Veränderung zum Guten bemerken:

- Vertiefung und Ausweitung deiner Wahrnehmung und somit deiner Religiosität.
- Verantwortungsvoller Umgang mit dir selbst und anderen; tiefere Einsichten und Schicksalszusammenhänge werden offenbar.
- Erwartungen „übernatürlicher" Ereignisse, voreiliges Auslegen vermeintlicher göttlicher Mitteilungen,

Interpretation von „Erscheinungen" und heftiger Gemütsbewegungen werden nicht nur abgebaut, sondern verschwinden gänzlich.

Wenn du dich im Gebet wiederholt der auf den Urgrund der Schöpfung ausgerichteten Ruhe hingibst und deiner Seele auf natürliche Weise – weder durch Zwang, Wollen, Vorstellungen oder Gefühle – erlaubst, aufzumerken, werden dir unaussprechliche Gnaden zuteil. Durch jeden Aufenthalt in der Stille und der oft damit verbundenen Dunkelheit nimmt die Kraft deiner Seele zu, und du findest Zugang zu ihrem vom schöpferischen Licht durchfluteten Grund.

44 Dies alles und vieles mehr wird Gott in deiner Seele bewirken. Du sollst wissen und dich zu gegebener Zeit daran erinnern, daß Er sich dabei auch des Kreuzes und einer geistlichen Dürre bedienen kann.

Da viele Menschen die entscheidende Wegweisung immer wieder vergessen, kann sie nicht oft genug betont und in Erinnerung gebracht werden:

Zum wesentlichen Bestandteil des Ruhegebetes gehört die Einübung in die Aufgabe deines eigenen Willens. Setze im Gebet keine bewußt gesteuerten Willensimpulse ein, so daß du frei wirst von deinem Wollen und deinen Vorstellungen. Gehe diesen Weg besonders auch dann in Gelassenheit weiter, wenn dich Finsternis umgibt. Was du von deiner Seite aus beitragen kannst, und worauf du acht geben solltest, besteht im Zurücknehmen einer jeglichen Tätigkeit. Außer einer wiederholten Gebetsanrufung, die dich in tieferes Schweigen führt, gibt es keine Notwendigkeit, aus eigenem Ermessen irgend etwas zu tun oder zu bewegen.

Einen tiefen Frieden und die mit ihm verbundenen Gaben kannst du am besten annehmen, wenn du dich offen und empfangsbereit hältst. Aus diesem Wissen und der Erfahrung heraus darfst du dich mit ruhigem Gewissen auf den Weg machen, dich selbst dabei verlassen und es ganz dem Herrn überlassen, wann und wie Er dich mit dem Geheimnis seines Todes und seiner Auferstehung berührt.

Wenn du diese Wegweisung befolgst, besitzt du das beste Mittel, dich für die göttlichen Einflüsse zu bereiten. Vielleicht oder sicher wirst du zwischenzeitlich nicht umhin können, äußerliche wie auch innerliche Drangsale zu durchleiden. Übe dich in Geduld und laß an dir das geschehen, was geschehen möchte und muß.

Das wahre Leben und die in ihm verborgene göttliche Liebe tragen aus sich selbst Sorge für dich. Mußt du dir da noch selbstgewählte Bußübungen oder sinnlose Kasteiungen auferlegen?

45 Sind einem Gärtner nicht die Gewächse wertvoller, die er selbst gepflanzt hat? Sie wachsen schneller und bringen bessere Früchte als diejenigen, die von mehreren Händen gepflanzt oder oft verpflanzt wurden. Überlasse es doch - ohne eigene Einmischung - einfach der göttlichen Liebe und Pädagogik, was sie deiner Seele eingießt. Zum einen kannst du dich dem nicht erwehren und zum anderen weißt du, daß es dir zum Besten gereicht. Gelingt es dir, diese Kräfte anzunehmen, sie ins Leben zu bringen, auszuhalten oder sie zu entfalten und zu vermehren, wird deinem ganzen Sein ein tieferer Sinn geschenkt. Obwohl du dir manches anders wünschtest, beginnt dein Leben dir Freude zu machen und erfolgreich zu werden.

46 Das Vornehmste ist es, wenn du dein Herz wie ein weißes Blatt Papier bereitest und offenlegst, damit die göttliche Weisheit das darauf schreiben kann, was ihr gefällt. Damit sich diese Liebe offenbart, ist es notwendig, daß du dich aus dem alltäglichen Geschehen für eine Weile im Gebet der Ruhe zurückziehst: schweigend, gelassen, demütig, hingebend, ohne irgend etwas zu tun oder gar erkennen zu wollen.

❁] ○ [❁

VIII. Kapitel

*Lasse dich durch keine dunkle Befindlichkeit in die
Irre führen, und fürchte dich nicht vor ihr.*

47 Du wirst jetzt eine weitere Wegweisung erhalten, die zwar angesprochen, aber noch nicht klar ausgesprochen wurde.
Viele Menschen berichten nicht nur in ihrem allgemeinen und täglichen Leben von einer schmerzhaften Realität und Befindlichkeit, sondern daß sie diese auch auf ihrem geistlichen Weg erfahren - und das hier sogar um so stärker.

Wenn nun einige nicht angenehme Befindlichkeiten aufgezählt werden, sollen sie dich nicht erschrecken und dich auf keinen Fall vom Gebet der Ruhe abhalten. Vielleicht hast du schon einmal Ähnliches durchmachen müssen, oder - wenn das eine oder andere dich noch erwartet - wirst du dich darin wiederfinden. Notwendige Übergänge sind eine Wirklichkeit, vor der wir nicht weglaufen können.

- Du fühlst dich von einem Meer der Bitterkeit überschwemmt.
- Depressionen überfallen dich.

- Ein innerer Druck will nicht von dir weichen.
- Seelische Schmerzen äußern sich in heftigen körperlichen Beschwerden.
- Du erlebst, wie andere dich bedrängen und kannst dich dem nicht entziehen.
- Du empfindest – und kannst rein gar nichts dagegen tun – wie seelische und körperliche Schmerzen bis in den Grund deiner Seele vordringen.

48

- Du fühlst dich von allen verlassen, besonders von den Menschen, von denen du Hilfe und Zuwendung erwartet hast.
- Es ist niemand an deiner Seite, der dich in deinem Elend begleitet und stützt.
- Die geistlichen Quellen, aus denen du gelebt hast, scheinen versiegt zu sein.
- Es ist dir weder vergönnt, gute Gedanken zu haben, die Dinge zu betrachten wie sie wirklich sind, noch Gebet oder Gottesdienst nachzukommen.
- Du fühlst dich wie in einen eisernen Panzer gesperrt, so daß dich nichts berührt.
- Du bist davon überzeugt: Der Himmel wird dir sein Licht niemals mehr schenken.
- Selbst Erinnerungen an lichte und hohe Zeiten in deinem Leben geben dir weder Ruhe noch Hoffnung.

49

- Deine unsichtbaren Feinde werden dir mit Gewalt zusetzen, dich in Zweifel und häßliche Gedanken stürzen.
- Eine Ungeduld, wie du sie nicht von dir kennst, überfällt dich und läßt Zweifel gegen Gott, die Sakramente und die Glaubensgeheimnisse aufkommen.
- Du empfindest allem Religiösen gegenüber Ekel, Abscheu und Verdruß.
- Dunkelheit und Finsternis schleichen sich in dein Denken und Fühlen ein; Unordnung und Kleinmütigkeit breiten sich aus.
- Dein Herz ist voll Angst, deine Gefühle voll Kälte und deine Willenskraft träge.
- Kleinste unstimmige Ereignisse werden für dich zu einem großen Problem.
- Du fühlst dich derart verlassen, daß es für dich Gott nicht mehr gibt.
- Bedingt durch Angst und Schmerzen schließen dich zwei Mauern ein; jegliche Hoffnung, aus ihnen zu entkommen, ist geschwunden.

50 Lasse dich durch keine dieser Befindlichkeiten in die Irre führen, und fürchte dich nicht vor ihnen. Wenn der Schöpfer es zuläßt, daß du dieses oder jenes vorübergehend und unabänderlich durchma-

chen mußt, bleibt dir nichts anderes übrig, als es anzunehmen. Da Er dich liebt, wird Er dich anders nicht erreichen können, um deine Seele zu reinigen und sie mit Licht zu füllen. Der Schöpfer läßt vieles zu, damit du deine Schwächen, die Schwachheit deiner Seele und viele Nichtigkeiten der äußeren Welt als solche erkennst. Flüchtigkeiten, an denen du vielleicht mit großer Lust und Freude gehangen hast, werden dir bewußt.

Wenn auch Gott in seiner Liebe dir absolut kein Leiden zufügen möchte, so kann trotzdem im Schöpfungs- und Schicksalsplan ein Reinigungsvorgang deiner Seele enthalten sein, der sowohl äußerliche als auch innerliche Schmerzen nicht ausschließt.

Da der Schöpfer letztlich etwas unendlich Liebevolles mit dir vorhat, solltest du dich keinesfalls selbstgewählten Übungen der „Abtötung" unterziehen, sondern sich Ihm und seiner göttlichen Pädagogik anvertrauen. Wie kannst du den Jona deiner Seele ins Meer werfen? Oder wird es dir und deinem Wollen gelingen, das wahre Licht im Grunde deiner Seele zu entzünden? In das verheißene Land Seiner Ruhe einzutreten, ist und bleibt ein Geschenk des Schöpfers an dich.

IX. Kapitel

Die Seele muß sich weder ängstigen noch sich vom geistlichen Weg abwenden, sollten Hindernisse oder Anfechtungen sie bedrohen.

51 Immer wieder bildet sich der Mensch in seinem Hochmut ein, alles letztlich selbst leisten zu können. Er verläßt sich einzig auf seinen eigenen Willen und seine eigenen Urteile. Durch übersteigerte Macht- und Ruhmsucht nimmt er nicht mehr wahr, wie stark sein Selbst durch Eigenliebe krankhaft aufgebläht ist. Er hält sich besonders dann für unfehlbar, wenn er in einem andauernden äußeren „Erfolg" steht oder Krisen, Anfechtungen und Probleme ihn nicht empfindsam für die verborgene Dimension wahren Lebens machen.

Dennoch erfährt auch dieser Mensch einmal die erbarmende und heilbringende Liebe Gottes. Der Schöpfer sieht das Elend der Selbstherrlichkeit und läßt es in der Zeit der notwendigen Veränderung zu, daß wir wegen dieser Sündhaftigkeit und unserer verkehrten Neigungen beunruhigt und erschüttert werden. Dunkle Gedanken bestimmen das Gemüt. Religiöse und sittliche Anfechtungen bleiben nicht aus.

Ansteckende Ungeduld verbreitet sich und gibt unge-
zügelten Verhaltensweisen weiten Raum: Hochmut,
Unmäßigkeit, ausschweifende sexuelle Begierden,
Zornausbrüche, Gotteslästerung. Quälende Verzweif-
lung bleibt am Ende selten aus.

Der Schöpfer läßt das alles zu, damit wir unser Unver-
mögen erkennen und es lernen, Ihn in unser Herz aufzunehmen, dem wir uns und letztlich alles verdanken.
Durch Anfechtungen und leidvolle Umwege schlägt
Seine unendliche Güte unseren Hochmut und alle
daraus resultierenden Eigenschaften nieder. Damit
unsere Seele gesundet und göttliche Kräfte in ihr wirken können, bedient sich die Schöpfung nicht selten
dieser bitteren, doch heilsamen Arznei.

52 *„Wie unreine Menschen sind wir alle geworden, unsere ganze Gerechtigkeit ist wie ein schmutziges
Kleid." (Jesaja 64,5)*

Die Flecken wurden nicht zuletzt durch unseren
Hochmut, unsere Eigenliebe und falsche Anhänglichkeiten verursacht. Als erstes ist daher ein Vorgang der
Reinigung notwendig, so daß wir mit dem, was wir
dann sind und tun, vor Ihm Bestand haben.

53 Unsere Seele muß von dem befreit werden, was
ihr nicht eigen ist und was daher auch nicht zu

uns gehört. Dieser Prozeß kann unter Umständen schmerzhaft sein.

Stelle dir eine Feile vor, mit der intensiv der abgelagerte Rost - Überheblichkeit, Egoismus, Machthunger, Vermessenheit, Eigenliebe - abgefeilt wird. Oft ist im göttlichen Plan kein anderer Weg möglich, um deine Seele transparent, still, erfahren, demütig und empfindsam werden zu lassen. Gleichzeitig wird dein Herz frei von Zwängen und Ängsten, die dich vielleicht schon lange quälen. Deine ganze Persönlichkeit wird kultiviert, so daß du weniger Fehler machst, und dein Fühlen, Denken und Handeln nicht nur Bestand und Erfolg haben, sondern vor allem auch Gott gefällig sind.

54 Wenn du dich auf dem geistlichen Weg befindest, zu dem unweigerlich ein Ablösungsvorgang gehört, gibt es Phasen, die dir äußerst beschwerlich vorkommen: Vieles in deinem Leben erscheint dir aussichtslos und unerreichbar. Dunkelheit will nicht weichen, du wirst ungeduldig, deprimiert und ängstigst dich. Deinen negativen Einbildungskräften sind keine Grenzen gesetzt.

Es ist daher wichtig und notwendig, daß dich ein vertrauter und liebender Mensch begleitet. Er sollte Gott nicht fern sein und selbst die entsprechenden Erfahrungen im Gehen dieses geistlichen Weges haben. Du solltest dich in seiner Nähe und durch seine Ausstrahlung wohlfühlen, durch ihn Selbstsicherheit und Korrektur bekommen, vor allem aber – über jede schriftliche Wegweisung hinaus – in der Lage sein, dein Herz auszuschütten.

55 Um Fortschritte zu machen und den inneren Frieden in deiner Seele zu festigen, sind Bewegungen unabwendbar, die du letztlich der Weisheit und der vortrefflichen Wirkung der Barmherzigkeit Gottes zuschreiben darfst. Durch Gebetsübungen, deren Ziel das Schweigen und Stillsein ist, kannst du diesem großen Prozeß der Reinigung und Neuwerdung entgegenkommen. In allem, was geschieht, verbirgt sich nur eine Intention:

Der Grund deiner Seele möchte dir entdeckt werden. Du erkennst dich nicht selbst als Beweger dessen, was sich durch dich bewegt, sondern du erfährst die lebendige Gegenwart des unbewegten Bewegers in dir.

Ganz von selbst nimmst du die Haltung eines Empfangenden ein und weißt, daß du aus dir selbst – ohne Ihn – nichts vollbringen kannst. Aus dem Stillsein und -bleiben, vornehmlich im Ruhegebet, wird dir eine Kraft zuwachsen, die dich glücklich macht, dir jedoch gleichzeitig hilft, Unvermeidliches anzunehmen und zu tragen.

56 Wenn du Verwundungen und Schmerzen durch Schicksalsschläge hinnehmen mußt, die von anderen ausgelöst werden, kannst du auf keinen Fall die Ursache allein den anderen zuschreiben. Wahrscheinlich hast du etwas durchzumachen, das dich und deine Tragfähigkeit herausfordert – etwas, das dich letztlich stärkt und dich somit ein Stück weiterbringt.

Gott will zwar die Verfehlungen des Menschen nicht, doch läßt Er deren Folgen zu, damit wir durch sie zu tieferer Einsicht gelangen. Leidvolle Erfahrungen können für uns also eine Bewährungsprobe sein, uns zu größerer Geduld und Liebe führen und uns vor allem durch neue Erkenntnis vor weiteren Fehlentscheidungen bewahren.

57 Beleidigungen, die uns durch geschätzte Menschen zugefügt werden, schmerzen besonders. Zwei Dinge kommen hier zusammen: das Nicht-im-Lot-Sein dessen, der dich beleidigt, und eine andere daraus entstehende Schwere, die sich auf deine Seele legt. Das Unrecht des anderen entspricht keinesfalls dem Willen Gottes; doch das, was bei dir ausgelöst wird, hat für dich tieferen Sinn und Bedeutung. Dir bleibt nichts anderes übrig, als zunächst diese Verletzung als gegeben anzunehmen, um dann dir gemäß mit ihr umzugehen. Offener Widerstand ist nicht immer der beste Weg. Es stellt sich die Frage: Warum mußte Christus auf Golgota diese entsetzliche Demütigung und den Tod erleiden?

58 Kann es nicht sein – und sogar in der Schöpfung vorgesehen – daß die Sünde eines anderen dir zum Nutzen und Heil deiner Seele gereicht?

„O Tiefe des Reichtums, der Weisheit und der Erkenntnis Gottes! Wie unergründlich sind seine Entscheidungen, wie unerforschlich seine Wege!" (Römerbrief 11,33)

Es sind außerordentliche und wunderbare Wege, auf denen Gottes Heilsabsicht zum Ziel kommt, wenn Er unsere Seele reinigt, uns verändert, zu uns spricht, uns leitet und führt.

X. Kapitel

Ein-drücke, die unsere Seele aufgenommen hat, müssen zu ihrer Entlastung immer wieder einen Aus-druck finden. Das Schlimmste, das uns auf unserem geistlichen Weg geschehen kann, ist die Bewegungslosigkeit.

59 Soll unsere Seele zur dauerhaften Wohnstatt Gottes, des himmlischen Königs, werden – und das ist ihre ureigenste Bestimmung – muß sie unbelastet und frei sein von allem, was nicht zu ihr gehört. Ist es da nicht verständlich, daß das Feuer der Reinigung immer tiefer und brennender eingreifen muß? Unsere Aufgabe besteht darin, den geistlichen Weg fortzusetzen – ungeachtet der Schmerzen oder Anfechtungen, die nicht ausbleiben. Auf der anderen Seite wächst jedoch ein auf Erfahrung basierender stärkerer Glaube, und unsere Fähigkeiten zu verstehen und zu lieben nehmen zu.

Es ist allerdings wie eine Gratwanderung: Zweifel und Furcht lassen die Frage aufkommen, ob unser Tun richtig und der Weg, den wir gehen, der rechte ist. Wer von uns möchte nicht gern wissen, ob wir im Glauben wachsen oder nicht, ob Anfragen und Anfechtungen einen Sinn geben, und wann wir zustimmen oder ablehnen sollten? Vorübergehende Zweifel und Furcht sind vor diesem sensiblen Hintergrund unserer Seele nichts anderes als verborgene Wirkungen ihrer zarten Liebe.

60 Ein-drücke, die unsere Seele aufgenommen hat, müssen zu ihrer Entlastung immer wieder einen Aus-druck finden, damit sie nicht verschüttet und leblos wird. Ein Freiwerden und Wachsen unserer inneren Kräfte können wir auch außerhalb des Gebetes reichlich unterstützen. Die Beachtung der folgenden Weisungen fällt bestimmt nicht schwer:

- Versuche nicht immer die erste Stelle einzunehmen, sondern halte dich in bestimmten Situationen eher zurück.
- Nimm dich selbst nicht allzu wichtig.
- Lasse ein Staunen bei dir zu, denn intellektuell kannst du die Größe und das Geheimnis der Schöpfung nicht erfassen.
- Vertraue darauf, daß der Schöpfer es mit dir unter allen Umständen gut meint.
- Führe dir vor Augen, aus welchen Gefahren du bisher heil und unbeschadet entkommen bist.
- Mache dir bewußt, daß du nicht allein bist und ein anderer dich führt, der dich niemals verläßt.
- Wisse um die Notwendigkeit mancher niederschmetternder Anfeindungen.

Ohne Seine Hilfe wäre es kaum möglich, uns wieder aufzurichten, neue Kraft zu gewinnen und - wenn es angezeigt ist - gar zu vergeben.

61 Einerseits müssen sich Eindrücke deiner Seele lösen, andererseits gehört es mit zu deinen vornehmsten Aufgaben, dich keinesfalls vermeidbaren Gefahren auszusetzen. Die verbleibenden Anfragen, Versuchungen und Zweifel verursachen bereits äußere und innere Auseinandersetzungen, die dich zur Genüge herausfordern. Erkenne, warum dich gerade dieses oder jenes immer wieder von neuem trifft und vor allem, was du daraus lernen und gewinnen kannst.

Versuche, Herausforderungen anzunehmen und dich gar an ihnen zu erfreuen. Falls es dir gelingt, in deiner Mitte und in Frieden zu bleiben, fällt es dir leichter, Unvermeidliches anzunehmen und zu ertragen. Viel später erkennst du oft erst den tieferen Sinn und bist in der Lage, Gott zu danken.

Um neue quälende Eindrücke deiner Seele zu vermeiden - die bereits vorhandenen nehmen dich zeitweilig sehr in Anspruch - kannst du dir zerstörerischen, schlechten Gedanken und Anfeindungen gegenüber eine Haltung angewöhnen, als gäbe es sie nicht. Der Urheber fühlt sich am meisten getroffen, wenn du

dich zu seinen Boten und letztlich auch zu ihm ignorant verhältst.

Lege dein Augenmerk und deine Achtung einfach auf das, was gegen die Angst ist und dir Frieden bringt. Kreise mit deinen Gedanken nicht zu lange um dunkle Inhalte und versuche auch nicht, auf alles eine Antwort zu finden. Wenn du dich ausschließlich, zu lange und zu intensiv mit deinem Feind auseinandersetzt, besteht die Gefahr, daß er dich ganz in seinen Fängen hat, bevor du es merkst.

62 Alle Menschen, denen es gelungen ist, ihr Leben einschließlich aller Licht- und Schattenseiten zu meistern, berichten, wie mühselig ihr Weg war und ist. Sehr häufig nehmen sogar bei fortschreitender geistlicher Entwicklung die Schwierigkeiten noch zu. In den meisten Fällen ist es uns nicht vergönnt, die Gründe auszuloten. Vieles bleibt für uns vorerst Geheimnis, mit dem wir leben müssen. Bestimmte Prozesse und Schicksalsabläufe schreiten unserer individuellen Natur entsprechend unweigerlich und konsequent fort.
Begonnenes wird sich bei einem absehbaren Ende schneller und intensiver entfalten, um der inneren Freiheit und Ruhe dann endgültig Platz zu machen. Wenn wir uns nicht gegen das, was mit uns geschehen muß, ständig auflehnen, werden die Urkräfte unserer

Seele derart gestärkt, daß dunkle und vor allem widergöttliche Kräfte keinen Einlaß in unser Inneres mehr
finden.

63 Vielleicht wird dich in all deinen Erschütterungen und Anfeindungen ein Gedanke in besonderer Weise beruhigen: Das Schlimmste, das einem
Menschen auf seinem geistlichen Weg geschehen
kann, ist die Bewegungslosigkeit. Sei daher dankbar
und freue dich, wenn dein Leben – vornehmlich deine
Innerlichkeit – bewegt ist. Jede Veränderung beinhaltet eine versteckte Anfrage, wie beständig und gelassen du bist, und inwieweit deine innere Ruhe und
dein Friede unerschütterlich sind.

Du hast dich auf den Weg begeben, und das bedeutet
Fortschritt: weder stehenzubleiben noch zurückzuge-
hen. Dein Wunsch ist es, dem Schöpfer und den Geheimnissen seiner Schöpfung näherzukommen.

Du möchtest dein Leben sinnvoll gestalten und gleichzeitig Gott dienen – in deinem Inneren Seinen Frieden atmen. Wenn dir der Weg streckenweise zu beschwerlich und steil erscheint, so lasse dich nicht
entmutigen und bleibe in Bewegung. Der Erkenntnis-
und Läuterungsvorgang setzt bereits in dieser Welt
ein und wird nicht selten mit einem Feuer verglichen,
das uns reinigen möchte.

XI. Kapitel

Der Weg in die Innerlichkeit. Wie wir uns bei der Einkehr in unsere Seele zu verhalten haben – selbst bei heftigen geistlichen Auseinandersetzungen und größter Unruhe.

64 Zur Inneren Einkehr wird ein erfahrener und gelebter Glaube äußerst hilfreich sein. Der einfachste Weg ist das Ruhegebet und das Stillschweigen, in dem dir die Gegenwart Gottes ahnend bewußt wird. Durch eine leise und wiederholte Anrufung Gottes hast du die Möglichkeit, dich nicht in eigenen Gedanken zu verlieren. Du bleibst wach, aber nicht aktiv, und erfährst eine immer tiefer werdende Ruhe. Ganz von selbst und unmerklich richtet sich deine Seele auf ihren eigenen Urgrund aus.

Dieser Vorgang bedarf der Übung und langsamen Gewöhnung. Nicht uns selbst, sondern Ihm den Vorrang geben, steht an erster Stelle. Damit Sein Wille an uns und durch uns geschehen kann, bedürfen wir immer neu der Wegweisung und Einübung.
Im Grunde deiner Seele wird es eine Begegnung geben, die durch menschliche Worte nicht zu beschreiben ist. Es wird ein form- und bildloses „Schauen" mit den Augen deiner Seele sein, ein in jeglicher Weise ge-

staltloses Erkennen oder gar Wieder-Erkennen. Sicher wirst du in absehbarer Zeit diese Glaubenserfahrung machen und einen Zustand der Ruhe erleben, in dem du weder Unterschiede noch bestimmte Eigenschaften wahrnehmen kannst.

65 Wird dir dieser Zustand, die Erfahrung tiefer innerer Ruhe, geschenkt, so lasse alles geschehen, wie es geschehen will. Tue du rein gar nichts. Solltest du allerdings vorzeitig durch eigene Gedanken, Vorstellungen und Bilder aus dem Schweigen herausgerissen werden, so wiederhole leise und zart deine Gebetsanrufung, ohne dich um alles andere zu kümmern. So bleibst du einfach und einfältig in der liebevollen Ausrichtung auf Gott. Indem du dich nicht um dich selbst sorgst, überläßt du dich Seiner liebenden Anziehung. In Seine Hände legst du deinen Geist, der oft in deinem Alltag so wahl- und ziellos umherschweift.

Lenke deine Aufmerksamkeit weder auf dich selbst noch auf das, was mit dir geschieht. Beobachte und erwarte nichts. Mache dir keine Vorstellung von Gott, sondern übertrage Ihm die Sorge um dich und diejenigen, für die du Verantwortung mitträgst.

Für die Zeit des Ruhegebetes darfst und mußt du das Schweigen üben und dabei alle Dinge deines Lebens gänzlich vergessen. Kurz: Dieses Gebet – und daran solltest du dich immer wieder erinnern – ist ein einfältiges, bild- und formloses Beten, bei dem du weder gedanklich beteiligt bist noch irgendwelche Dinge oder Ereignisse wahrzunehmen versuchst.

66 Ehe du zur innerlichen Ruhe und Einkehr gelangst, muß der Weg dorthin von Hindernissen befreit sein. Diese Reinigung wird dich oft anmuten wie ein Kampf, bei dem du Vertrautes aufgeben mußt, von dem du glaubtest, es gehöre zu dir. Denke an Jakob, der die ganze Nacht hindurch in einen Kampf verwickelt war, bis das Licht des Tages anbrach und Gott ihn segnete (Genesis 32,23–33).
Bis das innere Licht in deiner Seele aufstrahlen kann und Gott dich segnet, solltest du trotz vorübergehender Schmerzen standhalten und Ihn weder aus deinen Augen noch aus deinem Herzen verlieren. Gemeint ist, daß du in der Anrufung Gottes beharrst und dich durch nichts davon abbringen läßt.

67 Sobald du dich auf den inneren Weg begibst, um dem wahren Licht näherzukommen, werden sich in deinem Inneren ungeahnte Schatten erheben, die dir den Zugang erschweren oder gar unmöglich machen wollen. Durch dein Schweigen und Stillsein im Gebet erfährst du jedoch im Verborgenen eine Anziehung deiner Seele, die stärker ist als alles im

Wege Stehende. Lasse trotz Widerwärtigkeiten die Ruhe in dir wachsen; sie wird deiner Seele Heil bringen und einen großen Gewinn für dich bedeuten.

68 Selbst unter unzeitigen, ungestümen und unreinen Gedanken, die dich überkommen, setzt deine Seele, kraft ihrer Sehnsucht, ihren eigenen Ursprung zu berühren, ihren Weg der Einkehr in Frieden und Gelassenheit fort. Gute Vorsätze, die du vielleicht hegst oder großartige Empfindungen spielen hier keine Rolle. Einzig und allein wichtig ist, daß du dich nicht bemühst, gegen deine Gedanken anzugehen oder ihnen gar zu widerstehen. Ein solches Tun wäre nur hinderlich und würde deine Seele unruhiger machen. Es ist am besten, dich einzig auf Gott auszurichten und während der Zeit des Gebetes alles Ihm zu überlassen.

69 Der dich überkommenden Gedanken kannst du dich nicht gewaltsam erwehren. Es gelingt dir ebenfalls nicht, Licht in vorübergehende Dunkelheit zu bringen. Sorge dich auch nicht, wenn du keiner geistlichen Empfindung gewahr werden kannst. Verlasse die Innere Einkehr nicht, selbst wenn der Feind des Lichtes dir unüberwindbar scheinende Widerstände auf den Weg gestellt hat. Überlasse dich der liebenden Anziehung Gottes, die stärker ist als jegliches Hindernis. Die strahlenden Kräfte Seiner Gegenwart wollen und werden dich erfüllen, so daß du von deiner Seele her gekräftigt wirst, um weiter fortschreiten zu können.

70 Vermeide es, dein Beten subjektiv zu beurteilen. Mache dir keine Vorwürfe, dich nicht genügend vorbereitet zu haben – insbesondere wenn du nach dem Gebet unerfüllt und vielleicht unruhiger aufstehst. Grüble nicht darüber, warum du zeitweilig keinen direkten Nutzen deines Betens empfindest. Das dir Zuströmende wächst zunächst unmerklich und offenbart sich in deinem Leben, wenn du am wenigsten damit rechnest.

Die Frucht des wahren Gebetes besteht zum Beispiel nicht im Wahrnehmen des inneren Lichtes oder im Genießen wohliger Wärme und in Gefühlen. Auch muß mit dem Gebet keine besondere Erkenntnis geistlicher oder geheimer Dinge einhergehen.
Mache dir über den Erfolg deines Betens keine Gedanken. Er stellt sich zur gegebenen und für dich bestimmten Zeit von selbst ein. Führe du nur das Ruhegebet geduldig und beharrlich aus, bewahre dabei das Stillschweigen und bewege von dir aus deine Gedanken nicht. Du wirst spüren, wie auch dein Herz mehr und mehr zur Ruhe kommt, wenn es dir gelingt, dich in diesen natürlichen Vorgang nicht einzumischen.

Du kannst dich für das Aufmerken deiner Seele, die von der Gegenwart Gottes angezogen wird, nicht anders bereiten als im Gebet beständig zu sein, damit das Notwendige an dir geschehen kann.

71 Da viele Menschen es in ihrem Gebetsalltag immer wieder vergessen, kann nicht genügend betont werden:

Im Ruhegebet übst du dich einerseits in eine hingebende Haltung, die dich durchaus gewohnter Annehmlichkeiten berauben kann - auf der anderen Seite lockt die tiefer werdende Ruhe unsichtbare Feinde hervor, die sich in deinem Inneren verschanzt haben. Sie sträuben sich mit aller Gewalt dagegen, sich von dir zu verabschieden. Bei dem notwendigen Vorgang der Reinigung lösen sie daher Unruhe und Verwirrung aus. Du mußt darum wissen, um ein vorübergehendes Unwohlsein und die deinem Geist zuwiderlaufenden Kräfte geduldig zu ertragen.

Den Weg der Innerlichkeit zu gehen ist wie ein Aufbruch, der mitunter schmerzlich sein kann und Entbehrungen verursacht. Es kann sein, daß es Phasen gibt, in denen du den Geschmack am Gebet völlig verlierst, dich seelisch geschwächt und von der Stimmung her unzufrieden fühlst. Sonderbare Gedanken überfallen dich auch außerhalb der Gebetszeit. Du fühlst dich körperlich erschöpft, dein Schlaf ist gestört und unruhig; vor allem aber spürst du Triebenergien, mit denen du nur schwerlich umgehen kannst, da sie deinen Tag überschatten.

Du kannst beruhigt und gewiß sein, daß es sich um ein Lösen von Kräften handelt, die sich in dir festgesetzt haben und nicht zu dir gehören. Daß du in diesen Zeiten eine Abneigung dem Ruhegebet gegenüber hast und dir das Ende des Betens herbeiwünschst, ist nur allzu verständlich. Damit du jedoch durch zu häufiges und langes Beten keinen Schaden nimmst, solltest du unbedingt über diese Wegweisungen hinaus dir den Rat eines erfahrenen und Gott nahen Menschen holen. Sehr glücklich wirst du sein, wenn du an seiner Seite und durch seine Hilfe die ersten Aufbrüche auf deinem geistlichen Weg bestanden hast.

72 Hierüber schreibt Teresa von Avila, die auf ihrem geistlichen Weg tiefe mystische Erfahrungen machen durfte, in einem Brief an Don Alfons Velásquez, Bischof von Osma, im Mai 1581. Sie gibt in bezug auf das Gebet folgenden Rat:

„Sie müssen mit Geduld den Andrang der zerstreuenden Gedanken und die lästigen Vorstellungen der Einbildungskraft sowie auch das Ungestüm der natürlichen Regungen ertragen, von denen die einen aus der Trockenheit oder der Zerstreuung der Seele, die anderen aus dem Mangel an

der Unterwürfigkeit des Leibes unter den Geist entstehen."

73 Mit diesen Worten ist der dürre oder trostlose Zustand der im Gebet aufmerkenden Seele bezeichnet. Wenn du auf deinem Weg Erfahrungen in dieser Richtung machst, nimm sie in Liebe an und wisse, daß sie dir überaus nützlich sind. Es bedarf der Einübung in Gelassenheit und Geduld, um sich nicht gegen einen Zustand aufzulehnen, von dem du dir eigentlich tiefe Ruhe versprichst, der sich dir aber mit einer Unmenge von Gedanken offenbart. Du hast den Eindruck, sie zerstören die Ruhe der Seele, und fragst dich, welchen Sinn es hat, zur Inneren Einkehr zurückzukehren.

Der Weg, der dir sonst so sicher schien, bereitet dir Unsicherheit und Zweifel. Dir ist fragwürdig zumute, und alles wird eher schlimmer statt besser.

74 Teresa von Avila spricht in dem erwähnten Brief dieses Thema an.
„Der Mensch sollte standhaft am Ort des Gebetes verweilen, wenn ihn auch die Vögel der Einbildungen mit lästigen Vorstellungen und Gedanken und allerlei Beunruhigungen zur Zeit des Gebetes quälen, seinen Geist aufregen und seine Aufmerksamkeit bald dahin, bald dorthin lenken, wobei auch das Herz dem umherschweifenden Ver-

stande folgt; es ist keine geringe Frucht des Gebetes, all diese Belästigungen und Beunruhigungen mit Geduld ertragen zu können. Das heißt, sich in der Tat zum Brandopfer darbringen, weil dadurch das ganze Opfer vom Feuer der Anfeindung verzehrt wird, ohne daß davon etwas übrig bleibt."

Diese Worte der Teresa von Avila bestätigen die Wegweisung und mögen dich ermutigen, die in das Gebet einbrechenden Gedanken und Anfeindungen geduldig zu ertragen. Doch denke daran, nicht in sie einzustimmen, sondern sie an dir vorüberziehen zu lassen.

75 Immer wenn du dich zum Gebet der Ruhe hinsetzt und viele Gedanken auf dich einstürzen, wende dich von ihnen ab, indem du der Anrufung des Höchsten den Vorrang gibst. Ohne die Gedanken zu verdrängen, werden sie langsam von selbst schwinden und der ruhevollen Wachheit Platz machen. Vielleicht hast du ein schlechtes Gewissen, daß du zu diesem Vorgang von dir aus nichts beigetragen hast. Lasse - gleich wie die Gedanken - auch die Gefühle los, denn sie halten dich nur vom rechten und tieferen Beten ab. Dein Vorsatz innezuhalten und deine gute Intention reichen vollkommen aus, dich auf den Weg zu größerer Innerlichkeit zu führen.

76 „Gibt man sich so ganz rückhaltlos Gott hin", schreibt Teresa in ihrem Brief weiter, „so ist dies

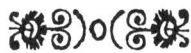

kein Zeitverlust, sondern vielmehr der größte Gewinn; denn da arbeitet man ohne alles Eigeninteresse ganz und allein zur Ehre und Verherrlichung unseres Herrn. Sie meinen vielleicht für den Augenblick, es sei dies verlorene Mühe, allein sie täuschen sich. Die Seele gleicht da den Kindern, die auf den Gütern ihres Vaters arbeiten; sie bekommen zwar am Abend keinen Taglohn, aber am Ende des Jahres erhalten sie allen Lohn auf einmal zusammen."

XII. Kapitel

Wie weit bist du im Gebet zur Hingabe fähig und im Alltag, das Unvermeidliche anzunehmen?

77 Glaube nicht, daß Gott den am meisten liebt, der im Gebet am meisten tut, empfindet oder von starker innerer Bewegtheit ergriffen wird. Die entscheidende Frage lautet vielmehr: Wie weit bist du im Gebet zur Hingabe fähig? Wie weit bist du – ohne dich aufzulehnen – in der Lage, das Unvermeidbare während deines Betens wie auch in deinem Alltag anzunehmen? Die liebende Gegenwart Gottes wird dich nicht nur ständig umgeben, sondern sie ist auch in dir – selbst wenn es dir aus mangelnder Glaubenserfahrung noch nicht bewußt ist.

Vielleicht war dir bisher nur ein Beten vertraut, das du mit Hilfe deiner Sinne vollziehen und steuern konntest. Im tiefen Gebet der Ruhe mußt du ein solches Beten aufgeben, was vielen Menschen sehr schwerfällt. Sich selbst aus Gewohntem ganz zurückzuziehen, kann durchaus schmerzhaft sein.

Deine Seele wird jedoch nur einen Zustand der Gelassenheit, Stille und Ruhe erreichen, wenn du all dein

Wollen und Tun während der Gebetszeit zurücknimmst. So gut das mündliche Gebet an sich ist – bei der Inneren Einkehr und dem Aufmerken deiner Seele solltest du dich nicht mehr seiner bedienen. Während des Ruhegebetes verhindert das mündliche Beten ein Zur-Ruhe-Kommen deines Herzens und deiner Seele, zu der Gott sprechen möchte. Lasse dich nicht durch gegenteilige Argumente bereden; du verlierst nur kostbare Zeit.

78 Es kommt nicht darauf an, viele Worte zu machen, sondern durch Hingabe das Schweigen einzuüben, damit du die Gabe empfangen kannst, die Gott dir zugedacht hat. Durch dein Stillschweigen, deine Einkehr, Ruhe und Gelassenheit öffnest du dich dem Heilshandeln Gottes. Wie spärlich und gering sind dagegen deine Leistungen, deine Gedanken und Gefühle, die erst durch Ihn bereichert und erfüllt werden! Durch dein Nichttun wirst du immer auf dem Weg nach innen eine offene Tür finden, die dir Einlaß gewährt.

79 Einige Menschen, die mit der Übung des Ruhegebetes und der damit verbundenen Inneren Einkehr begonnen haben, geben oft schon nach kurzer Zeit dieses Gebet wieder auf. Als Grund führen sie banale Vorwände an: Es entspreche nicht ihrem Geschmack, ein Erfolg bliebe aus, sie verlören nur Zeit, pausenlos würden die Gedanken stören und alles in allem: Dieses Gebet sei nichts für sie.

Da jedoch jeder geistig gesunde Mensch glauben, schweigen und Geduld haben kann, ist das Ruhegebet jedem möglich. Es bedarf nur der Zeit, die du für das Entgegenkommen Gottes investierst, der Überwindung deiner Oberflächlichkeit und Trägheit, vor allem aber des Durchhaltevermögens und der Fähigkeit, Aufbrüche auszuhalten, die eventuell schmerzhaft sind.

Viele Menschen suchen nur sich selbst, sind in Eigenliebe verstrickt und trachten nach Befriedigung ihrer egoistischen Begierden. Dieses oberflächliche Verhalten bezieht sich auch auf das Ausschau halten nach sogenannten schönen Glaubenserfahrungen. Diese können eher Schaden anrichten als auf den rechten Weg führen. Ein Gebetszustand, bei dem wir uns allem entledigt haben, bietet dagegen die größte und beste Möglichkeit für das Eingreifen Gottes.

80 In der Gebetstradition werden drei Anweisungen von größter Wichtigkeit überliefert.

Erstens:
Eine Viertelstunde Einkehr im Sinne des Ruhegebetes, das mit einer Art Selbsthingabe verbunden ist, ist Gott

gefälliger und weitaus besser als alle Bußübungen. Was bedeutet es schon, wenn durch „Abtötungen" vorübergehend der Leib „gezähmt" wird, die Seele dagegen unberücksichtigt bleibt?

81 Zweitens:
Ein wahrhaft Gott Suchender erreicht auf seinem Weg in die Innerlichkeit durch eine Stunde Schweige- und Ruhegebet weitaus mehr als durch lange Pilgerreisen oder Wallfahrten. Das tiefe Gebet entfaltet sofort seine Wirkung – nicht nur für den, der betet, sondern auch stellvertretend für viele Menschen, denen ein Zugang noch verwehrt ist. Bei den meisten Reisen und Wallfahrten findet die Seele kaum Ruhe, denn es entsteht eher Zerstreuung als Sammlung. Durch das Umherschweifen und die neuen Eindrücke wird die Seele eher geschwächt als gekräftigt, so daß sie zusätzliche Belastung anstatt Entlastung erfährt.

82 Drittens:
Im Gebet ist es nicht der Verstand, der sich auf Gott ausrichtet, sondern unser Herz und unsere Seele. Wir neigen uns durch das Aufmerken der Seele dem Göttlichen zu. Dies geschieht, indem wir Seinen Willen zulassen – nicht durch Leistung und Mühe unseres Verstandes.

83 Je mehr unsere Seele von allem Schweren entlastet ist, um so leichter fällt es ihr, sich in den Willen Gottes hineinzusenken. Den dabei einfallenden Gedanken und Anfechtungen geben wir keine Aufmerksamkeit, sondern kehren in die größtmögliche Stille zurück. Dies ist das vortrefflichste Gebet unter allen.

84 Ein eventueller Irrtum oder falscher Gedanke soll am Ende dieses Kapitels noch ausgeräumt werden.

Viele glauben, im Gebet der Ruhe sei die Seele unbeweglich, und es würde nichts durch sie bewirkt. Diese Aussage ist falsch – zudem beruht sie auf mangelnder Erfahrung. Unsere Seelenkräfte werden zwar nicht durch unseren Verstand, das Unterscheidungsvermögen und durch Schlußfolgerungen aktiviert, sondern die Auswirkung erfolgt von der uns entgegengesetzten Seite.

Wir erfahren in unserem tiefsten Inneren, also in unserer Seele, durch die Einübung der ruhevollen Wachheit, der Schwerelosigkeit und Offenheit, eine Stärkung durch die Gnade des Heiligen Geistes und Erleuchtung verborgener Glaubenswahrheiten.

Je weniger wir an gewohnten Denk- und Verhaltensmustern festhalten, je unbekümmerter wir uns in den Vorgang des Ruhegebetes hineinnehmen lassen, um

so schneller ist unsere Seele imstande, aufzumerken und das ihr Zukommende anzunehmen. In der Zeit des Betens werden wir uns dessen nicht bewußt; die Früchte wachsen uns vielmehr außerhalb des Gebetes im aktiven Leben zu.

XIII. Kapitel

*Wie du die innerliche Einkehr, das Ruhegebet,
unterstützen kannst.*

85 Wenn du dich zum Gebet hinsetzt, nimm die
innere Haltung ein, mit der du dich ganz in die
Hände Gottes begeben möchtest. Diese Einübung,
dich auf Ihn hin zu verlassen, ist um so mehr eine
Übung des Glaubens, wenn du dir Seine Gegenwart
vor Augen stellst oder dich ihrer versicherst. Durch die
innere Wiederholung eines kurzen Gebetsverses oder
nur eines Wortes - aus deinem Glauben gesprochen -
verminderst du jegliches eigenes Tun und Wollen, so
daß sich stille Ruhe und ruhiges Schweigen einstellen
können.

Nimm dir gleich am Anfang deines Gebetsweges vor,
dein ganzes Leben hindurch täglich das Ruhegebet
fortzusetzen, um im Glauben und in der Liebe zu
wachsen.

86 In das, was von selbst während des Gebetes
mit dir geschieht, solltest du nicht eingreifen,
sonst würdest du einen natürlichen Vorgang behin-
dern. Es reicht vollkommen aus, wenn durch Hingabe

etwas Wesentliches vollzogen wird, ohne daß du viel fragst oder darüber nachdenkst.

87 Du hast dich dazu entschlossen, einem guten Freund ein kostbares Kleinod zu verehren. Hast du es ihm dann überreicht, wäre es äußerst unangebracht, täglich nach diesem Geschenk zu fragen, um den Freund daran zu erinnern oder gar erneut Dankbarkeit von ihm zu fordern. Es reicht aus, daß du es ihm schenktest und niemals mehr daran denkst, es wiederzubekommen. Wenn du es ihm also ohne irgendeine Bedingung gegeben hast, gehört es ihm, und er kann frei darüber verfügen.

88 Wenn du dich im Gebet eingeübt hast, auf liebevolle Weise deinen Willen an Gott abzugeben, so wiederhole diese Zueignung ohne jegliche Erwartung oder Forderung. Es bedarf weder der Worte noch besonderer Handlungsweisen. Die einmal dem Herrn dargebrachte Perle deiner Selbst wirst du Ihm nicht wieder nehmen.
Im Wechsel mit deinen täglichen Pflichten kannst du und mußt du es dir erlauben, im Gebet der Hingabe dich von dir selbst zu lösen und dich auf Ihn zu verlassen. Dann wirst du auch in deinem Alltag feststellen, daß du mehr und mehr im Einklang mit Seinem Willen bist. Deine Arbeit wird – ohne Worte darüber zu verlieren – zu einem tiefen und beständigen Gebet.

„Der betet allezeit, der etwas Gutes tut; und man hört nicht auf zu beten als nur, wenn man aufhört, gerecht zu sein." (Theophylaktos)

89 Damit sich deine Seele – und damit du selbst – frei entfalten kann, hege keine Erwartung oder fordere irgend etwas ein. Die Innere Einkehr sollte dir zu einer lieben Gewohnheit werden, so daß bereits der Vorsatz, dich zum Ruhegebet hinzusetzen, von einer großen Kraft begleitet wird.

Als Mose in die Nähe der Gegenwart Gottes kam, zog er die Schuhe von seinen Füßen; Elija verhüllte das Haupt mit seinem Mantel. Das Erspüren, in eine größere Nähe der Gegenwart Gottes zu kommen, gehört mit zu den bereitenden Schritten auf dem Weg des Ruhegebetes.

90 Jeanne-Francoise de Chantal (17. Jh.) schreibt an Franz von Sales, mit dem sie eine tiefe geistliche Freundschaft verbindet:
„Ich empfinde nicht mehr die ehemalige Übergabe und Vertrautheit. Von mir aus kann ich im Gebet nichts mehr hervorbringen; dennoch fühle ich mich fest und unverrückt im Zustand des Gebetes. Mein Geist befindet sich in einer höchst einfältigen Einigung. Bei jedem Wollen meinerseits jedoch treten erhebliche Schwierigkeiten auf ...

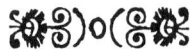

Meine Seele bleibt gern in dieser allereinfältigsten Einheit oder Einigung des Geistes ohne irgendeine Absicht auf etwas anderes."

91 In einem anderen Brief schreibt Jeanne-Francoise de Chantal, sie habe sich einmal aus ihrer einfältigen Versunkenheit in Gott einer Andacht zugewandt, um über die gänzliche Ergebenheit ihres Geistes nachzusinnen:

„Da bestrafte Seine göttliche Güte mich deswegen und gab mir zu erkennen, daß solches von meiner Eigenliebe her käme, und daß ich meiner Seele damit schaden würde."

92 Mögen diese Worte dir nicht nur hilfreich sein, die vollkommene und geistliche Weise des Betens zu erkennen, sondern dir auch Wegweisung zur Inneren Einkehr geben.

Die Vielfalt der menschlichen Gedanken und Gefühle muß im Ruhegebet der reinen und vollkommenen Liebe wegen dem Einen weichen. Zu diesem Urgrund, Gott, dem Einen, drängt es unsere Seele. Lasse sie daher still und ruhig – solange sie es möchte – im innerlichen Stillschweigen verharren. Aus der Übermacht der wahrnehmbaren Welt und der sinnlichen Eindrücke möchte unsere Seele zu ihrer Vervollkommnung zwischenzeitlich in den rein geistlichen Bereich der Stille eintauchen.

$\text{\ding{93})o(\ding{93}}$

93 Die tiefe Ruhe, die wir an Körper, Geist und Seele erfahren, gibt uns das sichere Gefühl, in unserer eigenen Mitte zu sein. Schenkt sich uns dieser Zustand im Gebet, sollten wir jede Rück-Sicht vermeiden und nicht auf Gegenwärtiges oder Zukünftiges schauen. Da dieses subtile Geschehen im wahrsten Sinne von uns nicht begriffen werden kann, ist jedes gedankliche Erfassen-Wollen müßig. Die uns neu zufließende Lebensenergie jedoch – von Gebet zu Gebet erreicht sie uns ungehinderter – läßt uns zielsicherer und erfolgreicher handeln, schenkt uns ein klareres Durchsetzungsvermögen und macht uns liebenswerter.

Wenn der Seele ein Gott-Schauen von Angesicht zu Angesicht noch nicht zukommt, so dürfen wir doch sicher sein, daß der trennende dunkle Vorgang durch das Gehen des geistlichen Weges lichter wird.

94 Obwohl der Zugang zum geheimen Stillschweigen so einfach ist, scheint es, daß die laute Welt vielen Menschen ein Loslassen nicht erlaubt. Aus Angst, etwas zu verlieren, halten wir oft das krampfhaft fest, von dem wir glauben, es gehöre uns. Hinzu kommt bei vielen der überhebliche Anspruch, alles gedanklich erfassen zu wollen und zu müssen. Aus diesen und vielleicht noch anderen Gründen sind viele Menschen trotz ihrer Sehnsucht weder von der Not-

wendigkeit der Inneren Einkehr in das geheime Stillschweigen überzeugt noch glauben sie an die lebens-
unterstützenden gnadenvollen Auswirkungen für sich
selbst, andere und die gesamte Schöpfung.

Möge es Gott zulassen, daß dich diese Wegweisung erreicht, und du im Gebet der Hingabe das Nichttun
lernst, bedenkenlos dich Ihm anvertraust, ohne ständig dabei auf dich selbst achtzugeben.
*„Wenn jede Regung schwiege, und es schwiegen in der
Seele alle Bilder von Erde, Wasser, Luft, und es schwiegen
die Himmel, ja es schwiege vor sich selbst auch die Seele
und käme ihrer selbst vergessend über sich hinaus, und es
schwiegen die Träume und die ganze Bilderwelt der Phantasie, jedes laute Wort und jedes stille Zeichen und alles,
alles schwiege, was geschieht und im Geschehen schwindet, und es wäre in der vollen Stille noch ein wacher
Sinn ...“ (Augustinus, Bekenntnisse IX,10)*

95 Viele Gottsucher, die sich auf den inneren Weg
gemacht haben, berichten von ähnlichen Erfahrungen, die sich ihnen schenkten.
Ganz wie von selbst geht unser Beten in eine unbe-
schreibliche Art des Gebetes über. Es mutet fast an wie
eine Enteignung all dessen, was wir besitzen, und geht
über in eine Hingabe, bei der wir uns ganz aufgenommen und ruhend befinden. Manchmal werden wir
von Furcht ergriffen, die uns einflüstert, unbedingt

etwas tun zu müssen. Folgen wir ihr, verderben wir die schöpferische Ruhe des Gebetes. Vielen von uns ist ein so starker Leistungszwang eingepflanzt, der uns noch im Ruhegebet antreiben möchte.

Alle Mystiker warnen davor, in die sich ausbreitende Ruhe der Seele einzugreifen oder ihr entgegenzuwirken. Andernfalls geraten wir unweigerlich vom Grund des Betens ab. Sollte dieses jedoch geschehen, kehren wir einfältig zur wiederholten Anrufung Gottes zurück, dem einzigen Mittel, erneut in tiefere Ruhe einzutauchen.

96 Gute Erfahrungen im Gebet führen zu neuen und wesentlichen Erkenntnissen, die nicht nur unseren Glauben bereichern und umformen, sondern auch unsere gesamte Lebensweise. Ein Beten mit Worten – in besonderer Weise, wenn sie vorgegeben sind – tritt an die zweite Stelle.
So werden dem Ruhegebet gegenüber alle Entsagungen, Vorstellungen oder gar die Kontemplation zweitrangig. Für viele Menschen ist das herkömmliche Beten mit Mühe und Anstrengung verbunden, vor allem wenn die dazu notwendigen Kräfte ausgetrocknet sind.
Wie einfach ist dagegen das Gebet der Hingabe – gerade in einer kraftlosen und verlassenen Verfassung. Indem wir uns selbst ganz zurücknehmen, entspan-

nen Körper, Geist und Seele, so daß die göttliche Wirksamkeit selbst alles in uns bewirken kann.

Je mehr wir die innere Ruhe, die wir im Gebet erfahren, in unserem Alltag leben, um so besser und erfolgreicher wird sich unser Leben gestalten; unsere Entscheidungen werden eindeutiger und wirkmächtiger.

97 Nimm daher die Weisung ernst, beständig auf diesem Weg zu bleiben und furchtlos unter allen Umständen weiterzuschreiten, damit du fest in Gott wirst und Ihn nicht aus deinem Herzen verlierst. Du kannst und darfst dich im Gebet so weit von allem entledigen, wie es dir möglich ist. Die damit verbundene Leichtigkeit und Ruhe hilft deiner Seele, Kraft und Erfüllung zu empfangen. Für die Zeit des Ruhegebetes besteht deine Aufgabe darin, alles loszulassen, um dich ganz auf Gott zu verlassen.

98 Wir sollten bei geschlossenen Augen Einkehr halten und auf das Licht vertrauen, das in die Finsternis gekommen ist. Für uns selbst brauchen wir keine Sorge mehr tragen; den Weg sollten wir vertrauend gehen und nicht das ständige Verlangen haben, alles um ihn zu wissen.

Zur Aufgabe des bewußten Denkens im Ruhegebet gehört ebenso der Verzicht auf das Bitten um besondere Gnadengaben, die wir für uns oder andere erhoffen.

XIV. Kapitel

Wie dein Gebet trotz abschweifender Gedanken zu einem
Gebet im Geist und in der Wahrheit werden kann.

99 Manche, die den Weg des Ruhegebetes gehen, beklagen sich anfangs über ständige Gedanken, die zu allen Seiten ausschweifen. Obwohl sie das Gebet richtig angewandt haben und ihnen wiederholt ein völliges Loslassen gelungen ist, sind sie mit sich unzufrieden, haben das Gefühl, nichts zu erreichen und Zeit zu verlieren.

100 Sei ganz beruhigt, wenn es auch dir so ergeht. Laß dich noch einmal daran erinnern, niemals das Gebet – was auch geschieht – aufzugeben. Weder ist deine Zeit unnütz angewandt noch dein Tun ergebnislos; auch kannst du dir nicht ständig der Wirklichkeit und Gegenwart Gottes bewußt sein. Es reicht völlig aus, den richtigen Einstieg zu wählen und dann alles zu nehmen wie es kommt, ohne sich einzumischen.

Der rechte Einstiegswinkel ist die Ausrichtung auf Gott und die wiederholte Anrufung Seines Namens oder des kurzen Gebetsverses, den du gewählt hast. Dein Wunsch und deine Sehnsucht, in Seine Nähe zu kommen, sind entscheidend. Kurz: die Intention, sich Gott zu überlassen.

101 Für Thomas von Aquin ist diese erste Intention beim Gebet von so großer Kraft und Wirkung, daß durch sie das gesamte Gebet Gültigkeit erfährt und wahrhaftig ist. Die innere Bereitschaft, das von Gott anzunehmen, was Er für uns vorgesehen hat, reicht aus, Seine Güte und Gaben zu empfangen - auch wenn während der Gebetszeit unsere Gedanken eigene Wege gehen und wir das Gefühl haben sollten, nicht in Seiner Nähe zu sein.

102 Das Gebet bleibt Gebet, selbst wenn die Phantasie des Betenden ihn mit unzähligen Bildern überhäuft, und Gedanken ihn bald in diese oder in jene Richtung zerren. Das Gebet bleibt aber nur so lange Gebet, wie der Betende nicht willentlich und bewußt in die aufkommenden Bilder einsteigt oder den Gedanken nachgeht.

Wir sollten auf keinen Fall vorzeitig vom Gebet aufstehen, sondern an dem Ort bleiben, an den wir uns zurückzogen, und die innere Haltung nicht verlassen, mit der wir das Gebet begonnen haben: Hingabe an den, von dem wir alles zu erwarten haben. *„Dein Wille geschehe wie im Himmel so auf Erden"* - *„Herr, nimm mich mir und mach mich ganz zu eigen dir"* - *„Maranatha"* oder *„Herr, Jesus Christus, erbarme dich meiner"*.

Es liegt nicht an dir, wenn deine Gedanken ausschweifen. Nimm dir jedoch als Vorsatz mit in das Gebet, zu Ihm zurückzukehren, wenn dir bewußt wird, daß dich deine Phantasie und deine Gedanken in eine andere Richtung ziehen. Dann wirst du - was auch geschieht - immer im Geist und in der Wahrheit beten. Kehrst du im Gebet zu Ihm zurück, werden deine abschweifenden Gedanken - sie sind notwendig, um den Weg frei zu machen - die Kraft und den Erfolg des Betens nicht verhindern.

103 Viele Worte oder die Erinnerung, daß Gott nicht fern, sondern in uns ist, und daß wir uns Ihm übereignen möchten, würde das Gebet in seiner Einfachheit beladen und uns zu uns selbst zurückführen.

Du hast dir vorgenommen zu beten, dir die entsprechende Zeit dafür genommen und deine Intention im Glauben auf Ihn ausgerichtet - alles andere überlasse Ihm. Je einfältiger du bist, je weniger Worte du machst und keine Gedanken an Gott hegst, desto reiner, geistlicher, innerlicher und Gott würdiger ist dein Gebet.

104 Mische dich nicht in etwas ein, das sich von selbst vollziehen möchte. Störe deine Seele nicht, wenn sie im Schweigen aufmerken möchte, um ihren Grund, Gott, zu erfahren. Sie hat die Sehnsucht, mit den Augen des Glaubens zu schauen, in die Nähe der Gegenwart Gottes zu kommen und in Ihm Ruhe zu finden.

Dein gelebter Glaube, dein Vorsatz zu beten, und der rechte Einstieg in das Gebet geben deiner Seele Unterstützung und Geleit, ihren eigenen Weg der Anziehung Gottes zu gehen. Übe als Bereitung Gelassenheit und Hingabe - das Wesentliche legt sich dir als Geschenk in deine offenen Hände.

105 Der Wunsch, dich Ihm, der größer ist als du, zu überlassen, und in dieser Gelassenheit zu bleiben, machen den ersten und entscheidenden Schritt im Ruhegebet aus. Hast du dich erst einmal auf diese Weise ausgerichtet, ist es nicht mehr nötig, ständig an Gott und Seine Gegenwart zu denken.

Wirklich Liebende müssen sich nicht immer wieder an ihre Liebe erinnern; was auch im Äußeren geschieht: Ihre gemeinsame Liebe ist existent und trägt. Es kommt natürlich hinzu, daß im Leben die Liebe durch Taten erneuert werden und wachsen muß.

106 Sind wir auf dem Weg der Innerlichkeit fest entschlossen weiterzugehen - weil unsere Seele bereits Erfahrungen mit der liebenden Existenz Gottes gemacht hat -, werden wir uns nicht nur im Gebet in den Willen Gottes einüben, sondern unser

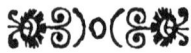

Denken, Sprechen und Handeln wird wie von selbst diese neue Dimension des Glaubens widerspiegeln. Dabei haben wir es nicht nötig, unseren Glauben wiederholt zu bezeugen oder gar viele Worte zu machen.

XV. Kapitel

Wie du in Einklang mit dir selbst gelangst. Der Unterschied zwischen Betrachtung und Innerer Einkehr.

107 Das Einüben in den Willen Gottes und in das, was Ihm wohlgefällt, bezieht sich also nicht allein auf die Zeit des Gebetes, sondern auch auf unser gesamtes Leben. Nun kannst du mit Recht einwenden, daß du den ganzen Tag nicht oder nur selten an die Erneuerung deines Willens durch den göttlichen Willen denkst. Keinesfalls wendest du dich ab von Ihm - vorausgesetzt, du handelst, sprichst und denkst nicht gegen Ihn. Bei deiner Arbeit, beim Studieren, ja sogar beim Essen und Trinken ist Er dir gegenwärtig.

108 Alles, was du aus aufrichtigem Herzen tust, ist weder dem Willen Gottes noch deinem inneren Weg der Gelassenheit zuwider. Der Schöpfungsplan zeigt neben dem Schweigen und dem Ruhen die Notwendigkeit des Handelns und der Bewegung. Dein Arbeiten, das durch das Beten bereichert und sinnerfüllter wird, distanziert dich weder von der Gegenwart Gottes, noch hindert es die Einübung der Hingabe im Ruhegebet.

109 Wenn du dagegen willentlich in die zu tieferer Ruhe strömende Bewegung deiner Seele eingreifst – sei es durch Beobachtung, Gedanken oder Abkehr – solltest du die Gebetsanrufung leise wiederholen.

Auch im Alltag und während deiner Arbeit kann es passieren, daß du dich durch unlautere Motive mitreißen läßt und ihnen bejahend folgst. Durch die Wiederholung eines kurzen Glaubensbekenntnisses wird es dir gelingen, diesen Strom zu unterbrechen, um wieder in Einklang mit dir selbst und der Schöpfungsordnung zu kommen.

Geistige und geistliche Dürre dagegen kann man nicht als Zerstreuung oder Oberflächlichkeit bezeichnen. Sie stellt sich häufig gerade bei denen ein, die damit begonnen haben, einen tieferen geistlichen Weg zu gehen, und ist auf ein mangelndes Fließen ersehnter und erfüllender Kräfte der Ruhe zurückzuführen.

Bei denen, die das Gebet der Ruhe bereits eine geraume Zeit üben, wird sich ebenso vorübergehend eine Dürre einstellen, die jedoch mit der Reinigung auf dem geistlichen Weg zu tun hat. Das Feuer im Schmelzofen hat die Aufgabe, Silber zu schmelzen und zu reinigen (vgl. Maleachi 3,3). Ein derart notwendiger Vorgang zieht Körper, Geist und Seele vom Wohlgeschmack der Ruhe ab und kann über einen längeren Zeitraum als geistige Trockenheit oder gar geistliche Dürre empfunden werden.

Damit jedoch der Schöpfer Wunderbares in dir wirken kann, ist diese Bereitung zum inneren Leben unumgänglich und sollte zugelassen und erduldet werden.

110 Nachdem du dein Gebet beendet hast, werden die heilsamen Kräfte dir weiterhin zuströmen und deinen gesamten Tagesablauf bereichern. Du kannst durch gute, wohlüberlegte Entscheidungen in deinem privaten und beruflichen Leben das Fließen der göttlichen Gnade, die dich fortwährend erreichen möchte, unterstützen.

Sei dir aber bewußt: Wenn du aufgebaut wirst, muß das, was im Wege steht, zunächst abgebaut werden. Daher ist es ratsam, nicht nur im Gebet all dein Vertrauen auf den dich liebenden Gott zu setzen, sondern diese Intention auch außerhalb des Gebetes zu bewahren. Ganz allmählich wird dein Gebet zum Leben und dein Leben zum Gebet.

111 Jemand hat sich – klar das Ziel vor Augen – auf eine Reise begeben. Mit jedem Schritt nähert er sich dem ersehnten Ziel, selbst wenn es durch geographische Bedingungen geboten ist, einen Umweg zu machen, und er dadurch streckenweise das

Ziel aus den Augen verliert. Innerlich bleibt sein Vorsatz jedoch bestehen, so daß er sich nicht ständig die Endstation seiner Reise bewußt machen muß.

112 Haben wir uns dazu entschlossen, unserer Seele durch Hingabe den Weg in Gottes Gegenwart zu bereiten, wird sie ihn unweigerlich und mit zunehmender Geschwindigkeit gehen – so lange wir uns nicht bewußt Zuwiderlaufendes vornehmen. Von sich aus wird sie diese Ausrichtung und Bewegung nicht ändern, selbst wenn wir jemandem aufmerksam zuhören, reden, essen oder mit beruflichen Dingen beschäftigt sind.

113 Da es von großer Bedeutung ist, soll an dieser Stelle noch einmal der Unterschied zwischen dem geistlichen Nachdenken, der Betrachtung und der Kontemplation einerseits und der Inneren Einkehr, dem Aufmerken der Seele oder dem Ruhegebet andererseits beleuchtet werden.

Selbstverständlich wird durch jedes geistliche Tun der Seele – um im Bild zu sprechen – Licht mitgeteilt. Erfahrene Mystiker sprechen davon, das Verhältnis von Kontemplation zum Ruhegebet stelle sich dar wie einige Tropfen Wasser zum Ozean. So weit ist die Glaubenserfahrung derer, die den Weg allein der Betrachtung und des Nachsinnens gehen, von der Glaubenserfahrung derjenigen entfernt, die durch das Aufmerken der Seele Innere Einkehr halten.

Hier ist es ein unterscheidender und wissender Glaube, dem häufig das tragende Fundament der Erfahrung fehlt. Dort entsteht ein lebendiger allgemeiner Glaube, der alles zu tragen imstande ist, und auf den Theologie und Wissen entsprechend aufgebaut werden können.

Bei der Kontemplation werden der Seele zwei oder drei besondere Wahrheiten mitgeteilt. Durch die völlige und anstrengungslose Bereitschaft im Ruhegebet jedoch, sich dem Licht gegenüber zu öffnen, kann der Heilige Geist in unserer Seele wirken wie Er will. Dies geschieht umfassend, wesentlich tatkräftiger und erleuchtender. Inhalte, die wir vorgeben, sind dagegen ihrer Natur nach begrenzt und halten uns auf bestimmten oberen Ebenen des Bewußtseins fest.

Durch das Nichttun und Nichtdenken und durch die immer größer werdende Ruhe bei der Inneren Einkehr öffnen sich tiefere Schichten unseres Bewußtseins, in die das Meer der Weisheit Gottes einströmen kann.

114 Durch das Gebet der Hingabe ermöglichen wir es unserer Seele, aufzumerken und einen längeren Zeitraum in Gelassenheit zu verweilen. Diese

Einkehr unserer Seele in sich selbst sammelt die zerstreuten Kräfte und führt sie nach innen zu ihrem eigentlichen Ursprung. Durch die wiederholte innere Übung der Hingabe in völligem Schweigen aller Sinne und Gedanken werden wir derart bereichert, daß unser Glaube gestärkt und unsere Lebenskräfte aktiviert werden. Wir werden befähigt, ohne Umstände und besondere Bedingungen die Gaben des Heiligen Geistes anzunehmen, um sie zu leben und weiterzuschenken.

115 Mögest du aus diesen Worten und besonders aus deiner persönlichen Erfahrung erkennen, wie einfach der Weg des Ruhegebetes ist – vorausgesetzt, du hast dich täglich zu gewissen Zeiten mit diesem Gebet vertraut gemacht. Durch das Loslassen all dessen, was dich hält und beschäftigt, kann dein Glaube sich von Grund auf erneuern und wachsen. Die schöpferische und liebende Gegenwart Gottes wird dir nicht nur zur Gebetszeit bewußt, sondern du erfährst sie auch inmitten deines täglichen Lebens. Auf diese Weise erfüllt sich ganz von selbst das Wort: *„Betet ohne Unterlaß."* (1. Thessalonicherbrief 5,17)

Alle in dieser geheimen Weisheit erfahrenen Menschen sprechen davon, daß sie unabhängig werden von allen weltlichen Anhänglichkeiten wie auch von unguten menschlichen Bindungen. Auf dem Weg der

Hingabe lösen wir uns letztlich ebenfalls von unserem geistlichen Lehrer und allen Vorgaben, so daß einzig und allein Sein Heiliger Geist unser Lehrmeister ist.

XVI. Kapitel

*Die Menschwerdung Jesu Christi beinhaltet den Weg,
damit die Seele bei sich selbst Einkehr halten und
ihren tiefsten Grund berühren kann.*

116 Zwei Möglichkeiten, dieses Ziel, die Erfüllung der Sehnsucht unserer Seele, zu erreichen, sind überliefert.

Die erste Weise ist die Betrachtung der Geheimnisse der Menschwerdung des Gottessohnes Jesu Christi. Dieser Weg, der in Gedanken, Vorstellungen und Nachempfindungen vollzogen wird, erstreckt sich vom Beginn des Christus-Ereignisses bei Maria über den Tod am Kreuz bis in die Auferstehung hinein. Dieses Vorgehen kann zu einem tiefen Gebet werden.

Doch in der hier beschriebenen Wegweisung verstehen wir unter „Gebet" das Öffnen der Seele für den göttlichen Impuls Seiner Liebe, das Aufmerken unserer verborgensten Seelenkräfte. In diesem Sinne beinhaltet das Gebet also keine Bitte oder Dank; es ist vielmehr ein Einfach-Dasein vor Gott ohne vorhergehendes Bedenken, ein Erleben der Seele in Ruhe und in absoluter Stille.

Dies ist die zweite Weise, die sich ebenso wie die erste auf die Menschwerdung Jesu Christi gründet. Der wesentliche Unterschied wird im folgenden dargestellt.

117 Im Gespräch über den Weg zum Vater sagt Jesus zu Thomas:
„Ich bin der Weg und die Wahrheit und das Leben." (Johannes 14,6)
Alles also, was in voller Bejahung dieses Lebens, in Wahrheit und auf dem Weg des Glaubens geschieht, wird durch die Tür, die Christus selbst ist, gelangen und heilvolle Verwandlung finden. Letztlich wird es einmal in der Gesamtheit unsere Seele sein, die diesen Weg geht, bis sich ihr die Tür öffnet.
„Ich bin die Tür," sagt Jesus im Johannes-Evangelium (10,9-10), *„wer durch mich hineingeht, wird gerettet werden ... Ich bin gekommen, damit sie das Leben haben und es in Fülle haben."*

Die Gnadenmittel, die Er uns hinterlassen hat und gleichzeitig immer neu schenkt, erlauben es uns, Ihm näherzukommen und uns in die Gegenwart Gottes zu stellen. Dieses Liebesangebot wird allen Menschen unterbreitet - ganz gleich, welchen Weg sie gewählt haben.

118 Christus selbst ist das Licht und der Wegweiser für unsere Seele. Er ist der Weg zum ewi-

gen Leben, die Tür, die uns das unermeßliche Meer der Gottheit eröffnet.

In das Geheimnis des Glaubens, den Tod und die Auferstehung Jesu Christi, sind alle Menschen zutiefst hineingenommen – selbst wenn es vielen nicht oder noch nicht bewußt ist.

Diejenigen, die in der Kontemplation das Leben Jesu begleiten und nachvollziehen, empfangen geistliche Nahrung und werden geführt. Durch die Betrachtung der mit dem Leben Jesu verbundenen Geheimnisse kann sich durchaus eine große Hingabebereitschaft an den Willen Gottes entwickeln. Diese erste Weise des sogenannten Betens wird für viele Menschen allerdings auf die Dauer zu einer Anstrengung. Daher machen sie mitunter große Pausen und sagen, daß sie mit ihrem Beten unzufrieden sind.

Auch denen, die darüber hinaus durch die schweigende Einkehr der Seele das Ruhegebet üben, sind die Betrachtungen über die Menschwerdung Jesu Christi und die göttlichen Geheimnisse heilig.

Im Aufmerken der Seele jedoch verlassen sie bewußt jegliche Gottesvorstellung, alle Gedanken und Empfindungen. Da das Geheimnis des Todes und der Auferstehung unserer Seele zutiefst eingeprägt ist, verlieren wir bei dieser zweiten Weise des Betens, der Hingabe, nicht das Wesentliche unseres Christseins.

Hier wird ein erster Unterschied deutlich. Das Ruhegebet oder das Aufmerken der Seele, nachdem sie in sich selbst eingekehrt ist, kann nicht mit Betrachtung oder Kontemplation verglichen werden.

Die schweigende Einkehr der Seele in ihren Grund, das heißt, das Gebet der Ruhe, kann durchaus Folge und Geschenk kontemplativen Betens sein. Wenn auch die Menschen, die das Ruhegebet üben, nicht über Kontemplation und Betrachtung zur Stille ins Schweigen gelangen, so verlangt es sie doch nach geschichtlich und mystisch geprägten Glaubensinhalten.

119 Jeder der beiden Wege – ob über die Betrachtung oder über das Gebet der Ruhe – kann kaum oder gar nichts ausrichten, wenn nicht der Schöpfer den Betenden mit seiner unterstützenden und liebenden Gnade begleitet.

120 Unter dieser Voraussetzung führen beide Wege zum Ziel. Auf dem ersten werden die Geheimnisse der Menschwerdung Jesu Christi betrachtet. Hier handelt es sich um ein Nachdenken, Vorstellen und um das rechte Einfühlen. Wenn der so Betrachtende die Gnade geschenkt bekommt, alle Inhalte und sich selbst loszulassen, darf er durch die göttliche Tür, die Christus ist, in tiefere Geheimnisse des Schweigens eintreten.

Der zweite Weg, den diese Wegweisung in besonderer Weise betont und empfiehlt, stellt dem Betenden nicht das Andenken der Menschheit Jesu vor Augen. Und trotzdem gehen wir – wie gleich gezeigt wird – mit Christus zusammen diesen Weg. Alle, die diesen Weg für ihr persönliches Gebet gewählt haben, berichten, daß er nicht nur wesentlich einfacher und gleichzeitig tiefgreifender ist, sondern auch gerade wegen der Anstrengungslosigkeit schneller und leichter zum Ziel führt.

121 Die erste in diesem Kapitel beschriebene Weise zu beten kommt der Betrachtung gleich. Das Leben Jesu Christi in dieser Welt, sein Sterben und seine Auferstehung, werden vom menschlichen Verstand als Erinnerung aufgenommen. Dies geschieht wie folgt:

- Man liest oder hört zunächst die biblischen Texte und läßt sie auf sich wirken. Sollten sie präsent sein, genügt eine gedankliche Erinnerung.
- Im nächsten Schritt werden die Inhalte gedanklich nachvollzogen. Dabei werden alle Gedanken zugelassen, die ein-fallen.
- Wenn sich dem Betrachtenden tiefere Einsichten schenken, versucht er diese auf sein eigenes Leben zu beziehen.

Es wird ihm eine Lehre zuteil, die sein bisheriges Leben entweder bestärkt oder in Frage stellt. Er erhält Mahnungen, sein Tun neu zu überdenken; konkrete Hilfen werden ihm aufgezeigt – vor allem wird er immer wieder Trost empfangen.

Die zweite in diesem Kapitel beschriebene Weise zu beten hat einen völlig anderen Ansatz. Das intellektuelle Vorgehen wird völlig ausgeschaltet; der Verstand tut rein gar nichts. Durch einen kleinen Willensakt der Erinnerung richtet sich der Betende auf Jesus Christus aus. Dies geschieht anfänglich wiederholt ohne jegliches Erwägen des Inhalts. Spuren des göttlichen Ebenbildes in unserer Seele steigen allmählich in unserem Bewußtsein auf und werden deutlich.
Dabei offenbart sich von innen ganz von selbst eine religiöse Wahrheit, die sich selbstverständlich auch auf das Leben Jesu bezieht. Die Offenbarungen sind einsichtiger, nicht mit Zweifeln beladen und erscheinen in einem völlig anderen Licht als die durch den Verstand hervorgebrachten Wahrheiten.

122 Da sich jedoch bei diesem zweiten, leichter zu gehenden Weg Fehler und Irrtümer einschleichen können, ist es unbedingt ratsam, sich an die Weisungen zu halten und das zu befolgen, was ein erfahrener geistlicher Lehrer vorgibt. Um zur Inneren Einkehr zu gelangen, wird hier von einer Betrachtung der Glaubensgeheimnisse abgeraten. Es handelt sich beim Ruhegebet, dem Aufmerken der Seelenkräfte, nicht um ein Nachdenken oder Nachspüren.

Nachsinnen, Erforschen oder Einfühlen können zwar hervorragende Hilfsmittel sein, um unser Leben in der Nachfolge Jesu Christi wahrer und religiöser zu gestalten, doch hier hindern sie unsere Seele nur, sich zu bereiten und aufzumerken.

123 Die Innere Einkehr oder das Gebet der Ruhe ist ein geistlicher Vorgang, der – richtig begonnen – eigenständig fortschreitet und keiner Einmischung bedarf. Dieses Vorgehen in Christus oder im Namen Gottes kommt besonders den Menschen entgegen, die mit Stille-Übungen und dem Schweigen vertraut sind. Durch Sammlung ihrer inneren diffusen Kräfte leben sie in einer größeren Geordnetheit und stehen sich selbst nicht mehr im Wege.
Das bedeutet jedoch nicht, daß jeder hier und jetzt sofort mit dem Ruhegebet beginnen könnte. Innerlich, angeregt durch einen einfachen Gedankenimpuls, wird ein Akt des Glaubens gesetzt, der uns auf den Schöpfer ausrichtet. Diese kurze Anrufung bewirkt in ihrer Wiederholung, daß wir uns von der Vielfalt abwenden und uns dem Einen zuwenden, Ihm, der uns den Weg zum Vater weist, in eine Seligkeit, die kein Ende kennt und grenzenlos ist.

124 Auf natürliche Weise, da wir uns an nichts anderem festhalten, werden wir von Ihm ergriffen und verwandelt. Unsere Seele gewinnt neue Kraft, so daß sie sich entfalten und aufrichten kann. Das kurze Andenken an Jesu Christi läßt uns nicht vom Weg abkommen, damit wir uns nicht in eigenen Gedanken verlieren. Durch die Anrufung wird einerseits Sein Name geheiligt; andererseits strömt uns durch die Anrufung Seines Namens unendliches Heil zu (vgl. Apostelgeschichte 4,12).

Diese Wegweisung ist von großer Bedeutung und hilft uns ohne Umschweife zur Inneren Einkehr. Haben wir im Gebet der Ruhe das Gefühl, nach außen hin abgezogen zu werden, erinnern wir uns, daß wir beten, und kehren zum Gebetswort oder der Anrufung zurück. Durch die sanfte Wiederholung des Gebetes tauchen wir erneut in die Ruhe ein, die allein es unserer Seele ermöglicht, mehr und mehr nach dem Bild Gottes umgestaltet zu werden.

125 Große Mystiker weisen die Betenden, die auf der Suche nach einer tiefen Einkehr und größeren Innerlichkeit sind, genau den soeben beschriebenen Weg. Sie warnen davor, sich durch anderslautende Meinungen verwirren zu lassen. Sei sicher, daß du dich auf dem richtigen Weg befindest. Du brauchst keine Gefahr zu fürchten, denn der Herr, der mit dir ist, hat uns gelehrt, zur Ruhe und Innerlichkeit zu kommen (Matthäus 6,6).

Tief in deinem Seeleninneren schwingt diese Ruhe, die den Reichtum der ganzen Schöpfung in sich enthält, von der am siebten Schöpfungstag Gott selbst spricht.

- *„Nur in Umkehr und Ruhe liegt eure Rettung, nur Stille und Vertrauen verleihen euch Kraft." (Jesaja 30,15)*
- *„Kommt alle zu mir, die ihr euch plagt und schwere Lasten zu tragen habt. Ich werde euch Ruhe verschaffen." (Matthäus 11,28)*
- *„Denn wer in das Land seiner Ruhe gekommen ist, der ruht auch selbst von seinen Werken aus, wie Gott von den seinigen." (Hebräerbrief 4,10)*

126 Im Ruhegebet, das sowohl den Körper, den Geist und die Seele berührt, erfahren wir eine zunehmend tiefer werdende Ruhe, die sich bis in den Grund unserer Seele legt. Durch die wiederholte innere Anrufung Gottes, die leiser wird und ausschwingt, schenkt sich uns dieses Schweigen, das uns vor die Tür der Barmherzigkeit Gottes führt. Unsere Seele hat die Sehnsucht zu verweilen, zutiefst bereit zu dem, was der Schöpfer mit ihr vorhat.

Sollte unser denkender Geist sich einmischen und nach dieser Zuständlichkeit fragen, dürfen wir ihm keine Gewalt antun, sondern füllen ihn mit unserem Gebet, um erneut zu dieser Ruhe zu gelangen. Eine Einschätzung allein nach menschlichen Maßstäben ist uns hier nicht mehr möglich. Auch wenn wir Christus früher nach menschlichen Maßstäben eingeschätzt haben, so ist es uns nun unmöglich, Ihn aufgrund unserer neuen Erfahrung in engen Grenzen zu sehen. Mit Ihm werden auch wir zu einer neuen Schöpfung (vgl. 2 Korintherbrief 5,16-17).

127 Wie das Stillschweigen und Neuwerden durch die Anrufung des Namens Jesu eingeleitet wird, so möge auch alles, was wir in Worten und Werken tun, in Seinem Namen geschehen (Kolosserbrief 3,17).

XVII. Kapitel

Vom inneren und geheimen Stillschweigen.

128 Ein Stillwerden – der erste Schritt – beginnt mit dem Schweigen der Worte. Mit zunehmender Erfahrung kommen im Gebet allmählich die unerfüllten Wünsche und Sehnsüchte zur Ruhe. Im dritten Schritt lernen wir, richtig mit unseren Gedanken umzugehen und sie zum Schweigen kommen zu lassen.

Das Schweigen der Worte, die Beruhigung der Gefühle und das Aufhören der Gedankentätigkeit unterstützen die Seele auf ihrem Weg in die Innere Einkehr. Wenn wir nicht reden, nichts begehren und an nichts denken, schaffen wir die besten Voraussetzungen für das Ruhegebet, das uns zu dem geheimen oder geistlichen Stillschweigen führt, in dem Gott zu unserer Seele redet. Er berührt sie in ihrem innersten Grund, und während Er sich uns auf diese Weise mitteilt, lehrt Er uns die höchste und vollkommenste Weisheit.

129 Auf dem Weg in das geistliche Stillschweigen wirst du vorübergehend innere Einsamkeit erfahren, die es aber nicht zu fliehen, sondern durchzuhalten gilt. Gott, der dich ins Leben gerufen hat und aus Liebe um deine Seele wirbt, möchte im verborgenen innigsten Grund ihres Wesens zu ihr reden. Durch das Gebet der Ruhe und das damit verbundene geheime Stillschweigen kommst du Ihm entgegen. Um Ihm und Seiner Gnade den Weg zu bereiten, genügt es nicht, während des Betens die aktive Welt zu verlassen, den Begierden vorübergehend abzusagen und dich auf Ihn auszurichten.

Deine Bereitschaft, dich auch außerhalb der Zeit des Stillschweigens von Ihm verwandeln zu lassen, ist von größter Wichtigkeit. Du nimmst einen Teil der im Gebet gewonnenen Ruhe mit in deinen Alltag. Dieses Ruhen in dem geheimen Stillschweigen – selbst, wenn du aktiv bist – erlaubt es dir, dem Schöpfer die Tür deines Herzens zu öffnen. Er, der es unendlich gut mit dir meint, wird sich dir mitteilen und dich vom Grunde deines Wesens her erneuern.

130 Es liegt also an uns selbst, ob wir uns dem Angebot Gottes versagen oder Seinem liebenden Entgegenkommen die Tür öffnen. Die vornehmste Wegweisung besteht darin, nicht viel von Gott zu reden oder an Ihn zu denken, sondern im inneren Stillschweigen unsere Seele bereichern zu lassen, um fähig zu werden, Gott zu lieben. Um der Liebe Ausdruck zu verleihen, bedarf es nicht vieler Worte.

„Wir wollen nicht mit Wort und Zunge lieben, sondern in Tat und Wahrheit." (1. Johannesbrief 3,18)

131 Unserer bloßen Worte und Gedanken, die unsere Liebe zu Ihm zum Ausdruck bringen, bedarf Gott nicht. In vielen unserer Gebete – mögen sie noch so gut formuliert, gefühlsbetont oder bewegend sein – stehen wir mit unserer Eigenliebe im Mittelpunkt. Sie hält uns so stark an der Oberfläche gefangen, daß wir die verborgene Gottesliebe nicht wahrnehmen können.

Der Weg zur Inneren Einkehr und ins Schweigen läßt alle guten Worte und Gedanken zurück. Der so Betende empfängt Impulse einer wahren Liebe, die er – ohne im Mittelpunkt zu stehen – im Alltag umsetzen und weiterschenken kann.

132 Wir bedürfen durchaus der Worte, um uns anderen Menschen mitzuteilen, und um das auszudrücken, was in unserem Herzen verborgen ist. Vor Gott jedoch, der bis in den Grund unserer Seele schaut, besteht keine Notwendigkeit, von dem zu sprechen, was in uns vorgeht. Tun wir es, so geschieht dies mehr für uns selbst, um unsere Gedanken und Gefühle kennenzulernen und zu ordnen. Viele Worte im Gebet, die wir nicht in Tat und Wahrheit umsetzen, bleiben sinnlos.

133 Im Ruhegebet wird der Betende von nur wenigen Worten in eine immer größer werdende Stille geführt. Übe dich in diesem Gebet also darin, deine vielen Worte, Gedanken, Gefühle und Anhänglichkeiten loszulassen. Gehe ihnen auch dann nicht nach, wenn sie dir angenehm und kreativ erscheinen. Es geht um kein Tun, um keine Leistung, sondern um das Empfangen einer unterstützenden Lebenskraft, die dir aus dem verborgenen Bereich göttlicher Liebe zuströmt.

In diesem inneren Stillschweigen wachsen Glaube, Hoffnung und Liebe auf natürliche und uns angemessene Weise. Da der Schöpfer, dem nichts verborgen ist, selbst das Maß Seiner Zuwendung bestimmt, bedarf Er durchaus nicht unserer Versicherung, daß wir Ihn lieben, auf Ihn hoffen und an Ihn glauben.

134 Mögest du nach diesen Ausführungen das Wesentliche des einfachen Gebetes der Ruhe verstanden haben und in der Lage sein, es mühelos einzuüben und zu beten.
Viele vortreffliche geistliche Lehrer, die tiefe Erkenntnis in der geheimen Gottesgelehrtheit besitzen, weisen den Weg des Ruhegebetes. Nach einer bestimmten Zeit der Übung sagen sie, ihr gesamtes Leben sei zu einem steten und immerwährenden Gebet geworden. Sie weisen jedoch ständig darauf hin, wie wichtig

und notwendig es ist, das wahre Gebet und die daraus entstehenden geistlichen Verhaltensweisen nicht zu vernachlässigen, um in der Liebe Gottes zu bleiben.

135 Setze dich zum Ruhegebet an einen angenehmen Platz und schließe die Augen. Nimm dir mindestens zwanzig Minuten Zeit, und lasse dich durch keine äußeren Umstände stören.

Beginne erst nach einigen Augenblicken der Ruhe, dein Gebetswort innerlich aufzunehmen und es ohne Anstrengung und Erwartung zu wiederholen. Dein Gebet, das du dir gewählt oder von deinem geistlichen Lehrer bekommen hast, solltest du weder verändern noch durch ein anderes ersetzen. Es begleitet dich dein ganzes Leben, um dich immer wieder in Gelassenheit zu üben und dir den heilsamen Weg in das göttliche Stillschweigen zu bahnen. Bist du dort angekommen – und sei es auch nur für Augenblicke - hat dein Gebet sich erfüllt, und du wirst es nicht mehr wiederholen.

Sobald dich aber deine Gedanken aus diesem Bereich tiefer Ruhe vertreiben, kehre zu deinem Gebetswort zurück und wiederhole es in deinem Herzen. Dies ist ein sehr leiser Impuls von dir aus, der als zarteste Handlung des Glaubens bezeichnet wird.

Bringe von dir rein gar nichts - auch nicht deinen Atem - mit dem Gebet in Verbindung. Wenn du zum Beispiel betest:
„Dein Wille geschehe in Zeit und Ewigkeit" oder eine andere Anrufung gewählt hast, so lasse dein Gebet in der sanften Wiederholung ausschwingen, ohne daß du dich auch nur im geringsten einmischst. Wenn du dich durch Hingabe Ihm ganz zur Verfügung stellst, wird jedes Eingreifen - besonders deine bewußt gesteuerten Gedanken - eine Störung sein.

Viele, die den Weg des Ruhegebetes gegangen sind, berichten, sie hätten mit höchstem Gewinn bis an ihr Lebensende diese einmalige Gebetsweise der Hingabe an den Willen Gottes in großer Liebe fortgesetzt.
Da das Aufmerken der Seele in tiefem Stillschweigen von ihrem Grund aus von selbst geschieht - sie wird von der liebenden Anziehung Gottes bewegt - können wir diesem wunderbaren Vorgang zwischen dem Schöpfer und Seinem Geschöpf lediglich den Weg bereiten.

Die Weisung, wie wir tiefe Ruhe aufnehmen und unsere Seele dadurch den inneren Frieden dauerhaft erlangen kann, war der Inhalt dieses ersten Buches.

Herr Jesus Christus,
du hast uns den Weg in dieses geheime
Stillschweigen geoffenbart.
Laß uns den inneren Menschen in seiner
Gottesnähe erfahren
und gib uns das Vermögen,
ihn vom äußeren Menschen zu unterscheiden.
Hilf uns,
in deinem Namen das Äußere mit dem
Inneren in Verbindung zu bringen.

Wegweisung, um den inneren Frieden zu erlangen
Zweites Buch

Ein Gott naher Mensch sollte uns auf unserem geistlichen Weg begleiten. Unbescheidenheit und unbedachter Eifer werden zu Hindernissen. Handlungen, die den inneren Fortschritt unterstützen.

❁] ○ [❁

I. Kapitel

Es ist ratsam, sich in geistlichen Fragen einem Menschen zuzuwenden, der unser Vertrauen besitzt.

1 Haben wir uns dazu entschlossen, das Ruhegebet zu üben, sollten wir einen Begleiter wählen, der auf diesem inneren Weg erfahren ist. Nur wenig Menschen – wie zum Beispiel Katharina von Siena (14. Jh.) – erhalten Einsicht und Weisung allein durch göttliche Gnade.

Wie im geographischen Bereich ein Wegweiser benötigt wird, um ans Ziel zu kommen, so ist auf den Wegen des Geistes und der Gnade eine Weisung ebenso notwendig. Wenn es einerseits in den Wissenschaften ausgebildete gute Lehrer gibt, sollte es da nicht auch Menschen geben, die über die allgemeine Theologie hinaus über Gotteserfahrung verfügen? Ihnen wird es möglich sein, anderen Menschen geistliche Wege vorzustellen und Hilfen zu geben, diese zu beschreiten.

2 Da mit zunehmender Lebens- und Gebetserfahrung die Gefahr vom Weg abzukommen wächst, ist es nicht nur ratsam, sondern notwendig, anfangs die rechte Begleitung zu haben – auch dann, wenn wir glauben, allein weitergehen zu können. Wären wir einzig und allein uns selbst und unserer eigenen Erkenntnis überlassen, bliebe manche Frage vorerst unbeantwortet; Zweifel würden uns lähmen, auf dem geistlichen Weg fortzuschreiten, und unsere Eigensinnigkeit würde uns glauben lassen, alles besser zu wissen.

Steht uns jedoch ein vertrauter Mensch als Ratgeber und als im Gebet erfahrener Lehrer zur Seite, wird er uns vor vielen Umwegen, Fehlern und Irrtümern bewahren.

3 Wir sollten auf die Suche gehen und darum beten, einen geistlichen Begleiter zu finden. Hat ein Mensch zu uns Ja gesagt und wir zu ihm, dürfen wir ihn keinesfalls wegen vordergründiger Ursachen wieder verlassen, sondern ihn als kostbares Geschenk aus der Hand Gottes ansehen.

4 Ist unsere Wahl jedoch irrtümlich auf einen Menschen gefallen, der nur irdisch gesinnt ist, kann er sich nicht auf das einlassen, was vom Geist Gottes kommt. Torheit bleibt es für ihn, und er kann es nicht verstehen, weil es nur mit Hilfe des Geistes beurteilt werden kann (1 Korintherbrief 2,14).
Selbstverständlich können wir uns dann von ihm aufgrund seiner Unwissenheit und seiner mangelnden

Erfahrung wieder trennen. Wer aber geistlich ist und erfahren, sieht alles in einem anderen Licht. Er hat Verständnis für uns, durchschaut Zusammenhänge und führt uns einen Weg, auf dem wir in unserer geistig-seelischen Entwicklung Fortschritte machen.

5 Möchten wir uns von einem relativ ungeistigen Bewußtseinszustand in einen geistigeren begeben, sind die Anforderungen an unseren geistlichen Begleiter weitaus nicht so groß und anspruchsvoll, als wenn wir uns von einem guten, durchgeistigten Zustand in einen besseren erheben möchten.

In persönlichen Gesprächen wird er uns vor allem den Rat geben, Zeit in das Wesentliche zu investieren: das innerliche Gebet und die damit verbundene kreative Ruhe. Da dieser Weg uns in noch verborgene und geheime Welten führt, und wir die uns gemäße Gangart herausfinden müssen, bedürfen wir unbedingt der geistlichen Begleitung. Dem Unerfahrenen ist es noch nicht möglich, aus sich selbst eine klare Entscheidung zu treffen, seine eigene Gangart zu wählen und das Ziel des Weges vor Augen zu haben.

6 Wir benötigen Korrektur und Bestätigung. Zweifel, ob wir uns auf dem rechten Weg befinden, müssen ausgeräumt werden, und viele neue Fragen verlangen nach einer Antwort. Die Wissensgewinnung sollte mit der jeweils neuen Erfahrung Schritt halten und umgekehrt.

Ein guter geistlicher Begleiter oder Wegweiser wird durch das ihm eigene innere Licht klar bei uns erkennen können, ob wir von einer guten Eingebung erfüllt sind oder ob es sich nur um ein Hindernis handelt, das aufgelöst werden muß. Er wird mit Leichtigkeit die Bewegungen unterscheiden und feststellen, ob sie mit natürlichen Bedürfnissen des Menschen zu tun haben, durch das Auflösen von Verkrampfungen bedingt sind, oder ob es sich um eine Bewegung der Seele selbst handelt.

Diese zuletzt genannte Bewegung der Seele kann dem Aufmerken der Seelenkräfte vorausgehen und das Stillschweigen einleiten. Sie kann aber auch dem im Ruhegebet Erfahrenen mitteilen, woran unsere Seele sich krampfhaft festhält, womit sie sich aufhält und was ihre unguten Gewohnheiten sind, die sie in ihrer Entwicklung hindern. Um keine Zeit zu verlieren, um uns nicht unnötig anzustrengen und um keine schmerzhaften Umwege machen zu müssen, sollten wir uns in diesen feinen geistlichen Bereichen nicht mit uns selbst beschäftigen, sondern einen Wegweiser zu Rate ziehen.

7 Von Johannes Tauler (14. Jh.) wird berichtet, er habe durch überstrenge Fastenübungen seine Ge-

sundheit geschwächt und angegriffen. Als er eines Tages kraftlos und völlig erschöpft in den Schlaf gesunken war, hörte er eine Stimme: *„Du einfältiger Mensch! Da du durch die Übungen deines eigenen Willens dir selbst vor der Zeit den Tod zuziehen wirst, wirst du dafür schwere Schmerzen erleiden."*

Als Johannes Tauler daraufhin einen geistlichen Berater aufsuchte und sich ihm offenbarte, gingen ihm die Augen für sein unverantwortliches Tun auf. Tauler sah ein, daß sein übermäßiges Fasten Selbstbetrug und im wahrsten Sinne Abtötung war. Er wurde sich der großen Gefahr bewußt, in der er durch die selbstgewählten Übungen schwebte. Erst durch den Umweg leidvoller Erfahrungen hatte er sich der Weisung durch einen anderen Menschen geöffnet und dessen Rat befolgt.

II. Kapitel

Von der Gefahr geistlicher Literatur, und warum das persönliche Gespräch unabdingbar ist.

8 Es ist ohne Zweifel besser, auf dem inneren Weg von einem Lehrer begleitet zu werden, als einzig und allein spirituelle Bücher zu lesen. Der geistliche Begleiter kann uns - entsprechend unseres Zustandes und unserer Befindlichkeit - einen stimmigen Rat geben. Ein Buch dagegen kann in gewisser Weise anonym bleiben, so daß wir die im Augenblick für uns notwendige Unterweisung entbehren müssen.

Sich nur mit geistlichen Büchern zu beschäftigen, birgt zudem die Gefahr in sich, sich in falsche Interpretationen zu verrennen oder grobe Fehler zu machen.

9 Geistliche Literatur ist oft verkopft, falls sie nicht auf praktischer Erfahrung der Autoren basiert und gibt dann kaum oder zu wenig Wegweisung, damit Leben gelingen kann und aus Begeisterung gelebt wird. Manchmal hinterlassen Bücher mehr Verwirrung als Klärung, mehr Dunkelheit als Licht - selbst wenn sie inhaltlich reich und logisch aufgebaut sind und sogar noch über eine schöne Sprache verfügen.

Kommt das Wissen einseitig von außen und korrespondiert es nicht gleichzeitig mit der inneren Erfahrung, fällt etwas Wesentliches aus, und der Mangel belastet uns aufs neue. Das Wesentliche besteht jedoch darin, keine prägenden Eindrücke aufzunehmen, die nicht verarbeitet werden können. Es geht vielmehr darum, entlastet zu werden, damit der Schöpfer Sein Wesen in uns entfalten kann.

So sollten wir jene spirituellen Bücher auswählen, die uns Wege einer inneren Befreiung aufzeigen, uns heiter stimmen und Weisung zu einem sinnerfüllten Leben bieten. An dieser Stelle wird nicht allgemein von geistlicher Literatur und ihrem durchaus hohen Wert gesprochen, sondern von „Wegweisungen", die dem inneren Leben und der Weiterentwicklung unserer Seele gewidmet sind. Dieses Buch möchte hierzu einen Beitrag leisten, indem es Wege aufzeigt, die nicht nur leicht zu gehen sind, sondern auch Freude am Dasein vermitteln und einen lebendigen Glauben erfahrbar machen.

10 Diese Wegweisung versucht, den Leser und Übenden auf seinem geistlichen Weg verantwortungsvoll zu begleiten und auf viele praktische Fragen Antwort zu geben. Doch muß noch einmal nachdrücklich betont werden, wie wichtig und notwendig es ist, zusätzlich mit einem im Gebet der Ruhe

erfahrenen Lehrer in Kontakt zu treten. Um sicherzu-
gehen, sollten wir diesen Schritt tun.

Je mehr Licht unsere Seele aufzunehmen imstande ist,
um so mehr konturieren sich auch die Schatten in unserem Leben. Damit wir nun nicht erneut durch sie in
Dunkelheit geraten, sondern lernen, sie anzunehmen
und wenn möglich aufzulösen, ist das Gespräch mit
einem Gott nahen Menschen wie auch sein Rat unabdingbar.

Während ihrer langen und schweren Krankheit hatte
die Mystikerin Marina de Escobar (16. Jh.) starke psy-
chische Erlebnisse, die sie sehr erschütterten. Sie entschloß sich, ihrem Beichtvater von diesen geheimen
Erfahrungen nichts zu berichten, um ihn nicht zu belasten. Doch bald darauf mahnte sie eine innere
Stimme und bat, sie möge sich offenbaren. Marina de
Escobar wurden drei Gründe bewußt, nach denen sie
handelte:

♦ Nachdem das Gold im Schmelzofen gereinigt ist,
  wird es auf dem Probierstein abgestrichen. Wer
  kann die Reinheit des Goldes besser bestimmen als
  der Goldschmied?
  Wenn die Seele durch einen Läuterungsprozeß in
  ihren Grundfesten erschüttert wird, sind wir selbst
  nicht in der Lage, zu erkennen, was mit uns geschieht. Ein guter Seelsorger wird uns die Notwen-

digkeit dieses seelischen Reinigungs- und Entwicklungsprozesses erklären und entsprechende Hilfe geben.

- In der Schöpfungsordnung ist es nicht vorgesehen, daß der Mensch – besonders in Zeiten großer Veränderungsprozesse – allein ist. Der Gefahr, Irrtümern anheimzufallen und Fehlentscheidungen zu treffen, können wir im Alleingang kaum aus dem Wege gehen.
- Um nicht zu verkrampfen und krank zu werden, müssen wir uns mitteilen. Zudem dürfen wir nicht die Gnadengaben, die Gott uns zukommen läßt, für uns behalten. Wir müssen sie weiterschenken, damit auch andere Menschen durch uns neue Glaubenserfahrung machen und teilhaben an der Fülle Seines Heiligen Geistes.

11 Selbst wenn wir Mahnungen erhalten, über unsere inneren und religiösen Erfahrungen zu schweigen, sollten wir dessen ungeachtet mit einem uns vertrauten und geschätzten Menschen darüber sprechen.

12 *„Endlich nach hartem Kampf und nach Ablegung aller Besorgnisse"*, schreibt Teresa von Avila, *„entschloß ich mich, mit einem im geistlichen Leben erfahrenen Mann mich zu besprechen und ihn zu fragen, welche Bewandtnis es mit meinem Gebet habe, und bat ihn,*

mir die Augen zu öffnen, wenn ich im Irrtum sein sollte. Dieser heilige und gesegnete Mann war meines Erachtens durch seine Bemühungen die erste Ursache der Rettung meiner Seele. Ich staune über seine Demut, in der er sich zu mir herabließ, da er doch beinahe schon vierzig Jahre lang – ob zwei oder drei Jahre weniger, weiß ich nicht – das innerliche Gebet geübt hatte." (Vita 23,4.6)

III. Kapitel

Unbedachter Eifer und selbstbezogene Liebe zum Nächsten zerstören den inneren Frieden.

13 Wach und aufgeschlossen für den geistlichen Weg zu sein, ist Voraussetzung, ihn erfolgreich zu gehen. Um uns den Weg der Wahrheit und des Lebens zu weisen, sandte Gott Seinen Sohn Jesus Christus in die Welt. Jesus verstand es, Menschen an sich zu ziehen und für das Reich Gottes zu begeistern. Diese Gabe hat Er uns zur Aufgabe gemacht.

Entwickeln wir allerdings einen missionarischen Übereifer, möchten andere Menschen mit Gewalt bekehren und auf den „rechten" Weg bringen, sie bereden und uns ihnen aufdrängen, handeln wir nicht mehr aus Liebe zu ihnen, sondern hindern jegliches geistliche Wachstum.

14 Erste spirituelle Erfahrungen werden spontan unsere Augen ein wenig erleuchten. Doch sollten wir darauf achten, uns nicht an diesem Licht zu sehr zu erhitzen, und uns nicht anschicken, die ganze Welt bekehren zu wollen. Einbildung und Eigenliebe sind große Feinde der Ruhe unserer Seele. Der Wegweiser möchte uns vor blindem Eifer warnen und darauf aufmerksam machen, daß wir dem einen vielleicht zu bescheiden entgegengetreten sind, dem anderen – um ihm zu gefallen – vielleicht zu angepaßt und nachgiebig begegneten.

15 Um den Nächsten zu lieben, müssen wir uns selbst oft ein gehöriges Stück zurücknehmen. Ein wichtiges Kriterium sollte sein, immer wieder in Einklang mit dem Willen und der Liebe Gottes zu kommen. Dann werden wir spüren, wie sich wie von selbst unsere ungeordneten Gefühle ordnen, blinder Eifer sich legt und Friede, verbunden mit einer wunderbaren Stille, in unserer Seele herrscht.
Diese Ausstrahlung, die eher mit unseren Werken als mit unseren Worten zu tun hat, wird andere anziehen und uns zu gefragteren Menschen machen.

16 *„Achte auf dich selbst und auf die Lehre; halte daran fest! Wenn du das tust, rettest du dich und alle, die auf dich hören." (1. Timotheusbrief 4,16)*
Rücksichtslos und unter Mißachtung unserer eigenen Person mischen wir uns allzuoft in Angelegenheiten anderer Menschen und machen damit ihr Schicksal zu unserem eigenen. Wenn wir nicht gefragt sind, sollten wir uns zurückhalten und auf den rechten Augenblick warten. Wir dürfen sicher sein, daß uns zur angemessenen Zeit Zeichen auf den Weg geschickt

werden, die wir nicht nur verstehen, sondern auch tatkräftig zum Nutzen anderer umsetzen können.

Oft wirst du sicherlich die Zeit nicht erwarten können zu handeln. Nutze sie jedoch klug, indem du dich in die Ruhe einübst, die dem siebten Schöpfungstag eigen ist – die schöpferische unbewegte Ruhe, aus der alles entsteht, und die alles wieder in sich aufnimmt. Aus ihr wirst du Kraft gewinnen, die du erfolgreich in deinem und im Leben anderer einsetzen kannst. Wisse: Vor Gott gilt eine einzige Tat der innerlichen Hingabe und Gelassenheit weitaus mehr als eine Fülle von Handlungen, die aus reiner Ich-Sucht entspringen.

17 Du kannst eine Wassergrube noch so tief ausschachten: Gefüllt wird sie nur, wenn der Himmel es regnen läßt. So bleibe in allem – vorausgesetzt, du hast deine Pflichten getan – ganz ruhig, still und gelassen, so daß der Schöpfer sich dir zuwenden und durch dich handeln kann. Er weiß, was du ersehnst und wessen du bedarfst. Lasse dich von Ihm führen, denn Seinen Willen hier auf Erden zu verwirklichen, sollte zu deiner vornehmsten Aufgabe werden.

18 Nicht das äußere Tun und große Taten fördern deinen geistig-seelischen Fortschritt, sondern entscheidend ist deine Bereitschaft zur Hingabe, um

durch, mit und in Ihm zu wachsen. Sei daher dem Weg, den du beschritten hast, treu, und übe dich in Gelassenheit und Ruhe. Du wirst reich beschenkt durch innere Eingebungen, die nicht nur dein geistliches Leben erfüllen, sondern auch bedenkenlos erfolgreich in die Tat umzusetzen sind.

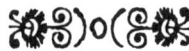

IV. Kapitel

Dränge dich nicht vor der Zeit anderer Menschen auf.

19 Es gibt sicher Phasen in deinem Leben, die dir ausweglos erscheinen und kein Ende nehmen wollen. Versuche dann trotzdem in all deiner Hoffnungslosigkeit, Zeit für das Gebet der Ruhe zu finden, um hellhörig und sensibel für das zu werden, was Gott mit dir vorhat. Ihm darfst du es zutrauen, daß Er inmitten eines dürren, felsigen Landes eine lebendige Wasserquelle strömen läßt.

Bevor du jedoch nach einer überstandenen Krise anderen hilfst, setze zunächst alles daran, deinen Zustand zu kräftigen und dich tragfähig zu machen.

20 Wir dürfen darauf vertrauen, daß uns der rechte Augenblick gezeigt wird, in dem wir einem anderen Menschen unsere Hilfe anbieten. Sind allerdings Selbstgefälligkeit und Geltungsdrang im Spiele, wird dem Hilfesuchenden durch uns kein Heil zuteil.

Elischa gab seinem Diener Gehasi den Auftrag, das Kind der Schunemiterin ins Leben zurückzurufen.

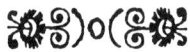

„Gehasi war vorausgeeilt und hatte den Stab auf das Gesicht des Kindes gelegt; doch es kam kein Laut und kein Lebenszeichen. Daher lief er zum Gottesmann zurück und berichtete: Das Kind ist nicht aufgewacht." (2 Könige 4,31)

Gehasi hatte sich nicht an die Weisung seines Herrn gehalten und auf dem Weg zu viele selbstgefällige Worte gemacht.

21 Mußte nicht auch Paulus vieles auf sich nehmen und erdulden, ehe die Zeit gekommen und er reif war, das Evangelium wirkmächtig zu verkünden? Sei du daher äußerst behutsam und dränge dich nicht vor der Zeit anderen Menschen auf. Willst du auf dem geistlichen Weg Hilfe geben, so laß es dir gefallen, wenn du vorher selbst durch das Feuer der Anfeindungen gehen mußt, Durststrecken dir nicht erspart bleiben, und du dich in mancherlei Widerwärtigkeiten bewähren mußt.

22 Halte dich zurück, bevor du aus eigenem Willen und nach Gutdünken „große" Dinge tust. Nutze die Zeit, und übe dich in Gelassenheit - im Gebet der Ruhe. Durch diesen sogenannten heiligen Müßiggang, der dir kein schlechtes Gewissen bereiten sollte, empfängst du eine um so größere innere Kraft, die du dann zu gegebener Zeit unter Beweis stellen und für andere einsetzen kannst.

Mache dir das Wort zu eigen: *„Wer den Willen Gottes tut, der tut alles."* Erlaube es deiner Seele, einzig und allein hierauf bedacht zu sein. Du kannst ihr den Weg bereiten, indem du vorübergehend neue Eindrücke von ihr fernhältst, dich im Gebet der Hingabe übst und bereit bist, das dir von Gott Zugedachte zu empfangen.

Bevor du anderen den „Himmel" zeigst, solltest du in der Lage sein, die „Erde" zu bestehen. Bevor du zu anderen von der Seelenruhe und dem inneren Frieden sprichst, solltest du nicht nur in beidem erfahren sein, sondern die Ruhe und der Friede deiner Seele sollten zu einem festen Bestandteil deiner Persönlichkeit geworden sein.

V. Kapitel

Bestimmte Voraussetzungen sind notwendig,
um andere Menschen auf dem inneren Weg zu begleiten
und ihnen Weisung zu geben.

23 Spürst du in dir den Wunsch, am Aufbau geistlicher Entwicklung mitzuarbeiten, solltest du dich zunächst selbst prüfen, um dich dann mit denjenigen, die diesen Beruf ausüben, zu besprechen. Voraussetzungen sind:

- Freude am Vermitteln geistlicher Werte
- Erkenntnis tieferer Glaubenswahrheiten
- Das Gehen eines geistlichen Weges
- Ausschalten von Ehrgeiz und Geltungsdrang, Fanatismus und Aufdringlichkeit
- Unabhängigkeit von Meinungen anderer, von zeitlich bedingten Strömungen und weltlichen Dingen

24 Die Seel-Sorge ist von so außerordentlich großer Wichtigkeit und Würde, daß man sich erst aufmachen sollte, sobald man sich wirklich dazu berufen fühlt und durch andere Menschen bestätigt wird. Bringen wir uns voreilig und ungefragt ein, gereicht es nicht nur dem, dem wir helfen möchten, zum

Nachteil, sondern auch uns selbst. Und wem würde es nutzen, wenn unsere Seele Schaden nimmt?

25 Bevor wir von uns selbst behaupten, Seelsorger zu sein, sollten wir uns zurücknehmen und gelassen abwarten, bis wir gerufen werden und gefragt sind. Dränge dich daher niemals auf, denn deine Ich-Sucht könnte dich falsche Wege führen.

26 Deine Erfahrung, deine Erkenntnis und deine Fähigkeit zu lehren reichen allein nicht aus, andere Menschen geistlich zu begleiten. Es muß eine weitere Dimension hinzukommen, die man „Gnade" nennen könnte, das heißt eine Gabe Gottes, die du nicht leisten, sondern nur als Geschenk empfangen kannst. Alles, was du für andere im religiös-geistlichen Bereich zu tun wünschst, muß in Wahrheit geschehen, aus reiner Liebe, und sollte in deinem Bewußtsein und deiner Seele fest gegründet sein.

27 Viele Menschen, die „seelisches Heilen" zu ihrem Beruf gewählt haben, entsprechen in keiner Weise ihrer Aufgabe. Anstatt sich selbst zurückzunehmen, um ihr eigenes Inneres von Störungen zu befreien und ein annehmbares Leben in größerer Erfüllung zu leben, bereden sie andere und machen ihnen falsche Hoffnung, die nicht trägt. Anstatt von schwerer Last und Schuldgefühlen zu befreien, be-

schweren sie eher noch die Seele anderer Menschen. Die Gefahr, krank zu machen statt zu heilen, ist groß. Wird nicht gerade im Bereich der Seelsorge und Spiritualität vielen Hilfesuchenden etwas vorgespielt und zuviel „leeres Stroh gedroschen"?

Vor diesem Hintergrund möge dir der hohe Wert des heilsamen Ruhegebetes und der damit verbundenen Entspannung der Seelenkräfte noch einmal deutlich werden. Nur durch Hingabe und Stillschweigen kommst du auf den Grund deiner Seele, wo du Gott, das wahre Licht, das Heil und die höchste Vollkommenheit, finden wirst.

VI. Kapitel

Eine der wichtigsten Aufgaben in dieser Welt: Seelsorge.

28 Die Aufgabe, andere Menschen seelisch zu betreuen und zu geistig-geistlichem Wachstum zu führen, gehört mit zu den verantwortungsvollsten und wichtigsten in dieser Welt. Wird sie aus antireligiösen Motiven und verantwortungslos gehandhabt, kann dies zu bleibenden seelischen Schäden führen. Neben geistlichen Übungen der Ruhe und Gelassenheit sollten sich alle Seelsorger, das heißt alle Menschen, die für das Heil der Seele Sorge tragen, mit den Biographien und Werken der Mystiker und Heiligen beschäftigen. Schon sehr bald werden sie spüren, zu wem sie eine größere Zuneigung empfinden und wessen Schriften ihnen am meisten zu sagen haben.

29 Seelsorge zu betreiben ohne die eigene geistliche Übung täglicher Einkehr ist nicht denkbar. Ohne spirituelles Wachstum unseres Bewußtseins sind weder Einsichten in mystische Schriften möglich noch in das seelische Leben anderer Menschen und ihrer Schicksale. Durch das Gebet der Ruhe werden uns in besonderer Weise Kräfte zugesellt, die jegliches äußere Tun erfolgreich unterstützen und uns gleichzeitig die liebende Gegenwart Gottes präsent werden lassen.

30 Bei der Begleitung auf dem geistlichen Weg oder der Seelenführung ist es nicht notwendig, wie viele erwarten, bestimmte Gesetze und Lehren vorzuschreiben. Ganz im Gegenteil: Der Lehrer hat nur dafür zu sorgen, daß die Hindernisse sanft und vorsichtig weggeräumt werden, die den göttlichen Einfluß aufhalten. Zudem sollte er die ihm Anvertrauten mahnen, sich an den Rat zu halten: *„Mein Geheimnis ist bei mir."*

31 Niemals sollten wir uns in Theorien ergehen, wenn uns die Erfahrung dessen fehlt, worüber wir sprechen. Da Wesentliches nicht vorhanden ist, fehlt die Kraft der Überzeugung. Wir vergeuden kostbare Zeit und die des Zuhörers, dem wir zusätzlich den Geschmack an geistlichen Dingen verderben. Um Rat und Weisung zu geben, müssen wir in der Lage sein zu erkennen, ob jemand wirklich den inneren Weg geht oder ob er sich und uns etwas vormacht.
Ein kundiger geistlicher Begleiter sollte ferner zwischen der Aufarbeitung von Blockaden und vom Geist Gottes geschenkten neuen Einsichten unterscheiden können. Er darf niemals jemanden zu etwas zwingen oder ungeduldig werden, wenn eine Seele es augenblicklich nicht vermag, zur Ruhe zu kommen und auf-

zumerken. So kann sehr leicht ein Ratgeber, der nicht sensibel ist, die geistlichen Kräfte eines anderen schwächen, ihn am Fortschritt hindern oder gar in die Irre führen.

Wie wertvoll und hilfreich ist es dagegen, zu ermutigen, zu bestätigen und mit einfachen angemessenen Worten den rechten Weg zu weisen.

32 Die Wegweisung zu übernehmen, bedeutet nicht „Seelenführung" oder gar „Anleitung". Die hohe Kunst der Weisung besteht vielmehr darin, den anderen erfahren und herausfinden zu lassen, wer ihn letztlich führt. Jegliche Beeinflussung von außen steht dem Prozeß der größer werdenden inneren Freiheit im Wege und schafft neue Abhängigkeiten.

Viele Menschen, die einen geistlichen Rat und vor allem einen Ratgeber suchen, verlangen nach persönlichen Kontakten, weil ihre intimen Wünsche bisher nicht erfüllt wurden. Es ist dann für beide Seiten ratsam, keine weiteren Gespräche mehr miteinander zu führen. Der Suchende gerät sonst in Abhängigkeit, und der Geistliche könnte sich als Herr oder Meister fühlen und versucht sein, seine Rolle nach allen Seiten hin auszukosten.

33 Wenn also jemand zu uns zum geistlichen Gespräch kommt und um Wegweisung bittet, sollten wir die rechte Distanz zu ihm wahren und ihn entsprechend mit seinem vollen Namen anreden. Die Erfahrung zeigt und lehrt, daß familiäre Umgangsformen eher hinderlich sind und dem Wesentlichen nicht genügend Raum geben, sich zu entfalten.

34 Es ist nicht gut, privat miteinander zu verkehren und sich mit persönlichen und beruflichen Angelegenheiten des anderen zu beschäftigen. Da der Weg auf das höchste Ziel ausgelegt ist, soll auch im Gespräch alles andere, wie das Zeitliche dieser Welt, eine untergeordnete Rolle einnehmen. Sich seltener und einander hochachtend zu begegnen, ist besser als allzu häufig.

35 Verpflichtungen dürfen nicht eingegangen werden, damit keine Abhängigkeiten und Erwartungen entstehen. Ein geistlicher Begleiter sollte daher, um keine Unruhe und Hindernisse zu verursachen, auf viele Umstände achten und eher ablehnen als Zusagen machen:

- Keine Zuwendungen besonderer Art oder ein Erbe annehmen.
- Eher zu einem Gespräch bitten als lange Briefe schreiben.

- Sich nicht heimlich treffen, sondern darauf achten, daß Verwandte oder zumindest Vertraute Bescheid wissen.
- Keine Paten- oder Vormundschaft übernehmen.
- Sich nicht als Testamentsvollstrecker einsetzen lassen.

36 Besuche aus rein persönlichen Gründen sollten nicht stattfinden. Krankenbesuche, wenn erwünscht, sind eine Ausnahme.

37 Bei allen Weisungen für den geistlichen Weg ist darauf zu achten, daß sie zu Erfahrungen führen und keine leeren Worte bleiben. Sie sollten keinesfalls an die Person des Wegweisenden gebunden sein, sondern den Übenden zur Selbständigkeit, Freiheit und Selbstverantwortung führen.

38 Korrekturen, Ermahnungen oder Erinnerungen an bereits Gesagtes sind allerdings oft notwendig, um nicht vom Weg abzukommen. Die Art ihrer Vermittlung ist individuell verschieden; sie sollte liebevoll und angemessen erfolgen. Allgemeine Hinweise, die in der Gruppe gegeben werden, können jedoch härter akzentuiert und schärfer gesagt werden.

39 Die Frucht spiritueller Arbeit ist oft nicht sofort zu ernten. Der geistliche Begleiter, der sich nach seinen besten Möglichkeiten eingebracht hat, muß sich vor dem Heilshandeln Gottes wie auch vor dem vorübergehenden Nichthandeln Gottes bescheiden und ohne eine bestimmte Erwartung zurücknehmen.

40 Auch bleibt es ihm manchmal nicht erspart, da zu schweigen, wo er am liebsten eingreifen möchte. Er achte darauf, daß er selbst im inneren Frieden bleibt und den Überblick nicht verliert. Ein Urteil über schnellen oder äußerst verlangsamten geistlichen Fortschritt kann er sich nicht erlauben. Ein noch so erfahrener Begleiter wird nicht umhin können, die Wege, die er weist, mitzugehen. So wird auch er oft staunend und schweigend, vielleicht sogar fragend und zweifelnd, vor dem stehen, was Gott letztlich mit uns vorhat.

41 Eines bringt die Übung des Ruhegebetes sehr schnell mit sich: Wir lassen uns nicht durch Äußerlichkeiten blenden und sehen spontan die wirklichen Zusammenhänge. Diesem immer größer werdenden Durchblick hält dann auch keine Lüge mehr stand, und eine unstimmige Wesensart wird als solche erkannt.

42 Wenn in demjenigen, den wir geistlich begleiten, religiöse Wünsche entstehen wie zum Beispiel ein häufiger Empfang der Kommunion oder des Abendmahles, sollten wir keinen fördernden oder hemmenden Einfluß darauf nehmen, sondern die Entscheidung und Wunscherfüllung allein dem anderen überlassen.

„Seid gewiß", sagt Jesus, *„ich bin bei euch alle Tage bis zur Vollendung der Welt."* (Matthäus 28,20)

43 Dieses große Vertrauen in Ihn, daß Er uns auch da noch weiterführt, wo wir an Grenzen stoßen oder gar Schweigen geboten ist, nimmt uns alle Unsicherheit. Die Erfahrung lehrt, nicht durch Vorschriften oder Verhaltensmaßregeln in das Leben eines anderen Menschen einzugreifen. Wir dürfen ihm zwar seine Pflichten bewußt machen, ihm jedoch unter keinen Umständen eine Last oder neue Pflichten auferlegen.

44 In der geistlichen Begleitung zu vertraut mit jemandem zu sein, weckt im anderen großen Unwillen und kann zu häßlichem Gerede führen. Neid und Widerstände bauen sich auf, die nicht nur die Wegweisung erschweren, sondern auch das Gehen des Weges. Ein unbedachtes Wort von uns, das zu persönlich ist, oder das wir vielleicht über einen anderen Menschen sagen, ruft Unruhe und Unsicherheit hervor.

45 Die vornehmste und immer zu wiederholende Übung zur Entwicklung innerlichen Lebens besteht im Schweigen. Damit ist ein Schweigen gemeint, in dem nicht wir mit unserem Vorhaben in der Mitte stehen, sondern wir machen Dem Platz, Der uns sucht und mit Seinem göttlichen Wesen in uns anwesend sein möchte.

Dieser Prozeß, der sich im Ruhe- oder Hingabe-Gebet wie von selbst vollzieht, führt über die Stufen der Reinigung und der damit verbundenen tieferen Einsicht zur höchsten Vollkommenheit.

46 Viele, die den Weg der Inneren Einkehr gehen, trachten begierig nach Offenbarungen und versuchen, normale Vorkommnisse als geistliches Zeichen auszulegen. Diesen Irrtum wie auch das Übertreiben von Traumdeutungen und das künstliche Herbeiführen von Visionen muß man als Verantwortlicher dem anderen unmißverständlich bewußt machen. Wenn diese groben Hindernisse nicht ausgeräumt werden, kann auch eine noch so tiefgreifende geistliche Wegweisung nicht zum Ziel führen.

47 Ein Samenkorn, das in die Erde gelegt wird, benötigt zunächst Zeit und Ruhe, um in Verborgenheit zu wachsen. Würde man nach ihm schauen und es ausgraben, bestünde die Gefahr, es zu zerstören.

Über erste Anwege und Erfahrungen auf dem innerlichen Weg wie auch über die vorausgegangenen persönlichen Weisungen sollte erst dann gesprochen werden, wenn sich eine gewisse innere Stabilität und Selbst-Verständlichkeit eingestellt haben. Der geistliche Begleiter hat mit Nachdruck auch darauf hinzuweisen, daß Erfahrungen im Gebet und Erlebnisse bei der Inneren Einkehr nicht beurteilt werden dürfen.

VII. Kapitel

Weitere Voraussetzungen, die erfüllt sein müssen, um andere Menschen auf dem geistlichen Weg zu begleiten.

48 Ein geistlicher Begleiter kann nur das lehren und weitergeben, was er selbst erfahren hat. Seine erste Aufgabe besteht darin, denen, die sich ihm anvertrauen, die Notwendigkeit und Regelmäßigkeit des Betens nahezubringen und ihnen die tiefste Sehnsucht des Menschen bewußt zu machen.

49 Für seine Wegweisung darf er weder materielle Güter noch irgendeinen besonderen Dank annehmen. In Ausnahmefällen fordert es die Nächstenliebe, diese Lebensregel zu brechen.

50 Leider halten sich viele Menschen, die andere geistig-seelisch betreuen, nicht an diese Grundregeln. Oft fehlt ihnen die Erfahrung auf dem geistlichen Weg, oder sie verfügen nicht über die Gabe der Unterscheidung. Es gibt sogar einige, die sich in diesen „Beruf" einschleichen, um sich durch lautes Reden und äußere Aktionen bekannt und beliebt zu machen.

Vor einer Anhängerschaft, die sich sehr schnell um einen spirituellen Lehrer bilden kann, sei gewarnt. Wir sollten auch sehr vorsichtig sein, wenn sich jemand als Meister ausgibt oder gar als Gesandter im Namen eines anderen zu reden versucht.

„Ihr aber sollt euch nicht Rabbi nennen lassen; denn nur einer ist euer Meister, ihr alle aber seid Brüder." (Matthäus 23,8)

So nützlich das Führen eines Tagebuches auch sein kann – der geistliche Begleiter möge keinen großen Wert darauf legen. Er sollte weder seine eigene Lebens- und Glaubensgeschichte erzählen noch allzu lange sich die der anderen anhören. Sie gar noch in Schriften zu verteilen, ist unerträglich. Eine große Gefahr besteht darin, daß man dadurch ein angestrebtes und zu leistendes Ziel festlegt. Abgesehen von Profilsucht, die im Schreiben Ausdruck finden kann, wird der Leser durch einige Schriften verunsichert und auf dem geistlichen Weg erheblich eingeengt.

51 Manches, was im geistlichen Bereich angesprochen und angeboten wird, sollte gründlich hinterfragt werden. Es kann weder große Naivität noch kindischer Glaube gutgeheißen werden. Auf der anderen Seite dürfen wir leise Zeichen, Visionen und geheime Offenbarungen nicht verwerfen, sondern müssen sie wahr- und ernstnehmen. Vor Mißbrauch und sehnsuchtsvoller Träumerei wurde bereits gewarnt.

52 Viele Worte, übertriebene Höflichkeit und Komplimente sind bei der Wegweisung fehl am Platz. Es geht auch nicht um ein Halten von Andachten, sondern um die Bereitung des Weges, den Herrn zu empfangen.

Beide, Lehrer und Schüler, müssen sich zur verabredeten Zeit pünktlich einfinden. Ein Warten schafft Verdruß und damit schlechte Voraussetzungen.

53 Es ist oft nicht einfach, einen Menschen zu finden, dem wir vollends vertrauen, und dessen Weisungen wir bedenkenlos annehmen können. *Den* Wegweisenden brauchen wir nicht zu suchen: Es ist Christus. Je größer der Wunsch nach einem Menschen ist, der die Anwege mit uns geht, desto schneller werden wir ihn finden.

Teresa von Avila, Franz von Sales und Johannes Tauler sprechen von dieser Not, die viele Hilfesuchende haben, und geben in ihren Werken gute Hinweise.

54 Wenn ein geistlicher Begleiter das lebt, was er lehrt, so wird er nur wenige Worte machen und mit noch weniger Beweisgründen auskommen – zum größten Gewinn für andere und sich selbst.

55 Es gibt Phasen, in denen ein Lehrer jemanden auf dem spirituellen Weg nicht begleiten kann.

Da er selbst die Innere Einkehr übt und durch Reinigungsprozesse derart in Anspruch genommen sein kann, ist es ihm vorübergehend sowohl körperlich als auch geistig nicht möglich, Hilfe zu leisten.

Durch Ablösung dessen, was nicht zum Menschen gehört und ihn belastet, fordern selbst normale Lebensabläufe große Anstrengung. Wir sollten dann offen hierzu stehen, uns zeitweilig aus der verantwortungsvollen Aufgabe der Begleitung anderer zurückziehen und vor allem: selbst jemanden um Rat fragen.

56 In diesen Situationen ist es für alle ratsam, die gewohnte Zeit für die Innere Einkehr zu verkürzen, die Nacht- und Ruhezeiten einzuhalten und sich vermehrt einer praktischen Arbeit zuzuwenden. Eine Gemeinschaft ist durchaus fähig, uns in diesen Lebensphasen mitzutragen. Einsamkeit und Grübeleien sollten vermieden werden.

Das Ablösen negativer Kräfte im tiefen Schweigen kann zu Rückerlebnissen und zu einer großen Anstrengung für Körper, Geist und Seele werden. Auf die damit verbundene Gefahr muß besonders hingewiesen werden.

Überzogene Gebetszeiten, extremes Verhalten und ein Abkapseln von der Gemeinschaft führen zu oft nicht wiedergutzumachenden Beeinträchtigungen:

- Ablehnung des Körpers und der Welt
- Widerwillen gegen tägliche Pflichten
- Vernachlässigung des Äußeren
- Depressionen und Vereinsamung
- Geistige Desorientierung und Verwirrung
- Körperliche und seelische Krankheiten

57 Verfügt ein sogenannter geistlicher Begleiter über keine Erfahrungen mit sich selbst, darf er unter keinen Umständen denen Rat und Weisung geben, die sich in einem so großen Ablösungs- und Wandlungsprozeß befinden wie er eben beschrieben wurde.

Leider kommt es vor, daß den Menschen, die sich in diesem Zustand befinden, sogar empfohlen wird, ihr inneres Gebet zu intensivieren und auszudehnen.
Da die geheimen und geistlichen Wege, die bis in den Grund der Seele führen, unüberschaubar und selten einsehbar sind, ist dieser sicher gut gemeinte Rat unverantwortlich.

VIII. Kapitel

Ein Licht, das leuchten möchte ...

58 Ohne eigene Erfahrung und geistliche Reife dürfen wir keinen Menschen seelisch begleiten und ihm den Weg weisen. Woran können wir uns orientieren, wenn wir ohne das Licht der Einsicht im Dunklen tappen, die unterschiedlichen Zustände der Seele nicht wahrnehmen und die Auswirkungen einer tiefen Ruhe nicht erkennen?

Büchern ist kaum zu entnehmen, wie der Weg gewiesen wird, damit sich die Seele wohlfühlt, wie sie entsprechend ihrem Fassungsvermögen Licht aufnehmen kann oder wie lange sie Finsternis ertragen muß. Das Wissen und die eigene Glaubenserfahrung gehören dazu, den Grund notwendiger seelischer Veränderungen einzusehen und Wegweisung zu geben. Wenn jemand nicht um den Schmelzofen weiß, in dem die Schlacken von der wahren Substanz und dem eigentlichen Wesen abfallen, wenn jemand nicht selbst diesen Prozeß an sich erlebt hat – wie kann er dann anderen die helfende Hand reichen?

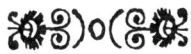

59 Durch die Innere Einkehr begeben wir uns auf noch geheimen Wegen zum Grund unserer Seele. Daß wir dabei über verborgene und manchmal sogar beschwerliche Stufen gehen müssen, ist unausweichlich. Welch große Gnade bedeutet es, daß uns neben den unüberwindbar scheinenden Stufen ein Geländer zur Verfügung steht und uns damit Geleit gegeben wird! Unsicherheit und Zweifel werden ausgeräumt.

60 Nur ein Lehrer, der wie seine Schüler immer wieder das Gebet der Hingabe und die Innere Einkehr übt, ist auch nach Jahren noch von seinem Beruf begeistert.
Wer dagegen nicht bereit ist, Unabänderliches anzunehmen und sich zum Beispiel auflehnt, wenn ihn Schüler verlassen, der steht noch zu sehr im Zentrum seiner Eigenliebe, statt Gott in allem die Ehre zu geben.

61 Untereinander zu wetteifern und die Schüler abzuwerben, dürfte für keinen geistlichen Begleiter ein Thema sein. Andererseits sollte man aber auch nicht zu bescheiden sein und sich gering achten. Ein Licht, das leuchten möchte, darf nicht verborgen bleiben.

62 Nicht selten geschieht es, daß ein Schüler schnellere Fortschritte und tiefere geistliche Erfahrungen macht als sein Lehrer. Es ist verständlich, daß der Schüler die Gemeinschaft eines Gleichgesinnten sucht und seinen ersten Begleiter zurückläßt. Somit wird dieser durch seinen Schüler zu einem Lernenden – vorausgesetzt, er nimmt die Chance an, um später wieder zu einem höher entwickelten Lehrenden zu werden.

63 Durch den Umgang mit anderen Menschen erkennen wir am besten, woran sich unser Herz hängt, und was uns festhält. Erkenntnis bedeutet jedoch nicht gleichzeitig Befreiung. Es ist unumgänglich, manche innere Bedrängnis, Anfechtungen und Schmerzen durchzustehen, damit der Weg frei wird, und wir die Stimme Gottes in unserem Inneren hören. In tiefem Schweigen und innerlicher Ruhe kann unsere Seele aufmerken, die göttlichen Schwingungen in sich aufnehmen, ihnen folgen und herrliche Wirkungen ausdrücken.

64 Diese Auswirkungen in unserem Leben sind von großer Kraft getragen und in der Lage, unsere Persönlichkeit zum Besseren zu verändern:

♦ Abbau des Machtstrebens
♦ Stärkung der Entscheidungsfähigkeit

◈ ⟨ ◈

- Bereitschaft zur Selbsterkenntnis
- Harmonisierung zwischenmenschlicher Beziehungen
- Durchschauen von Äußerlichkeiten
- Auflösung von Einbildungen oder falschen Eindrücken
- Zunichtemachen von Überheblichkeit und Geltungsdrang
- Wachstum von natürlicher Zurückhaltung und Bescheidenheit
- Auflösung von Anklammerungen
- Gebrauch der Fähigkeit, mit wenig Worten viel zu sagen

65 Wenn es uns durch den geistlichen Weg und die Innere Einkehr mehr und mehr geschenkt wird, die Stimme Gottes in uns wahrzunehmen, wird sich unser Leben auf wunderbare Weise umgestalten. Worte reichen nicht aus, nur annähernd die vielen Erfahrungen zu beschreiben:

- Eine ungeahnte Nächstenliebe und Liebe zur Schöpfung beginnt in uns zu wachsen.
- Wir verlangen danach, uns zum Ruhegebet und Schweigen zurückzuziehen.
- Da wir inzwischen sehr wenig bedürfen, geben wir Überfließendes an diejenigen ab, die entbehren müssen.

- Wir erleben die Fülle des Augenblicks, ohne Vergangenes zu vergessen oder die Perspektive für die Zukunft zu verlieren.
- Wir wachsen in eine äußere und innere Freiheit hinein.
- Verluste lassen uns nicht mehr leiden, da wir ihren Sinn verstehen.
- Wir erleben, daß Schweigen beredter sein kann als viele Worte.
- Es gehen weder kluge Belehrungen von uns aus, noch belasten wir uns und andere durch Ge- und Verbote.

Jesus warnt ausdrücklich vor den Schriftgelehrten: *„Sie schnüren schwere Lasten zusammen und legen sie den Menschen auf die Schultern, wollen selber aber keinen Finger rühren, um die Lasten zu tragen." (Matthäus 23,4)*

IX. Kapitel

Um auf dem geistlichen Weg sicher zu gehen und den inneren Frieden zu bewahren, ist das Vertrauen in Gottes Heilshandeln unbedingte Voraussetzung.

66 Im Gebet der Ruhe geben wir unseren eigenen Willen auf und öffnen uns dem liebenden Entgegenkommen Gottes. Das hierzu notwendige Mittel ist die vertrauensvolle Hingabe. Damit unsere Seele lernt, im Gebet aufzumerken und aufzuhorchen, sollten wir bedenkenlos den Weisungen eines erfahrenen Lehrers folgen. Das, was ihn ausmachen sollte, wurde eingehend in den vorhergehenden Kapiteln beschrieben.

67 Solange dein Eigenwille mächtig ist und sogar im Gebet nicht abgelegt werden kann, gelangst du keinen Schritt weiter auf dem Weg zur Vollkommenheit und des inneren Friedens. Wenn dein Wille nicht im Einklang mit der Schöpfungsordnung steht, wird er zum Feind Gottes und deiner Seele. Du kannst ihn nur überwinden durch das bedingungslose Annehmen der geistlichen Wegweisung, die die vertrauensvolle Hingabe an den göttlichen Willen lehrt und einübt.

Schon sehr schnell lernst du auf diesem Weg die Liebe Gottes von deiner Eigenliebe zu unterscheiden. Du wirst sehr eindeutig herausfinden, aus welcher Quelle du deine Lebensimpulse empfängst und wer dich leitet.

68 Du magst dich noch so anstrengen, im Eigenentwurf deines Lebens Leistungen zu erzielen – sie stehen letztlich in keinem Verhältnis zu dem, was du in Einklang mit dem Willen Gottes vollbringst.

69 Der Weg der Hingabe ist der kürzeste und schnellste, um zur Vollkommenheit zu gelangen. Wir lassen alle Bewegungen des Denkens und Fühlens zurück und tauchen in das Schweigen ein, das uns näher zu Gott führt. Auf diesem inneren Weg ist es nicht nur ratsam, sondern auch geboten, sich ganz der Weisung eines erfahrenen geistlichen Begleiters anzuvertrauen. Wir sollten ihm unser Herz ausschütten und alles mit ihm bereden, alles, was wir im Gebet der Ruhe und außerhalb des Gebetes erleben.

70 Von Schritt zu Schritt wird uns auf dem inneren Weg geistig-geistliche Entwicklung zuteil, so daß wir schon sehr bald erkennen, wer unser geistlicher Lehrer ist. Spüren wir seine wahre Berufung, darf es uns nicht mehr schwerfallen, seinen Weisungen auch da zu folgen, wo wir sie augenblicklich noch nicht einsehen können.

Jesus bestätigt die Jünger in Seiner Nachfolge und gibt ihnen bei der Aussendung ein großes Wort mit auf den Weg: *„Wer euch hört, der hört mich."* (Lukas 10,16)

X. Kapitel

*Voraussetzungen, um den Weg
der Inneren Einkehr zu gehen.*

71 Gregor der Große (6. Jh.) betont die Wichtigkeit unseres geistlichen Lehrers, indem er sagt, unsere Seele könne durch ihn den Weg zur Erleuchtung finden.

Auf ihn und seine Weisung, die in einer großen gelebten christlichen Tradition steht, dürfen wir uns vertrauend verlassen. Um schneller frei zu werden für den inneren Weg, sollten wir unserem Lehrer unsere Gedanken, Zweifel, unser Vorhaben, unsere Gefühle und Zuneigungen, Eingebungen und Versuchungen ohne Umstände entdecken. Wir sollten die große Chance nutzen und so viel wie möglich an Ballast ablegen, bevor wir das Ruhegebet üben und in feinere Bereiche unserer Seele einkehren. Ohne einen geistlichen Begleiter sich auf den Weg zu machen, wird entschieden beschwerlicher sein und kann zu Umwegen oder gar zur Ablehnung der Inneren Einkehr führen.

72 Mit dem Gebet der Ruhe erweisen wir Gott, dem wir uns anvertrauen, die Ehre. Unserem geistlichen Lehrer, der uns den Weg weist, werden wir hochachtend begegnen. Gleichzeitig sollten wir aber auch alle Menschen, mit denen wir zusammentreffen, achten und ehren.

73 Wie wir von unserem Lehrer bestimmte Voraussetzungen erwarten, so sollten auch wir Voraussetzungen mitbringen, wenn wir den Weg der Inneren Einkehr gewiesen werden möchten.

- Unsere Entscheidung muß freiwillig sein, ohne Zwang oder Druck von außen.
- Nur wenn wir das Ruhegebet absichtslos und ohne jegliche Erwartung üben, wird es uns weiterführen.
- Zur Einübung gehören Durchhaltevermögen und eine gewisse Disziplin. Entschuldigungen, wir seien nicht zum Beten gekommen, gelten nur in Ausnahmefällen.
- Natürliche Freude, die sich bei der Inneren Einkehr offenbart, sollten wir zulassen. Sie wird alle Traurigkeit und Niedergeschlagenheit zunichte machen.
- Die Wegweisung führt von außen nach innen, über das Gemüt zum Herzen und von dort in immer tiefer werdende Bereiche unserer Seele. Wir dürfen uns nicht gegen diese Bewegung sträuben, die einmal zur Ruhe kommen möchte.
- Da wir uns im Ruhegebet vertrauend und „blind" auf Gott ausrichten, sollten wir nicht unser Augenmerk auf etwas richten, was geringer ist als Er.

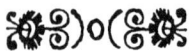

♦ Unser ganzes Leben beharrlich im Gebet zu sein, bedeutet keine Anstrengung. Unser Körper verlangt zwischenzeitlich immer wieder nach tiefer Ruhe, unser Geist wird erfrischt und unsere Seele nach dem Bild Gottes umgestaltet. Nur in der Hingabe und im Loslassen kann sich dies erfüllen.

74 Bonaventura (13. Jh.) betont, wie das Gebet der Hingabe erfolgen sollte: ohne Aufschub - freudig und bejahend - freiwillig, ohne lange zu überlegen - beharrlich, ohne große Unterbrechungen - bereitet und wohlgeordnet - in Stille, ohne äußere Unruhe - vertrauend, ohne Kleinmütigkeit - regelmäßig, ohne Ausnahme.

Allein uns auf unsere Intuition zu verlassen oder zu meinen, ein guter Engel führe uns, reicht nicht aus. Wie schnell können wir uns verirren! Wende dich daher einem geistlichen Begleiter zu und folge seinen Weisungen.

75 Als sich Katharina von Cardona im Jahr 1562 als Einsiedlerin nach La Roda zurückzog, um ein strenges Leben zu führen, war Teresa von Avila so von ihr beeindruckt, daß sie beschloß, ebenso nach La Roda in die Einsamkeit zu gehen.
„Einst erinnerte ich mich der großen Bußwerke einer sehr frommen Seele; und wie ich gemäß dem Verlangen, das

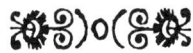

der Herr mir zuweilen verlieh, wohl noch mehr tun könnte, wenn mich nicht der Gehorsam gegen meine Beichtväter abgehalten hätte, fragte ich mich, ob es nicht besser wäre, ihnen hierin nicht zu gehorchen. Da sprach der Herr zu mir: ‚Nicht so, meine Tochter, du wandelst auf einem guten und sicheren Wege. Siehst du die Bußwerke, die sie übt? Nun wohl, ich schätze deinen Gehorsam höher.'" (Vita, 477)

76 Sowohl durch die Heilige Schrift als auch durch Zeugnisse der Heiligen – und nicht zuletzt auch aus eigener Erfahrung – sollte es uns bewußt sein, daß wir einen geistlichen Weg nicht allein gehen dürfen. Durch Gespräche und durch die Begleitung eines geistlichen Menschen auf unserem inneren Weg bleiben uns große Enttäuschungen erspart.

XI. Kapitel

Zeiten und Situationen, in denen wir in besonderer Weise der Begleitung durch einen Gott nahen Menschen bedürfen.

77 Jeder wird Zeiten durchzustehen haben, in denen Rat und Weisung von unschätzbarem Wert sind – insbesondere wenn

- uns dunkle Gedanken und zerstörerische Einfälle überkommen,
- wir uns verlassen und einsam fühlen,
- Dunkelheit und Angst uns überschatten,
- sich Resignation und Bitterkeit breitmachen,
- unsere Sexualität eine so große Bedeutung gewinnt, daß wir von ihr abhängig werden,
- wir ungeduldig werden und zu zweifeln beginnen,
- die Existenz und die Liebe Gottes in Frage gestellt wird.

Wird diesen Schatten kein Licht entgegengesetzt, haben sie die Tendenz, sich zu vermehren und deine Seele und dein Gemüt zu verdunkeln.

78 Das Gefühl zu haben, anderen nichts zu bedeuten und verlassen zu sein, ist sehr schmerzhaft und führt zu Verhärtungen. Wie glücklich dürfen wir uns schätzen, uns einem geistlichen Begleiter anzuvertrauen, um von ihm auf dem inneren Weg trotz vieler Hindernisse sicher geführt zu werden. Wären wir uns dagegen selbst überlassen, würde sich Dunkelheit derart ausbreiten, daß wir das lichtvolle Ziel aus unseren Augen verlieren.

79 Beschäftigen wir uns im Alleingang nur mit uns selbst, besteht die große Gefahr, daß wir uns verschließen und niemand - selbst die göttliche Gnade - keinen Zugang mehr zu uns findet. Menschen, die über einen längeren Zeitraum in Verschlossenheit leben, werden von dunklen Kräften besetzt, die sie bis zum Wahnsinn bringen können. Seelische Spannungen, die wir nicht ausdrücken, ziehen unseren Körper in Mitleidenschaft und machen ihn - wie auch unseren Geist - krank.

80 Zur Unterscheidung mögest du dich an das erinnern, was während des Gebetes der Ruhe geschieht oder geschehen kann.
Du folgst der Weisung und übst dich im Loslassen und vertrauensvoller Hingabe. Eine tiefer werdende Ruhe breitet sich in deinem Körper, in deinem Geist und in deiner Seele aus. Durch diese Innere Einkehr haben die Kräfte deiner Seele - da sie durch dich nicht beansprucht werden - die Möglichkeit, aufzumerken

und mit der göttlichen Welt in Berührung zu kommen.

Durch diese Bewegung bis zu deinem Seelengrund werden widergöttliche Kräfte wach, die bis dahin in dir geschlummert haben und stellen sich massiv in den Weg. Mystiker früherer Zeiten berichten, die gesamte Hölle sei gegen sie in Aufruhr, um das unschätzbare Gut der Gottesbegegnung zu verhindern.

Da alle dunklen Kräfte, die wir zugelassen und in uns aufgenommen haben, bei der Auflösung den gleichen Weg nehmen, wie sie in uns hineingekommen sind, müssen wir mit vorübergehenden Störungen in unserem Fühlen, Denken, Sprechen und Handeln rechnen. Dieser notwendige Reinigungsprozeß und die damit verbundenen Schmerzen führen unweigerlich zur Befreiung und Heilung - im Gegensatz zu dem größer werdenden Leiden bei den Menschen, die sich verschließen.

Es bleibt nicht aus, daß bei heftigen seelischen und nervlichen Entspannungen der geistliche Begleiter als unsere direkte Bezugsperson manche unliebsame Ablehnung hinnehmen muß. Ein erfahrener Seelsorger ist jedoch mit diesen Auflösungen von negativen Energien vertraut und weiß damit umzugehen.

81 In Phasen besonderer Ablösungsprozesse, die wir auf unserem geistlichen Weg durchzustehen haben, kommt es durchaus vor, daß wir eine völlig andere Meinung vertreten als unser Lehrer. Dennoch ist es ratsam, auf ihn zu hören und einer Weisung zu folgen, die wir augenblicklich nicht einsehen. Es mag uns wie eine bittere Arznei anmuten – sie zu schlucken bringt jedoch Gewinn. Deine inneren Kräfte mögen sich noch so auflehnen: Nimmst du den Rat an, wirst du durch ihn wieder zur Ruhe kommen und deinen geistlichen Begleiter wertschätzen.

82 Bei einer Krankheit geben wir uns einem Arzt in die Hände und vertrauen seiner Fachkenntnis. Seine Heilmethoden werden – besonders wenn sie vorübergehend Schmerzen verursachen – durchaus nicht immer nach unserem Geschmack sein. Und dennoch sollten wir nichts tun, was seinem Rat zuwiderläuft.

83 Auf dem inneren Weg werden uns unser Ego und unsere Meinung nicht weiterhelfen; Besserwisserei und Überempfindlichkeit haben hier keinen Platz. Es bedarf der Selbstüberwindung und eines großen Vertrauens in den geistlichen Weg der Hingabe, damit sich das lösen kann, was nicht zu uns gehört, und wir erneut in Stillschweigen die Ruhe unserer Seele erfahren dürfen.

84 Man erzählte vom Altvater Johannes Kolobos: Er zog sich zu einem thebaischen Greis in die Sketis zurück und führte ein Einsiedlerleben in der Wüste. Der Abbas nahm ein dürres Stück Holz, pflanzte es und sagte: „Begieße es täglich mit einem Eimer Wasser, bis es Frucht bringt." Sie waren so weit vom Wasser entfernt, daß er spät abends fortgehen mußte, um in der Frühe wieder zurück zu sein.

Nach drei Jahren kam Leben in das Holz, und es brachte Frucht. Der Alte nahm diese, brachte sie in die Versammlung und sprach zu den Brüdern: *„Nehmt und eßt die Frucht des Gehorsams." (Weisung der Väter, 316)*

XII. Kapitel

Vertraue in Krankheit einem erfahrenen Arzt.

85 Selbst, wenn wir auf unserem geistlichen Weg manche Weisung nicht einsehen oder sie gar als sinnlos erachten, sollten wir auf den Durchblick und die Erfahrung unseres Lehrers vertrauen. Wir benötigen einige Zeit der Einübung, um selbst ein Urteil fällen zu können. Bis dahin müssen wir oft auf einen Schluck Wasser verzichten, wenn uns dürstet, und dafür eine unangenehme Arznei schlucken, die letztlich jedoch für uns große Heilkraft besitzt.

Die Erkenntnis, daß es uns noch an Erfahrung fehlt, läßt uns unseren eigenen Beurteilungen gegenüber mißtrauisch sein und ermutigt uns, dem Rat eines erfahrenen geistlichen Begleiters zu folgen.

86 Viele Menschen sind in sich selbst gefangen und an ihre Eigenliebe gekettet. Der eigene Wille wie auch Vorurteile stehen oft an erster Stelle. Da wir ausschließlich von uns selbst erfüllt sind, verlangen wir häufig nach Dingen, die uns zum Schaden gereichen; das für uns Gute und Nützliche mißfällt uns dagegen.

Wenn uns – wie einem Kranken, der gesund werden möchte – die Einsicht geschenkt wird, halten wir uns an einen verständigen und erfahrenen geistlichen Arzt. Was liegt näher, als ihm zu vertrauen?

87 Wie oft schon haben deine eigenen Gedanken dich getrogen, und wie oft schon mußtest du deine Meinung ändern! Vielleicht hast du dich vor dir selbst und anderen geschämt, da du ausschließlich im Eigenentwurf deines Wollens gehandelt hast!
Würdest du jemandem vertrauen, der dich zwei- oder dreimal betrogen und hinters Licht geführt hat? Es bedarf eines hohen Grades der Reifung, bis unsere Intuition und unser Urteilsvermögen von Störungen befreit und zuverlässig sind.

88 Du kannst von großem Glück sprechen, wenn du einen geistlichen Weg gefunden hast, der dich von Ungutem befreit und zur seelischen Reifung führt. Deinem Lehrer solltest du in aller Aufrichtigkeit folgen und ihm dankbar sein, selbst wenn du sein Verhalten und seine Weisung nicht sofort einsiehst.

89 Kann ein Patient starke Arzneimittel nicht vertragen, wird ein guter Arzt eine schwächere, dem Kranken angemessene Medizin verabreichen. Der Arzt handelt klug, da er nicht nur die Krankheit, sondern auch den Kranken im Auge hat.

90 Was hilft es dir, wenn der beste Seelsorger dich begleitet, du aber nicht bereit bist, seinen Weisungen Folge zu leisten? Deiner Entwicklung und Gangart entsprechend wird er dir den Weg empfehlen, den er für dich am geeignetsten hält und verantworten kann. Vielleicht verlangt es dich nach einer strengen Methode, um geistlich schneller weiterzukommen – dein Lehrer dagegen lehnt sie für dich ab. Hier bereits kannst du üben, deinen Willen zurückzunehmen und ihm zu vertrauen.

91 Es wird vorkommen, daß du infolge guter Erfahrungen hellauf begeistert bist und die ganze Welt umarmen möchtest. Sei nicht enttäuscht, wenn dein geistlicher Begleiter diese Stimmung nicht sofort mit dir teilt, sondern dich eher zur Mäßigung anhält. Es ist schwer zu entscheiden, welcher Quelle deine Begeisterung entspringt: Ist es ein unguter Geist, wirst du später die Reaktion deines Lehrers verstehen können.

92 Es ist einsehbar, daß jeder gern über neue Erlebnisse und Erfahrungen mit anderen reden möchte. Über deinen geistlichen Weg sprich bitte – außer zu deinem Seelsorger – vorerst mit niemandem. Dir zuströmende Gnadengaben nimm stillschweigend an und laß sie da zutage und in den Alltag treten, wo sie von Natur aus hingehören und von anderen

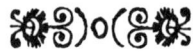

möglichst unbemerkt bleiben. Jede gewollte Äußerung würde dein inneres Wachstum und die Beziehung zu anderen stören.

Es gibt Menschen, denen es gefällt, andere mit „großartigen" Worten zu blenden. Sie wandern von einem Lehrer zum anderen und brüsten sich mit bekannten Namen. Sie bleiben jedoch keinem treu, denn sie möchten nicht durchschaut werden und zu ihrem veräußerlichten Tun stehen müssen.

Ein rechtschaffenes Verhalten, das eher bescheiden und unauffällig ist, und eine dahinter stehende aufrichtige geistige Haltung lassen sich dagegen eindeutig und klar erkennen.

XIII. Kapitel

*Was können wir für unsere persönliche Entwicklung tun,
damit uns selbst bei höchster Anspannung die innere Ruhe
und der Friede unserer Seele nicht verlorengehen?*

93 Das Gebet der Ruhe, die Innere Einkehr, ist eine grundsätzliche Bereitung, damit uns die göttliche Gnade erneuern und umgestalten kann. Über die notwendige Begleitung und Weisung wurde ausführlich gesprochen.

Ein weiterer und wesentlicher Bestandteil auf unserem geistlichen Weg zur Erfüllung unserer tiefsten Sehnsucht und zur Vollkommenheit ist der Empfang des Abendmahles.

94 Wie es auf der einen Seite Menschen gibt, die nicht um die zusätzlichen Gnaden dieser geistlichen Speise wissen oder sich aufgrund mangelnder Erfahrung ablehnend verhalten, so gibt es wiederum andere, die aus übertriebener Zurückhaltung keinen Zugang finden.

Dein aufrichtiger Wunsch, dich dem Willen Gottes zur Verfügung zu stellen - du übst es im Gebet der Hingabe - reicht völlig aus, zur Kommunion zu gehen. Lasse dir nicht einreden, eine andächtige Hal-

tung, ein reines Herz oder fromme Empfindungen
seien Voraussetzung. Verlangt es dich nach dieser mystischen Gemeinschaft mit Gott im Abendmahl, so zögere nicht.

95 Die beste Vorbereitung zum Abendmahl ist das
Gebet der Ruhe. Dann wird man bei häufigem
Empfang dieser geistlichen Speise wie von selbst tiefer
in das Geheimnis eindringen und Kraft schöpfen.

Im folgenden werden zwei Anwege beschrieben, die
wir erfahrungsgemäß nacheinander beschreiten, um
offen zu sein für die mystische Begegnung mit Gott.

96 Wir werden uns bewußt, was wir an Gutem unterlassen und an Nichtgutem getan haben. Wir
bekennen unsere Schuld, erspüren, was wir besser
machen können, und nehmen uns vor, es in die Tat
umzusetzen. Daß wir uns bei dieser Vorbereitung in
die Stille zurückziehen, ist selbstverständlich.

Sehr unterstützend ist ein Nachsinnen über Den, den
wir empfangen möchten und ein Betrachten des Zustandes, in dem wir uns als Empfänger der göttlichen
Gnade befinden. Ist es nicht ein unendlich großes Geschenk an uns, daß der Höchste sich uns offenbaren
und der Schöpfer im Geschöpf wohnen möchte?

97 Den zweiten Anweg zum Empfang des Abendmahles beschreiten diejenigen, die bereits mit der Hingabe vertraut sind, ihr Leben im Geist und in Wahrheit führen, und denen mehr Licht und größere Erkenntnis zuteil werden. Durch Prozesse der Reinigung und der Aufgabe des eigenen Willens im Gebet hat sich ein kultivierter geistlicher Boden in der Seele entwickelt, der das ihm Zuströmende gleich aufnehmen kann. Die Schwingungen des Herzens können sich entfalten, da es befreit ist von allen Anhänglichkeiten. Durch die Innere Einkehr hat sich auf Körper und Geist eine Seelenruhe gelegt, die sich auch außerhalb des Gebetes nicht mehr verdrängen läßt.

Menschen mit dieser Erfahrung haben es nicht mehr nötig, sich durch besondere Taten, Vorsätze und Betrachtungen auf den Empfang des Abendmahles vorzubereiten. Ihr gesamtes Leben ist bereits zu einer vollkommenen Vorbereitung geworden.

98 Auf dem Weg dorthin wird dir die Teilnahme am Tisch des Herrn Gnaden vermitteln, die dein inneres wie auch äußeres Leben bereichern. Umgibt dich Dunkelheit, gehe zum Licht; spürst du Kälte in dir, suche dich am Feuer zu wärmen; fühlst du dich krank, rufe den Arzt; bist du durstig, so lasse dir den Weg zur Quelle weisen.

99 Du kannst jederzeit das Abendmahl empfangen - vorausgesetzt, dich verlangt es danach. Selbst, wenn du keine besondere Liebe empfindest oder mystische Erlebnisse dir fremd sind, werden dir Früchte zuwachsen, die du niemals erwartet hast. Jenseits aller Gefühlsbewegungen herrscht die ruhevolle Wachheit des Geistes und der Seele, in der der Schöpfer dir nahe ist. Er möchte dich vom Grund deiner Seele aus - gerade weil du schwach und unvollkommen bist - heilen und dir Seine Liebe schenken.

100 Beklagst du dich über mangelndes Verlangen, zum Abendmahl zu gehen, fehlt es dir an sogenannter Andacht oder - wie du glaubst - an entsprechender Vorbereitung, lasse dich trotzdem von keinem dieser Hindernisse abhalten. Möchtest du dein Leben vervollkommnen und bist bereit, eine geistliche Weisung anzunehmen, so erfüllt sich dein Wunsch schneller, wenn du zusätzlich zur Inneren Einkehr die Kommunion empfängst.

XIV. Kapitel

Die Sehnsucht Gottes, sich unserer Seele mitzuteilen.

101 Von dieser geheimnisvollen Begegnung im tiefen Schweigen geht eine wunderbare Liebe aus, die dein Leben verwandelt. Deine Antwort wird sein, daß du Liebe weiterschenkst und dem Schöpfer unendlich dankbar bist. Das liebende Entgegenkommen Gottes in Gestalt seines Mensch gewordenen Sohnes Jesus Christus, der noch im Tod seinen Mördern Vergebung zukommen läßt, ist und bleibt ein großes Geheimnis. Die größte Liebe jedoch, die er einem jeden von uns immer wieder neu erweist, ist seine Gegenwart im gemeinsamen Mahl der Liebe.

102 Die Sehnsucht Gottes besteht darin, sich unserer Seele mitzuteilen. Er möchte, daß wir ein Geist mit Ihm werden. Was hält uns auf, Ihm entgegenzukommen; was hindert uns daran, sich Seiner Liebe zu öffnen?

103 Der göttliche Glanz möchte unsere Seele zum Strahlen bringen und alle Dunkelheit zunichte machen. Was wir an Ungutem auch in uns angesammelt haben – dem Licht gegenüber ist es bedeutungslos und schwindet, je freier und lichter die Kräfte unserer Seele werden.

104 Die Liebe des Schöpfers zu Seinen Geschöpfen ist so unendlich groß, daß Er ständig ihrer gedenkt und in ihnen Wohnung nehmen möchte. Obwohl der Mensch zerstörend in das Schöpfungsgeschehen eingreift, bietet Gott ihm Heil und Heilung an. Es gibt kein Hindernis, das es dir unmöglich macht, Gottes Gegenwart zu empfangen. Mögen dich Freude und Dankbarkeit erfüllen vor diesem unbegreiflichen Geheimnis der göttlichen Liebe!

105 *„Ich stehe vor der Tür und klopfe an. Wer meine Stimme hört und die Tür öffnet, bei dem werde ich eintreten, und wir werden Mahl halten, ich mit ihm und er mit mir." (Offenbarung 3,20)*
Wie kann unser Herz noch verhärtet sein, und wie können wir uns da Ihm noch versagen?

106 *„Während des Mahles nahm Jesus das Brot und sprach den Lobpreis; dann brach er das Brot, reichte es den Jüngern und sagte: Nehmt und eßt; das ist mein Leib. Dann nahm er den Kelch, sprach das Dankgebet und reichte ihn den Jüngern mit den Worten: Trinkt alle daraus; das ist mein Blut, das Blut des Bundes, das für viele vergossen wird zur Vergebung der Sünden." (Matthäus 26,26–28)*

XV. Kapitel

*Die Übungen müssen in einem ausgewogenen
Verhältnis zum Alltagsleben stehen.
Warnung vor Übertreibung und Fanatismus.*

107 Die Zeit für unser Gebet und die Innere Einkehr muß in einem rechten Verhältnis zu unseren sonstigen Aufgaben und Pflichten stehen. Wenn wir auf dem geistlichen Weg schneller fortschreiten möchten als es unsere Gangart erlaubt, werden wir Rückschritte machen. Ein Sänger wird klugerweise nur die Partien singen, die seiner Stimme entsprechen. Zwingt er sich jedoch zu einem Fach, das ihn überfordert, wird er seine Stimme zerstören.

108 Trotz Mahnungen ihrer Lehrer kommt es immer wieder vor, daß viele sich einbilden, es besser zu wissen. Sie verselbständigen sich auf ihrem Weg und merken oft gar nicht, welch großen Schaden sie bereits genommen haben. Sich selbst allzu strenge Maßstäbe aufzuerlegen, engt erfahrungsgemäß sowohl die eigene Freiheit ein als auch jeglichen Erfolg – sei es im künstlerischen Bereich oder mehr noch in der geistig-geistlichen Entwicklung.

109 Übertriebenheit kann leicht zum Fanatismus führen. Manche Menschen oder kleine Gruppen neigen auf ihrem geistlichen Weg dazu. Sie strahlen Unfreundlichkeit und Bitterkeit auf andere aus; ihren Gesichtern sieht man die Verhärtungen an, die sich in ihren Herzen festgesetzt haben. Von einem wahren Geist des Gebetes und einer christlichen Lebensweise kann hier nicht mehr gesprochen werden.

Gleich wie die Natur auf Übertriebenheit herb und unfreundlich reagiert, handeln die Menschen, die ihre geistlichen Übungen überzogen haben. Es bleibt nicht aus, daß sie sich anmaßen, über andere zu urteilen, diese zu verurteilen oder über sie zu richten. Sie können es nicht ertragen, wenn anderen etwas zuströmt, für das keine harte Vorarbeit geleistet wurde.
Übertriebene Gebetsübungen und fanatische Disziplin führen in die Enge, zu krankhaften Einbildungen, zu Stolz und Überheblichkeit. Dies ist der falsche Weg, denn er zeigt, daß diejenigen, die ihn gehen, auf Eigenwilligkeit ihr Vertrauen gesetzt haben.

110 Die Nahrung der Seele ist das Gebet der Ruhe und damit die Nähe zum Urgrund der Schöpfung. Unsere Seele verlangt danach, sich vornehmlich in dieser inneren Ruhe aufzuhalten, einer Ruhe, die sich nur schenkt, wenn unser Wille und Wollen zurückgelassen werden.

Das Gebet der Stille ohne Worte oder die Innere Einkehr im Schweigen steht auf dem wahren geistlichen Weg an erster Stelle. Alle anderen Gebetsweisen, alle guten Vorsätze wie auch alle inneren und äußeren Übungen schließen sich an.

111 Selbstverständlich können wir unsere seelische Entwicklung durch angemessene geistige und äußere Verhaltensweisen unterstützen. Je lichter unsere Seele wird, um so intensiver strahlt sie Schwingungen auf Geist und Körper aus. Daß wir dann unseren Geist wie auch unseren Körper nicht mehr mit unnötiger Schwere belasten, leuchtet ein.
Viele ungute Denk- und Verhaltensweisen, die nicht im Einklang mit den Naturgesetzen stehen, fallen als erstes von uns ab. Diesen Reinigungsprozeß beschleunigen wir – ohne daß es dabei für uns zu einer Anstrengung wird – durch eigene Gebete, Psalmen, geistliche Literatur, Bibelstudien, durch kluge Auswahl unserer Nahrung und vor allem durch verantwortungsvollen Umgang mit unserer Zeit.

112 Wird unsere Seele lichter und vergeistigter, verlangt sie Mäßigung in all unserem Tun. Das bedeutet nicht, daß wir zu langweiligen Menschen degradiert werden – im Gegenteil: Unser Handeln wird tiefgreifender, ein größeres Verantwortungsbewußtsein sowie größere Freude stellen sich ein.

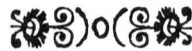

Bewußt die körperlichen Kräfte auf dem geistlichen Weg zu schwächen oder gar zu strafen, sollte unbedingt vermieden werden. Durch eine derart irrige Ansicht haben viele Menschen sich selbst und anderen nicht wiedergutzumachende Schäden zugefügt.

Ignatius von Loyola (16. Jh.) sagt, daß körperliche Übungen auf dem Weg der Reinigung sehr unterstützend sein können. Auf den Wegen der Erleuchtung und der Einigung sollten wir jedoch wesentlich zurückhaltender mit ihnen umgehen. In seiner Biographie schreibt er:

„In dem gleichen Manresa, wo er ungefähr ein Jahr lang blieb, gab er jene früher geübten Strengigkeiten auf, seitdem er Gottes reichen Trost einmal spürte und die Frucht sah, die er im Kontakt mit Menschen in deren Seelen erreichte." (Bericht des Pilgers, 64)

113 Es gibt viele gute Körperübungen, die Verspannungen und Verkrampfungen lösen und unsere seelische Entwicklung entsprechend unterstützen. Auswahl und Häufigkeit ihrer Anwendung sollten wir unserem geistlichen Begleiter überlassen – besonders wenn wir zu Nachahmung und Übertreibung neigen.

Im allgemeinen bilden körperliche Übungen ein hervorragendes Gegengewicht zur Inneren Einkehr.

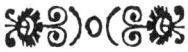

XVI. Kapitel

Unterschied zwischen geistlichen
und körperlichen Übungen.

114 Den Geist zu handhaben wie zum Beispiel im Ruhegebet, in dem wir ihm bedenkenlos gestatten, zu seinem eigenen Urgrund zurückzukehren, ist wesentlich einfacher und anstrengungsloser, als mit unserem Körper umzugehen. Haben wir uns dazu entschlossen, vor oder nach dem Beten körperliche Übungen auszuführen, sollte der genaue Ablauf mit unserem Lehrer besprochen werden. Hier dem Rat eines anderen Folge zu leisten, ist bereits eine große Übung.

115 Das Wort, das Jesus an Petrus richtet, gilt uns allen, die wir in der Nachfolge Christi stehen: *„Als du noch jung warst, hast du dich selbst gegürtet und konntest gehen, wohin du wolltest. Wenn du aber alt geworden bist, wirst du deine Hände ausstrecken, und ein anderer wird dich gürten und dich führen, wohin du nicht willst."* (Johannes 21,18)
Mit dem „Jungsein" ist der Anfänger auf dem geistlichen Weg gemeint, der es noch nicht gelernt hat, seinen Eigenwillen aufzugeben und versucht ist, eigene

Wege zu gehen. Dem Fortgeschrittenen leuchtet es ein, loszulassen und daß ein anderer die Führung übernimmt und uns Notwendiges und Unumgängliches lehrt.

116 Diese Selbsthingabe - vornehmlich im Gebet der Ruhe - wird von manchen Menschen, vor allem auch von Christen, falsch verstanden. Sie meinen, ständig Inhalte präsent haben zu müssen und bekommen ein schlechtes Gewissen, wenn sie nur daran denken, auch „Nichttun" könne zur Aufgabe werden.

Gerade diese Menschen vermögen unseren geistlichen Weg erheblich zu beschweren, indem sie schlecht und abwertend über uns reden. Ihre Phantasie wird nicht müde, Dinge zu erfinden, die uns zur „Umkehr" bewegen sollen.

Wisse: Je weiter wir fortschreiten, um so mehr werden sich manche Menschen, besonders in unserer näheren Umgebung, provoziert fühlen.

117 Ein heller werdendes Licht wird die Schatten stärker konturieren. Lasse dich durch niemanden und nichts davon abhalten, konsequent den Weg deiner geistlichen Entwicklung zu gehen. Körperliche Übungen wirken unterstützend, sind jedoch keineswegs an die erste Stelle zu setzen.

118 Es ist wesentlich leichter, durch geistige Kraft auf den Körper einzuwirken, als durch den Körper Geist und Seele zu erreichen. Die geistig-seelische Hingabe an den Willen Gottes sollte daher in allem den Vorrang haben. Erste Ergebnisse werden sofort spürbar: eine Stärkung unserer geistigen Kräfte und die Kultur des Herzens.

119 Nur über den inneren Weg, die Einkehr der Seele bei sich selbst, wird uns Vollkommenheit zuteil. Wir können uns noch so harte äußere Übungen und Entsagungen auferlegen - sie werden nicht annähernd den Erfolg wie das Gebet der Ruhe bringen.

120 Heinrich Seuse (14. Jh.), ein Schüler Meister Eckharts, hatte sich selbst seit dem Eintritt in den Dominikanerorden ein äußerst hartes asketisches Leben auferlegt. Als er vierzig Jahre alt war, gab ihm eine Vision zu erkennen, daß er die Vollkommenheit durch Askese in keiner Weise erreichen würde. Es leuchtete ihm ein, daß dieser selbstgewählte Weg ihn eher hinderte und nicht im Einklang mit dem Willen Gottes stand. Sofort ließ er davon ab, da er zutiefst den gravierenden Unterschied zwischen äußeren Übungen und dem innerlichen Weg erkannt hatte. (Mystische Schriften, 1. Buch, 17. Kapitel)

XVII. Kapitel

Wie man sich bei Zweifeln und Unsicherheit auf dem geistlichen Weg verhalten soll, um weder die Ruhe zu verlieren noch einen Rückschritt machen zu müssen.

121 Sei dir bewußt, daß du dich zwar auf dem Weg zur Vollkommenheit befindest, jedoch in dieser Welt noch kein vollkommenes Leben führen kannst. Lasse dich daher nicht allzu sehr beunruhigen, wenn du aus Schwäche oder Unwissenheit Fehler gemacht hast. Lasse dich auch durch Zweifel oder Unwissenheit nicht verwirren. Denke daran, daß wir unvollkommen und somit erlösungsbedürftig sind. Da wir die Zusage der Vergebung durch Jesus Christus haben und uns bei jeder guten Absicht und Tat der Himmel unterstützt, dürfen wir uns in allem auf Ihn verlassen.

122 Du wirst nicht umhin kommen, mit Fehlern, die du immer wieder begehen wirst, zu leben. Sie dürfen keine allzu große Unruhe auslösen, denn zu glauben, wir seien fehlerlos, wäre anmaßend.
Selbst bei den Menschen, die ein heiligmäßiges Leben führten, blieb immer ein Stück Unvollkommenheit und Schwachheit zurück. Dadurch gerät der Mensch

niemals in Versuchung, überheblich und selbstgefällig zu werden. Ihm ist die Möglichkeit gegeben, sich ständig neu in Bescheidenheit und Demut einzuüben.

123 Nehmen wir das Gnadenangebot Gottes an, können wir in unserer geistig-seelischen Entwicklung große Fortschritte machen. Mißbrauchen wir jedoch unsere Freiheit und treffen eine falsche Wahl, tritt das Gegenteil ein.
Wie ein unfruchtbarer Boden nur Disteln und Dornen hervorbringt, so kann durch uns die ganze Welt mit Ärger und Dunkelheit erfüllt werden.

124 Haben wir erst einmal widergöttlichen Kräften in uns Raum gewährt, breiten sie sich schnell nach allen Seiten aus. Sie reden innerlich auf uns ein, da sie zerstören möchten:

- ♦ Dein geistiger Weg führt dich in die Irre.
- ♦ Du hörst auf die falschen Menschen.
- ♦ Deine Schuld ist groß, und du tust nichts zu ihrer Wiedergutmachung.
- ♦ Die Zeit, die du zum Beten und zur Inneren Einkehr aufwendest, ist vergeblich.
- ♦ Dein Leben hat sich eher verschlechtert als verbessert.

Die dunklen Kräfte haben die Absicht, dich in Unruhe und Bestürzung zu versetzen, dir Angst, Schrecken und ein schlechtes Gewissen einzujagen. Sie möchten dein Bewußtsein einengen und geben dir kleinmütige, abscheuliche Gedanken. Du beginnst, an der Existenz Gottes wie auch an dir selbst zu zweifeln und bemerkst deine täglichen Rückschritte nicht.

125 Öffne die Augen für die Wirklichkeit und lasse dich nicht durch diese zerstörerischen Kräfte beeinflussen. Gehe konsequent den Weg des Lichtes, und lasse dich nicht durch flüchtige Schattengebilde aufhalten oder gar stören. Das beste Mittel, sich nicht verwirren zu lassen, liegt in der Weisung Jesu: *„Du aber geh in deine Kammer, wenn du betest, und schließ die Tür zu; dann bete zu deinem Vater, der im Verborgenen ist."* (Matthäus 6,6)

Schon sehr bald wirst du spüren, daß alle Dunkelheit draußen bleibt und in dir ein festes Vertrauen auf die Barmherzigkeit Gottes entsteht. Bei neuen Zweifeln oder Anfechtungen richte dich erneut innerlich auf die unendliche Güte Gottes aus. Er, dem du dich vertrauend zuwendest, wird dir nichts nachtragen, sondern dich liebevoll annehmen und stärken.

❋]○[❋

XVIII. Kapitel

*Vertrauensvolle Hingabe an den Schöpfer
läßt dich alle Bedrückung überwinden.*

126 Wird dir ein Fehler bewußt, den du begangen hast, so denke zwar über die Ursachen nach, doch vermeide ein zu ausgedehntes Bedenken. Mit deiner Unruhe und eventuellen Verwirrung wirst du am besten fertig, wenn du einfältig und bedenkenlos im Gebet der Stille dein Vertrauen auf den Herrn setzt. Laß dich durch Hingabe auf den Weg in Seine Gegenwart führen.

Sollte es dir ein Herzensanliegen sein, bitte Ihn – ohne Worte zu machen – um Vergebung. Gib dich mit allem, was geschieht, zufrieden, und grüble nicht darüber nach, ob du bei Gott Vergebung gefunden hast. Wichtig ist, daß du dich nach dem Gebet wieder an deine Aufgaben begibst und voll in die Gegenwart mit all ihrer Verantwortung einsteigst.

127 Würdest du den Sportler nicht für töricht und inkompetent erachten, der während des Wettlaufes hinfällt, aber nicht wieder aufsteht, sondern seinen Fall mit vielen Worten ängstlich beklagt? Du würdest ihm aufmunternd sagen: „Stehe auf, mein

Freund, verliere keine Zeit und mache dich schnell wieder auf den Weg."

Wer sich sofort wieder aufrichtet und seinen Lauf fortsetzt, hinterläßt bei sich und anderen nicht den Eindruck, er wäre gefallen.

128 Wir alle tragen die große Sehnsucht nach innerlichem Frieden und nach Vollkommenheit in uns. Durch Einübung des Vertrauens auf die Barmherzigkeit Gottes, durch das Gebet der Ruhe und die Innere Einkehr, durch Zuversicht und Hingabe an den Willen Gottes wie auch durch Leistung in unserem Alltag können wir wesentlich dazu beitragen, daß sich diese Sehnsucht erfüllt.

Wer wir auch sind, und wo wir auch stehen, welche Schwächen und Unvollkommenheiten auch immer uns anhaften – nichts kann uns davon abhalten, den geistlichen Weg erfolgreich zu gehen.

129 Selbst, wenn du erfahren mußt, daß du in einigen Lebensbereichen nicht zurechtkommst, Fehler machst und scheinbar unüberwindlichen Schwächen nicht widerstehen kannst, richte dich immer wieder auf und lasse dir durch Resignation und Traurigkeit deinen Mut nicht nehmen.

Wozu der Schöpfer dir in vielleicht vierzig Jahren deines Lebens nicht verholfen hat, das kann Er dir in jedem Augenblick zuwenden.

130 Unsere Einsicht in den göttlichen Plan ist noch sehr unvollkommen. Was wissen wir schon von dem, was Er für unsere Reifung vorgesehen hat? Sicher sind es nicht nur die guten Gedanken und Taten, die uns anheben, sondern es sind auch gerade unsere Schwächen und Untugenden, durch die wir reif werden für den „Himmel".

Auch wenn wir geneigt sind, aus einer Arznei Gift zu machen - das heißt gute Anlagen in schlechte zu verwandeln - so dürfen wir doch Gott zutrauen, daß Er den umgekehrten Weg mit uns geht: Er, der Ungutes in Gutes verwandelt, heilt uns durch dasselbe Gift, durch das wir uns und andere geschwächt und uns von Ihm entfernt haben.

In seinem „Buch der Pastoralregel" schreibt Gregor der Große (6. Jh.): *„Da wir geneigt sind, aus der Arznei eine Wunde zu machen, macht Er hingegen aus der Wunde eine Arznei, damit wir wiederum durch das, was uns niedergeschlagen hat, geheilt werden."* (III,37)

131 Die menschliche Natur neigt eher zur Trägheit, Vergeßlichkeit und Undankbarkeit. Daher hat es der Schöpfer zu unserem Heil so eingerichtet, daß wir in dieser Welt unvollkommen sind und daher in Bewegung bleiben müssen. Durch das Mysterium Seiner Liebe und durch das Gedächtnis Seines Leidens, Sterbens und Seiner Auferstehung ruft Er uns Sein unendliches Entgegenkommen in Erinnerung.

Lernen wir aus Fehlern, die Er uns verzeiht, spüren wir zutiefst, wem wir uns zu verdanken haben. Vertrauen wir auf die göttliche Barmherzigkeit und trauen ihr alles zu, was zu unserem Heil gereicht, wird Er auch da für uns Sorge tragen, wo wir hilflos und ohnmächtig sind.

Sollten dich geistliche Trägheit oder bedrückende Gedanken überfallen, weißt du, wie du sie überwinden kannst. Nicht Diskussionen, Ignoranz oder Verdrängung durch blinde Arbeitswut sind das Mittel, sondern einzig die vertrauensvolle Hingabe an den Schöpfer, der auch dich gewollt und ins Leben gerufen hat.

Ein geistlicher Weg zum inneren Frieden, der hier ausführlich beschrieben wurde, damit ihn alle einfach und erfolgreich gehen können, ist das Gebet der Ruhe, die Innere Einkehr oder das Aufmerken der Seelenkräfte.

Wegweisung, um den inneren Frieden zu erlangen
Drittes Buch

Unsere Seele strebt danach, ihre Urform zu erreichen. Auf dem Weg dorthin ist mitunter eine schmerzhafte Reinigung unumgänglich. Das Ziel bedeutet Erleuchtung: Wir haben Einsicht in das Wesen Gottes und Seiner Schöpfung. Damit Sein Wesen zu unserem wird, schaffen wir durch Hingabe, Demut, durch Kultur des Geistes und des Herzens die notwendigen Voraussetzungen. Gegenkräfte wollen die göttliche Weisheit zerstören. Aufbau des inneren Friedens.

I. Kapitel

*Der Unterschied zwischen dem äußeren
und dem inneren Weg.*

I Auf der Suche nach Gott gehen die meisten Menschen zunächst den äußeren Weg. Sie versuchen, Göttliches mit Hilfe ihrer Vernunft zu erfassen. Sie setzen alle ihnen zur Verfügung stehenden Gedankenkräfte ein und werden nicht müde, das Mittel der geistlichen Betrachtung anzuwenden.

Durch überkommene und selbst auferlegte Lebensregeln wird Entsagung geübt, damit – wie sie meinen – sich bessere Verhaltens- und Denkweisen entwickeln können. Allzu leicht sind auf diesem Weg Übertreibungen an der Tagesordnung: so kann zum Beispiel ein übermäßiges Fasten eher krank machen als zur geistlichen Entwicklung beitragen. In nicht wenigen Menschen keimen zwanghafte Bußgedanken auf, die in der Praxis zur „Abtötung" der Sinne führen. Natürliche Kräfte werden zurückgedrängt, um der Vorstellung von Gott mehr Raum zu gewähren. Die Phantasie befleißigt sich tradierter Gottesbilder und läßt den so Denkenden in der Gegenwart Gottes wandeln: Gott als guter Hirte, als Arzt, als Richter, Vater oder Herr. In seiner Vorstellung nimmt man Kontakt auf und spricht mit Ihm. Viele haben in dieser Kunst der Betrachtung große Fertigkeiten entwickelt.

Durch selbst auferlegte äußere Strenge trachtet man eifrig danach, auf diesem Weg weiterzukommen. In gefühlsbetonter Andacht glaubt man die Gewißheit zu haben, Gott sei gegenwärtig. Einbildungskraft wird zu einem Glauben, der letztlich nicht tragfähig ist.

Obwohl dieser Weg nicht als schlecht bezeichnet werden darf, führt er doch - wie die Erfahrung zeigt - nicht zur Vollkommenheit. Berichten zufolge sind Menschen, die über fünfzig Jahre lang übten, immer noch bei sich selbst und mit sich beschäftigt - ohne wesentliche geistliche Erfahrung und ohne Fortschritte.

2 Der innere Weg dagegen verspricht sofort geistliche Erfahrung. Ihn gehen die Menschen, die den äußeren Weg als begrenzt und ohne die Erfüllung ihrer Wünsche erlebt haben. Andere wiederum werden durch Erkenntnis, Schicksalsschläge oder besondere Gnadenzuwendung zur Inneren Einkehr geführt - ohne vorherige lange und vielleicht schmerzhafte Suchbewegungen.

Sich selbst im Gebet der Hingabe zu vergessen, bedeutet den ersten Schritt, der für viele Menschen aber

auch der schwerste ist. Sich des Vertrauten und Gewohnten zu entledigen – es kommt einer Art Entblö-
ßung gleich – kann zu kaum überwindbaren Hem-
mungen führen. Sowohl äußere Formen als auch
innere Bilder und Vorstellungen müssen abgegeben
werden. Die erste Wegweisung besteht daher darin,
sich im Schweigen auf die innere Ruhe zu verlassen.

Haben wir mutig und im Glauben diesen Schritt vollzogen, werden uns schon nach kurzer Zeit wesentliche und neue geistliche Erfahrungen geschenkt:

♦ Körper, Geist und Seele fühlen sich auf wohltuende
Weise von der tiefen Ruhe angezogen.
♦ Wir erleben die sammelnde und anziehende Kraft
nicht als einen Akt unseres Willens, sondern außerhalb von uns – und daher als geheimnisvoll.
♦ Durch die Innere Einkehr beruhigt sich unser eventuell aufgebrachtes Wesen, und alle Bewegungen –
auch die des Herzens und der Seele – kommen zur
Ruhe.

3 Auf diesem Weg werden wir allerdings vor dem
nicht verschont, was das Leben für uns bereithält:
Im Ruhegebet bauen sich schrittweise, uns angemessen, Blockaden ab, die uns wahrscheinlich ohne die
Übung eines Tages gravierende und unüberwindbar
scheinende Schwierigkeiten eingebracht hätten.

Auf dem inneren Weg, der eine Absage an jegliches Aktivsein bedeutet, bleiben infolge notwendiger Reinigungsprozesse leidvolle Erfahrungen nicht aus. Da sonst kein Fortschritt möglich ist, lassen wir sie zu. Die schmerzhaften Erfahrungen vermögen es nicht, uns aus dem seelischen Gleichgewicht zu bringen. Trotz heftiger Bewegungen bleiben wir ruhig und bewahren den inneren Frieden, durch den neue, von außen auf uns zukommende Versuchungen abprallen. Sie haben nicht mehr die Macht, uns zu verunsichern oder uns zu spalten. Die Zeit ist vorüber, in der wir uns mit Widerwärtigkeiten auseinandersetzen mußten; unserer Seele strömt göttliche Kraft zu, die keine Dunkelheit mehr duldet.

4 Mit diesem strahlenden Licht geht wahre Erkenntnis einher, die sich nicht nur auf äußere Wahrnehmung bezieht, sondern auch auf unseren Glauben. Eine derartige Glaubenswahrheit ist durch Innere Einkehr und durch Schweigen zu einem greifbaren Erlebnis geworden. Bei dieser Belichtung durch unsere Seele haben wir uns keiner Vorgaben, Vorstellungen oder gar Wunschbilder bedient. Eine Wahrheit jenseits alles sinnlich Wahrnehmbaren hat sich uns geoffenbart, so wie sich zum Beispiel die Herrlichkeit Gottes in Seinem Sohn Jesus Christus widerspiegelt und letztlich auch in uns.

Aus Erfahrungen dieser und anderer Art erwächst eine unvorstellbare Gottesliebe, die zum lebendigen Zeugnis unseres christlichen Glaubens wird.

5 Alle Menschen, denen diese übernatürlichen Gnadengaben zuteil werden, leben und verhalten sich äußerst bescheiden. Sie lieben die Einsamkeit und möchten nicht auffallen. Von Grund auf haben sie verstanden, daß sie aus sich allein nichts vermögen, sondern sich ganz und gar dem Schöpfer verdanken. Ihr Herz ist von einer großen Demut erfüllt, und es besteht keine Gefahr der Überheblichkeit mehr.

Da diese im Glauben und in ihrer Persönlichkeit entwickelten Menschen in einer gesunden Mitte stehen, neigen sie weder zu Depressionen noch zu euphorischer Freude. Sie haben gelernt, Unvermeidbares anzunehmen – selbst wenn sie aus dem bitteren Kelch des Leidens trinken müssen. Selbst wenn das Leben sie eine große Freude schmecken läßt, bleiben sie bei sich und in Ruhe. Sowohl besondere Gnadenzuwendung als auch Gotteserfahrung lassen sie nicht hochmütig werden – sie sind erfüllt von kindlicher Freude, heiligem Frieden und von unsagbarem Gottvertrauen.

II. Kapitel

Wenden wir uns dem Höchsten zuerst zu.
Warum gelangen nur wenige durch das Tor?

6 Der Aufwand auf dem zuerst genannten Weg und die damit verbundene Anstrengung bleiben zwar nicht ohne gutes Ergebnis, doch tritt sehr bald Ermüdung ein. Der Vorsatz, ständig gut zu sein und sich gute Eigenschaften anzueignen, verstellt nur allzu oft den Blick für das wirklich Wesentliche und für spontanes Handeln.
Mühsam werden Mittel gesucht, die gewaltsam den sogenannten Schwächen entgegenwirken sollen. Daß es bei diesem Ausreißen zu Übertreibungen und Fanatismus kommt, bleibt nicht aus. Wie weit ein derartiges Vorgehen zu Erfolgen führt, bleibt fraglich.

7 Wenden wir uns dagegen dem Höchsten zuerst zu und übereignen uns Ihm - so wie wir sind - mit der Bitte um Wandlung, wird sofort Wesentliches geschehen. Da wir nicht mehr mit uns selbst beschäftigt sind, sondern offen für Ihn, kann Er in uns wirken:

♦ Alte Anhänglichkeiten werden gelöst, und Freiraum für neue schöpferische Kräfte entsteht.

- Durch Einfall des Lichtes schwindet die Dunkelheit wie von selbst.
- Diffuse, verkrampfte Lebensimpulse ordnen und lösen sich, indem sie uns bewußt und umsetzbar werden.
- Aus innerer Klärung und Wandlung wachsen uns ungeahnte Kräfte zu, die wir - ohne viel darüber nachzudenken - spontan einsetzen.

„Seine Geschöpfe sind wir, in Christus Jesus dazu geschaffen, in unserem Leben die guten Werke zu tun, die Gott für uns im voraus bereitet hat." (Epheserbrief 2,10)

8 Da es in dieser Welt keinen Zustand letzter Vollkommenheit gibt, bleiben wir auf dem Weg. Selbst wenn uns tiefe Einsicht in göttliche Geheimnisse gewährt wird, bedeutet dies zwar ein Teilhaben am Ganzen, doch noch kein Einssein mit allem. Uns ständig vertrauensvoll in die Hingabe einzuüben, darf daher nicht ausbleiben.

Das Einkehren in das Stillschweigen und die Ruhe unserer Seele werden allmählich zu einem Einkehren bei Gott, der im Grunde unserer Seele anwesend ist. Das Gehen und Geführtwerden in diese unsagbare Tiefe löst heilige Freude aus, die uns nicht mehr verläßt. Sie erfüllt unser ganzes Sein und bedeutet uns unendlich mehr als alle Theologie und alles Reden über Gott.

Gotteserkenntnis und Gotteserfahrung schenken sich uns an dem inneren und geheimen Ort der Ruhe in unserer Seele.

9 Obgleich der innere Weg vor uns ausgebreitet ist und von vielen freudig und erfolgreich gegangen wird, so ist doch die Zahl derer, die fortwährend im Gottesbewußtsein leben, sehr gering.
„Das Tor, das zum Leben führt, ist eng, und der Weg dahin ist schmal, und nur wenige finden ihn." (Matthäus 7,14)

Warum gelangen nur so wenige durch das Tor, das zum wahren Leben führt? Antwort: Viele scheuen davor zurück und haben Angst, sich selbst zu sterben, um mit Ihm zu leben. Es gehört unendliches Vertrauen dazu, das Risiko auf sich zu nehmen, „zunichte" zu werden, um teilzuhaben am wahren Leben.

10 Du wirst nun sicher den Unterschied zwischen dem äußeren und dem inneren Weg, der in unbekannte geheimnisvolle Bereiche führt, verstanden haben. Ein ähnlicher Unterschied besteht zwischen dem äußeren und dem inneren Menschen.
Nicht durch bloße Betrachtung werden wir der Gegenwart Gottes teilhaftig, sondern nur durch die Gnadenzuwendung Gottes, der wir durch Innere Einkehr den Weg bereiten.

III. Kapitel

*Ausgeglichenheit und innerer Friede sind nicht
auf der Gefühlsebene oder durch geistlichen Trost
zu erreichen, sondern nur durch Hingabe.*

11 Sich in die Schöpfungsordnung einfügen und
Gott dienen, bedeutet das Gute tun und Unvermeidliches bejahend annehmen. Selbstbetrug ist es
dagegen, wenn du glaubst, durch „gehobene religiöse
Gefühle" oder geistlichen Trost Vollkommenheit erreichen zu können. Der einzige Trost, den du dir von
Gott erbitten solltest, besteht darin, dein Leben in
Liebe und Gehorsam zu Ihm führen zu dürfen.

Jesus gibt uns in seinem Wort von der Nachfolge eine
klare Weisung, die weder mit Gefühlen beladen ist
noch uns Trost geben möchte. *„Wer mein Jünger sein
will, der verleugne sich selbst, nehme sein Kreuz auf sich
und folge mir nach."* (Matthäus 16,24)

12 Lasse dich nicht aufhalten oder vom Weg abbringen, wenn du in einigen geistlichen Schriften liest, wie erhebend es ist, „die Süßigkeit der göttlichen Liebe zu schmecken". Abgesehen von einer
unglücklichen Ausdrucksweise, die den inneren Frie-

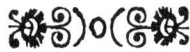

den beschreiben möchte, steht allzuoft hinter derartigen Gefühlsqualitäten eine dunkle Kraft, die separieren möchte. Sie ist bestrebt, dich in die Einsamkeit zu locken, damit du dich im Überschwang von Gefühlen selbst befriedigen sollst.

Sei wachsam und öffne diesen geheimen Neigungen gegenüber deine Augen.

Es geht vielmehr um ein „Verleugnen", das heißt um ein Hingeben unserer Selbst. Für viele ist dieser Schritt äußerst schwer und bedeutet das größte Kreuz.

13 Um das wahre Kreuz zu tragen – und damit die Wirklichkeit des Lebens mit all seinen Konsequenzen – bedarf es einer Kraft, die über menschliche Zuwendung und Liebe hinausgeht. Daher läßt der Schöpfer uns in schwerwiegenden Lebensphasen besondere Gnaden zufließen. Oft finden wir nach einer überstandenen Grenzsituation keine Worte mehr für das, was uns geholfen und gerettet hat.

Mystiker, im Glauben Erfahrene und geistliche Schriftsteller sprechen von hohen, übermenschlichen Empfindungen, von denen sie getragen wurden. Es wird ferner von Visionen, Ekstasen und von Gaben der Einsicht und Weisheit berichtet. Doch sollten uns diese Erfahrungsberichte weder vom geistlichen Weg di-

stanzieren noch uns ein erstrebenswertes Ziel vor Augen führen.

14 Die Größe einer Seele liegt in der Fähigkeit, arm zu sein - das heißt, sich allem entledigen zu können.
Die Wegweisung zu diesem Ziel ist hohe Wissenschaft, die leider oft verkannt und von vielen als töricht bezeichnet wird.
„Hat Gott nicht die Weisheit der Welt als Torheit entlarvt? Denn da die Welt angesichts der Weisheit Gottes auf dem Weg ihrer Weisheit Gott nicht erkannte, beschloß Gott, alle, die glauben, durch die Torheit der Verkündigung zu retten." (1. Korintherbrief 1,20b–21)

15 Zurückzustehen und einem anderen den Vorrang geben - das ist die Kunst der Hingabe, die im Gebet der Ruhe geübt wird.
„Denn wer sich selbst erhöht, wird erniedrigt, und wer sich selbst erniedrigt, wird erhöht werden." (Lukas 14,11)

16 Intellektuell haben viele Menschen diesen Weg erkannt und lehren ihn auch mit zum Teil sehr anschaulichen Worten. Letztlich jedoch bleiben sie und die vielen Worte unglaubwürdig, da sie nicht auf der Grundlage eigener Erfahrung gesprochen werden. Theologie allein reicht nicht aus, wenn sie nicht gleichzeitig eine religiöse Praxis vermittelt. Der Gott

Suchende hört die Worte und muß wissen, wie sie in die Tat umzusetzen sind:

- Verleugne dich selbst, und nehme dein Kreuz auf dich!
- Nicht mein, sondern Dein Wille geschehe!
- Geh in deine Kammer, wenn du betest, und schließe die Tür zu!
- Wer leben will, muß sich selbst sterben!
- Bete ohne Unterlaß!
- Schaue dich nicht um, wenn du die Hand an den Pflug gelegt hast!
- Zieh fort aus deinem Land!
- Du hast alles gegeben und mir deinen einzigen Sohn nicht vorenthalten!
- Suche das Reich Gottes in dir, und alles andere wird dir von selbst zufallen!
- Selig sind die, die das Wort Gottes hören und es befolgen!

Diese und andere Weisungen auf dem geistlichen Weg sind zwar vielen vertraut, doch nur wenige vermögen es, sie wirklich zu verstehen und in die Tat umzusetzen.

17 Wir alle sind dazu berufen, den inneren Frieden zu leben und durch Erleuchtung eine Entwicklung unserer Persönlichkeit zu erfahren. Der Schöpfer möchte uns an sich ziehen; Er möchte, daß wir uns öffnen, damit uns Wesentliches und Entscheidendes ein-fallen kann. Er möchte, daß uns die Geheimnisse der Schöpfung und Seiner Liebe einleuchten, und wir aus ihnen neue Lebenskraft gewinnen.

Daß wir uns für dieses liebende Entgegenkommen vorbereiten, dürfte selbstverständlich sein.

„Als sie sich gesetzt hatten und der König eintrat, um sich die Gäste anzusehen, bemerkte er unter ihnen einen Mann, der kein Hochzeitsgewand anhatte. Er sagte zu ihm: Mein Freund, wie konntest du hier ohne Hochzeitsgewand erscheinen? Darauf wußte der Mann nichts zu sagen." (Matthäus 22,11–12)

18 Die Ich-Sucht und die Eigenliebe sind wie ein Ungeheuer, das überwunden werden muß, um Einlaß in die uns noch verborgenen Welten zu bekommen. Die Ich-Sucht und die Eigenliebe, die sich überall einschleichen, verhalten sich wie die vielköpfige Wasserschlange Hydra in der griechischen Mythologie. Für jeden abgeschlagenen Kopf wachsen ihr zwei neue nach, bis Herakles die Schlange durch Ausbrennen der Kopfstümpfe tötete.

Es ist unsere Aufgabe, die Ich-Sucht und die Eigenliebe ebenfalls von Grund auf auszurotten, damit sie sich nicht mehr zerstörend in zwischenmenschliche

Beziehungen einmischen. Allzuleicht und unmerklich geschieht sonst folgendes:

- Die natürliche Zuneigung zu unseren Eltern und Verwandten wird gestört.
- Unter dem Deckmantel der Freundschaft und Dankbarkeit entfaltet sich übermäßige Empfindung und sogenannte Liebe für den geistlichen Begleiter.
- Ruhm- und Ehrsucht werden angestrebt, so daß Eitelkeit ihre zeitliche Erfüllung findet.
- Äußeres „andächtiges" Verhalten möchte bewundernde Blicke auf sich lenken.
- Dem Essen und Trinken wird ein zu hoher Stellenwert eingeräumt.
- Zur Erhaltung der Gesundheit werden übertriebene Maßnahmen getroffen.
- Die eigene Meinung muß sich in allem durchsetzen; sie läßt keine andere neben sich gelten.

Diese und andere Eigenarten versperren den geistlichen Weg und lassen keinen dauerhaften Frieden zu – mit uns selbst, den anderen, mit der Schöpfung und dem Schöpfer.

❁] ○ [❁

IV. Kapitel

Wir unterscheiden zwei Arten der Reinigung
oder Befreiung, die uns – letztlich unserer Seele –
dienen, dem Schöpfer zu begegnen.

19 Der Weg zur Vollkommenheit, das heißt, zur Einheit mit Gott, setzt den der Erleuchtung und den der Reinigung voraus. Wie kann etwas zum Leuchten gebracht werden, wenn das Licht infolge großer Hindernisse nicht durchdringen kann oder ihm kein Einlaß gewährt wird? Befreiung oder Reinigung wird daher zum grundlegenden und notwendigen Vorgang.
Wir unterscheiden zwei Arten:

Erstens:
Durch Anfragen an uns werden wir herausgefordert. Halten wir infolge unserer Schwachheit nicht stand oder sind wir nicht in der Lage, infolge unserer Unwissenheit und mangelnden Reife eine Antwort zu geben, können uns Angst und Bedrängnis überfallen. Wesentliche Prozesse kommen in Gang. Unserer Seele wird die Möglichkeit gegeben zu wachsen, um ein inneres Vakuum mit Leben zu füllen.

❋] ○ [❋

Zweitens:

Ein von innen aufflammender Lebensimpuls entzündet sich, dessen ungeordnetes Feuer uns bei weitem überfordert. Es läßt unter anderem Eifersucht, Angst und Unruhe aufkommen – Eindrücke, die auf diese Weise aus unserem Inneren ausgeschwemmt werden. Dieser Prozeß ist mit einem Schmelztiegel zu vergleichen, in dem durch anheizende Glut harte, im Wege stehende Substanzen aufgelöst werden.

Sowohl dieses innere verzehrende Feuer als auch der von außen angeregte leidvolle Prozeß zur Erleuchtung unserer Seele werden von Gott zugelassen, wenn Er uns den Weg zur höchsten Vollkommenheit – und somit der Einigung mit Ihm – führt.
Der Aufbruch, der zur Reinigung und Befreiung notwendig ist, kann also einmal durch einen Ein-bruch von außen und einen Aus-bruch von innen geschehen.
Da Einbrüche wie auch Ausbrüche aus verkrustetem Umfeld oft sehr schmerzhaft sind, dürfen wir auf der Grundlage von Berichten vieler Menschen sagen:
Göttliche Erkenntnis und Gotteserfahrung können sogar aus dem Leiden geboren werden.

20 Welch unendliche Freude löst dagegen die Geburt Gottes in unserer Seele aus! Dunkelheit hat sich in Licht gewandelt; aus der irdischen Seele ist

eine himmlische, aus der menschlichen Seele ist eine göttliche Seele geworden. Das schmerzhafte Sterben hat sich in den Glanz der Auferstehung verwandelt. Die mit göttlichen Gaben und Gnaden erfüllte Seele empfängt in dieser Verklärung Licht vom Licht und trägt es weiter bis in die dunkelsten Verschattungen dieser Welt.

21 Dieses Licht zu schauen, anzunehmen und weiterzuschenken – dazu sind alle Menschen berufen. Viele sehen zwar den bereits in dieser Welt sich vollziehenden Umwandlungsprozeß, doch nur wenige haben auch dann die Stärke, den Mut und das Vertrauen, ihn an sich geschehen zu lassen, wenn sie den Aufbruch als schmerzhaft erleben.

22 Du solltest jedoch wissen und dir immer wieder vor Augen führen: Es kann im Grunde deiner Seele nur dann zu einer Gottesbegegnung kommen, wenn du die Tiefe deines Inneren ausgelotet hast, du durch das Feuer der Reinigung gegangen bist und somit der Gnadenzuwendung Gottes nichts mehr im Wege steht.

23 Eine Klärung und Klarheit deiner Gefühle, edle Ausrichtung deiner Wünsche und die Kultur des Herzens allein reichen nicht aus – selbst mit dem Beistand Seiner Gnade – von bleibendem Gottesbewußtsein erfüllt zu werden. Auf dem Weg dorthin mußt du in feineren Schichten deiner Persönlichkeit noch weitaus mehr lernen:

+ Jegliche Vorstellung von Gott aufgeben.
+ Dein Wollen in Seine Hände legen.
+ Keine eigenen Gedanken denken.
+ Jegliches Festhalten an geistlichen Zuwendungen lassen.
+ Dir der Unvollkommenheit deiner Seele bewußt sein.

Viele verborgene Gebrechen, die noch in deiner Seele herrschen, bedürfen des Umwandlungsprozesses, so daß Er dich nach Seinem Bild zu einem göttlichen Menschen formen kann.

24 Selbst gute Eigenschaften und Vorhaben können - wenn wir sie zu sehr wollen und ihnen anhaften - den Frieden der Seele stören: das Streben nach hohen Werten, die ständige Suche nach geistlichem Trost, begieriges Trachten nach immer neuen Glaubenserfahrungen.

25 Um auf den hohen Berg der Erfüllung des Lebens und der Vollkommenheit zu gelangen, ist es notwendig, weiteres abzulegen, um leicht und licht zu werden. Du wirst dich erst noch ungeahnter An-

hänglichkeiten entledigen müssen, damit Gott sich dir mitteilen kann.

26 Durch das Üben des Hingabe-Gebetes wird das deine Seele Beschwerende von selbst von dir abfallen. Diese innige Vorbereitung wird dann nicht mehr durch dich vollzogen, sondern durch die ewige Weisheit selbst. Nicht einmal ein Engel der höchsten Stufe, ein Seraphim, ist fähig, die Seele zu reinigen.

27 Wir können daher von unserer Seite nichts anderes tun, als uns immer wieder dem Schöpfer anheimstellen und das innere wie auch das äußere Kreuz, das uns auferlegt wird, geduldig anzunehmen und zu tragen.

28 Mit Recht wirst du dich gegen das Kreuz und Uneinsichtiges auflehnen. Du kannst dich in dieser Welt nicht davon freisprechen, daß dich Trokkenheit, Dürre, Finsternis und Angst überfallen. Vieles wird dir widerstreben, und du legst Widerspruch ein, besonders, wenn du dich innerlich verlassen und trostlos fühlst. Böser Einfälle kannst du dich zwischenzeitlich nicht erwehren. Dein Herz wird eingeengt und so voll Bitterkeit sein, daß du es nicht zu Gott erheben kannst.

29 Du bist der festen Überzeugung, in dieser „Verlassenheit" deinem Schöpfer fern zu sein. Es suchen dich nicht nur Ungeduld und Unruhe heim, sondern auch Gotteslästerung und Zweifel an Seiner Existenz. Du selbst empfindest dein Leben nicht mehr als lebenswert und fühlst dich - beraubt und entblößt - ausgestoßen von allen Kreaturen.

30 Die überaus große seelische Not, Unterdrückung und Depression werden jedoch - und dessen darfst du absolut sicher sein - keine Überhand über dich gewinnen. Die verborgene Kraft in dir, die mächtige Gabe der inneren Stärke, wird sich vom Grund deiner Seele erheben und dich befähigen, endlich die dunkle Gewalt und die Qualen zu überwinden.

31 Bleibst du in deiner christlichen Haltung und Ausrichtung standfest, wird dein Unglück sich zum Glück wenden.

Und wisse eines: Du bist Gott niemals näher als in den Zeiten deiner Verlassenheit. Wenn auch vorübergehend sich Wolken vor die Sonne schieben, so vermögen sie nicht, Einfluß auf den Standort der Sonne auszuüben oder gar das von ihr ausstrahlende Licht zu trüben.

Fühlst du dich von einer großen Nebelwand umgeben, meinst du vielleicht, du seiest Gott nicht so nahe

wie sonst. In Wahrheit jedoch ist die Distanz zu Ihm durch den Nebel keinesfalls größer geworden.

Die Entfernung von der Erde zur Sonne wird nicht weiter, wenn ein Nebel den Erdboden bedeckt als bei klarem Wetter. Nebel verändert nicht die Distanz.

V. Kapitel

Für die seelisch-geistige Entwicklung eines Menschen ist oft ein schmerzlicher Prozeß der Reinigung unumgänglich.

32 Die Bestimmung der menschlichen Seele, die mehr oder weniger dem Irdischen anhaftet, besteht darin, himmlisch und mit Gott vereint zu werden. Um dieses höchste Gut nicht nur aufnehmen, sondern auch genießen zu können, muß sie zu ihrer Läuterung durch das Feuer der Befreiung. Alle, die den geistlichen Weg gehen und damit Gott dienen möchten, kommen nicht umhin, zwischenzeitlich ihr Kreuz tragen zu müssen. Auch vor dieser Seite der Wirklichkeit dürfen wir uns nicht verschließen.

33 Zu unserer Beruhigung: Die sogenannte Schattenseite des geistlichen Weges wird nicht lange währen, da in sie bereits himmlisches Licht hineinleuchtet. Möge dich ferner die Hoffnung auf den göttlichen Beistand und die Tatsache stärken, daß du einmal und für immer die Dunkelheit überwunden haben wirst.

34 Du wirst während leidvoller seelischer und manchmal auch körperlicher Vorgänge das Gefühl haben, Gott habe dich verwundet und verberge sich nun vor dir. In diesen Stunden der Verlassenheit empfindest du eine innere und äußere Kreuzigung. Denke an Ihn, der als Menschensohn diesen Weg gegangen ist, doch niemals von Seinem Vater allein gelassen wurde. Er ist dir ebenso nicht fern und geht alle Wege mit dir.

35 Trotzdem wird dich - wie Jesus am Ölberg - Angst überfallen. Deine Schmerzen scheinen dir unheilbar, und du glaubst, der Himmel sei für immer vor dir verschlossen. Finsternis wird dich umgeben, und du zweifelst an deinem Menschenverstand.

36 Vorübergehend kommst du mit niemandem zurecht - jegliche Wegweisung ist dir zuwider. Beim Lesen geistlicher Bücher empfindest du weder Unterstützung noch Trost. Sollte dein geistlicher Begleiter dich mahnen, geduldig zu sein, so wird er damit deinen Schmerz nur vergrößern.
Die Furcht, den Kontakt mit deinem Schöpfer gänzlich zu verlieren, dringt bis in das Innerste deiner Seele. Du hast den Eindruck, wenn du Gott um Hilfe und Erbarmen anrufst, daß Er dir statt Brot Steine zukommen läßt.

37 Sei beruhigt: Er, der sich verborgen hält, hat dich nicht verlassen. Deine Hoffnungslosigkeit entsteht, da deine Seele in diesen Zeiten der Umwandlung Gott nicht empfindet und infolge des Reinigungsprozesses vorübergehend Seiner Gnade nicht teilhaftig werden kann. Du bildest dir ein und glaubst fest daran, deine Seele würde einen Tod sterben, der ewig währt.

38 Wüßtest du jedoch, wie sehr dir der Herr gerade jetzt nahe ist und dich mit Seiner Liebe umfängt, würde sich weder diese schmerzliche Aussichtslosigkeit in dir breitmachen, noch würdest du an Seiner Liebe zweifeln.
Wahrscheinlich wirst du während der dunklen Nacht keine Einsicht in die notwendigen Zusammenhänge zwischen Dunkelheit und Licht gewinnen, sondern erst dann, wenn du diese Zeit überstanden hast.

Gott, das höchste Gut und der Ursprung alles Guten, hat niemals Seine Liebe zu dir zurückgenommen. Du warst und bist Seine einzige Sorge. Selbst wenn dich Übergänge irritieren, und du nicht an Ihn glauben kannst, so hat Er doch nichts anderes mit dir vor, als dich in Sein wunderbares Licht zur Vollkommenheit zu führen. Brich daher deinen geistlichen Weg nicht vorzeitig ab und kehre Ihm, der es unendlich gut mit dir meint, nicht den Rücken. Bleibe auch dann beständig in deinem Vorhaben, wenn dich vorübergehend Nacht umgibt.

39 Gott, der so wunderbare Dinge wie die Schöpfung hervorgebracht hat, schuf auch dich und prägte deiner Seele Sein Ebenbild ein. Wende dich in deiner Unruhe und Angst nach innen, deinem Seelengrund zu. Hier wirst du das finden, was du so lange entbehren mußtest.

40 Wenn Gespräche und äußere Hilfe ausgeschöpft sind, und du dich noch immer – oder gerade erst jetzt – im Kampf mit deinen Seelenkräften befindest, gibt es nur eine Verhaltensweise, die dich nicht unterliegen läßt: Bleibe ruhig, geduldig und gelassen! Gehe in das Schweigen, wie du es gelernt hast. Mische dich in keine Auseinandersetzungen und Kämpfe ein; du weißt, wer für dich streitet und den Sieg davontragen wird.

41 Um den frei werdenden Kräften Ausdruck zu verleihen, ist es für manche Menschen wichtig, aus sich herauszugehen, darüber zu sprechen und zu beten. Eine große Hilfe mag es sein, wie David und Jeremia die Angst- und Klage-Psalmen auszusprechen. Im Grunde deiner Seele, die von nichts Dunklem berührt ist oder wird, spürst du – vorausgesetzt, du hast Zugang – trotz der Kämpfe ein Stillsein und Zufriedenheit.

In seiner Not sandte Ijob Klagerufe zu Gott. Auch Jesus rief zum Vater, da Er sich verlassen fühlte. Unter

all den Klagen jedoch opferten sie sich selbst auf und
überließen sich ganz dem Willen Gottes.

42 Selbst, wenn du nicht sofort erhört wirst, halte
durch und gebe deine Bitte um Erbarmen
nicht auf. *„Da kam eine kanaanäische Frau aus jener Ge-*
gend zu ihm und rief: Hab Erbarmen mit mir, Herr, du
Sohn Davids! Meine Tochter wird von einem Dämon ge-
quält. Jesus aber gab ihr keine Antwort." (Matthäus
15,22–23a) Trotz harter Zurückweisung ließ die Frau
nicht davon ab, Jesus erneut um Hilfe zu bitten. *„Dar-*
auf antwortete ihr Jesus: Frau, dein Glaube ist groß. Was
du willst, soll geschehen. Und von dieser Stunde an war
ihre Tochter geheilt." (Matthäus 15,28)

43 Das Glück und das Heil, nach dem wir uns
sehnen, ist der Veränderung unterworfen und
kann in dieser Welt nicht dauerhaft sein. Zwischenzeitlich kommt es zu unumgänglichen leidvollen Phasen, die ausgestanden werden müssen. Je offener unsere Grundeinstellung dazu ist, um so besser werden
wir sie ertragen können.

44 Es bleibt ein großes Geheimnis in der Schöpfung und auf dem Weg zum Schöpfer, daß
mitten im Leben immer wieder ein Sterben eingefor-
dert wird.

Möchten wir auf unserem geistlichen Weg weiterkommen und ewiges Leben gewinnen, müssen wir uns entschließen, Unvermeidbares anzunehmen. Keiner berichtet davon, ihm sei ohne ein geistliches Martyrium Gottesbegegnung geschenkt worden.

Gregor der Große mußte die letzten zwei Monate vor seinem Tod ein solches Martyrium erleiden. Bei Franz von Assisi (12. Jh.) dauerte es dreieinhalb Jahre; Maria Magdalene de Pazzi (16. Jh.) wartete und litt über fünf Jahre, bis die Dunkelheit von ihr wich. Rosa von Lima (16. Jh.) waren fünfzehn Jahre leidvolle Erfahrungen auferlegt. Dominikus (12. Jh.), durch den viel Wunderbares in dieser Welt geschah, hatte noch bis eine halbe Stunde vor seinem Tod heftige seelische Schmerzen und Auseinandersetzungen.

VI. Kapitel

*Im geheimnisvollen Ablauf subtilen Schöpfungsgeschehens
gibt es noch eine weitere Möglichkeit, durch die die
menschliche Seele Aufbruch und Reinigung erfährt.*

45 Hat das Feuer der göttlichen Liebe erst einmal unsere Seele ergriffen, ist sie gezwungen, sich sowohl mit der Anwesenheit Gottes als auch mit Seiner vermeintlichen Abwesenheit auseinanderzusetzen.

Durch das Empfinden der göttlichen Gegenwart erfahren wir, was vor Ihm keinen Bestand hat und unsere Seele verlassen muß, um Ihm Raum zu gewähren. Aber auch das Nicht-Empfinden der göttlichen Gegenwart kann den Grund dafür schmerzhaft bewußt machen.

46 Ehe unsere Seele inneren Frieden, ihre Mitte und damit die Anwesenheit Gottes dauerhaft gefunden hat, muß sie Erschütterungen und zuwiderlaufende Erfahrungen hinnehmen. Das zu begreifen und zuzulassen, wird durchaus nicht immer einfach sein: Durch Wunden wird eine Tiefe geschlagen, in der Ewigkeit wohnt; der Tod wird durch das Kreuz verursacht, und gleichzeitig dient dieses Kreuz, das

die Erde mit dem Himmel verbindet, als Brücke zur Auferstehung.

47 Je mehr Licht in unsere Seele einströmt und je größer die Liebe wird, die sich in ihr entfaltet, um so schmerzhafter empfinden wir die scheinbare Abwesenheit von Licht und Liebe.

Die Wahrnehmung der Gegenwart Gottes in unserer Seele löst einerseits größte Glückseligkeit aus, andererseits kranken wir daran, Ihn weder vollständig zu erkennen noch diesen Zustand dauerhaft zu besitzen. Das Kranken an der Unvollständigkeit kann zu Todesangst führen.

Wir haben Hunger und Durst; die Speise und der Trank sind zwar bereitet, doch vermögen wir noch nicht zu essen und zu trinken. Unsere Seele spürt unter sich das Meer der Liebe, in das sie sich versenken möchte, doch eine starke Hand hält sie noch davor zurück.

48 Die Stimme eines geliebten Menschen zu hören, vermag Körper, Geist und Seele in eine wunderbare Schwingung zu versetzen und löst die Sehnsucht aus, ihm zu begegnen.

Nimmt unsere Seele aus ihrem innersten Grund einen Klang der Liebe wahr, der ihre ganze Sehnsucht bedeutet, wird sie nicht davon abzuhalten sein, ihn vollkommen und ungestört genießen zu wollen. Eine der-

art starke Wirkung hat die Liebe, daß sie die Seele gleichsam trunken macht, ausgelassen und unersättlich.

VII. Kapitel

Der innere Weg, verbunden mit der Übung der Hingabe,
ist notwendig, um zu reifen
und geistlichen Frieden zu finden.

49 Eine Tendenz, sich durch äußere Dinge blenden und sich vom Wesentlichen ablenken zu lassen, haftet dem Menschen an. Nicht nur auf groben, sondern sogar auf feinsten Ebenen werden wir immer wieder unter dem Vorwand der Notwendigkeit versucht, Unwichtiges für wichtig zu erachten, allen sinnlichen Wünschen nachzugeben und vor allem, uns an die Dinge und Menschen zu hängen, die keinen guten Einfluß auf uns haben.

Viele haben sich Verhaltensweisen angewöhnt und sind Beziehungen eingegangen, die sie zu geistlosen Menschen machten.

„Ich werfe dir aber vor, daß du deine erste Liebe verlassen hast. Bedenke, aus welcher Höhe du gefallen bist. Kehr zurück zu deinen ersten Werken! Ich kenne deine Bedrängnis und deine Armut; und doch bist du reich." (Offenbarung 2,4–5a.9a)

Um von einem geistlosen Unten wieder aufzusteigen und das verborgene Manna zu kosten, das nur der

kennt, der es empfängt, bedarf es einer klaren inneren Entscheidung. Wird der Weg erst einmal beschritten, der uns lehrt zu sterben, um zu leben, werden uns – dem Manna gleich – geistliche Gaben zuströmen. Nutzen wir diese Gaben allerdings nicht, machen wir uns der Zerstörung schuldig.

„Sie werden die Einheit zerstören, denn es sind irdisch gesinnte Menschen, die den Geist nicht besitzen." (Judasbrief 19)

50 Bist du erst einmal so weit, geistliche Ziele anzugehen, lasse dich durch nichts davon abhalten oder beunruhigen. Die Ungeduld und die Unruhe sind die Tür, durch die sich allzu leicht und gern widergöttliche Kräfte einschleichen.

51 Der Weg, zu dem du dich entschieden hast, lehrt, dich ganz Gott zu überlassen. Anfänglich wird es eine große Umstellung für dich sein, die dir hart und schwer vorkommt. Bist du ihn ein Stück weit gegangen, wird der Weg leichter – am Ende ist er leicht, und Heiterkeit wird dich erfüllen.

52 Wie weit du diesem Ziel noch fern bist, kannst du daran erkennen, ob und in welchem Maße du in der Lage bist, die Spuren des Schöpfers innerhalb Seiner Schöpfung wahrzunehmen.

53 Je mehr wir es verstehen, uns immer wieder leer zu machen, um offen für Seine Gaben zu sein, desto wesentlicher und vollkommener wird die Liebe, die wir empfangen und weiterschenken dürfen. In dieser Haltung, die „Armut des Geistes" bedeutet, strömt uns der größte Reichtum zu.

54 In Zeiten heftiger Auseinandersetzungen und besonders, wenn du dich verlassen fühlst, mache dir bewußt, daß du stets Zugang zur inneren Ruhe in deinem Seelengrund hast. Gehe den Weg, und du wirst hier den inneren Frieden spüren, vor allem aber, daß du nicht mehr allein bist.

55 Sollte dich trotzdem Ungeduld überkommen oder eine Bitterkeit sich deines Herzens bemächtigen, dann wisse: Ungutes hat sich in dir festgesetzt, das sich nun löst.

56 Gerade jetzt den Weg in Bescheidenheit und im Wissen um die Zusammenhänge weiterzugehen, führt zu einer Liebe, die nichts Ich-Süchtiges mehr an sich hat.

57 Das Geschehenlassen im Schweigen, das einfach Da-Sein vor Gott, bewirkt Läuterung und damit Reinheit des Herzens. Viele warten jedoch ungeduldig im Gebet, daß sich etwas ereignet. Sie gehen von konkreten Erwartungen aus – finden aber den ruhenden Grund ihrer Seele, Gott, nicht.

58 Bist du dagegen im Gebet wie ein Kind – staunend und einfältig – wird dir alles leicht. Du bedarfst keines Aufwandes mehr: weder der sinnlichen noch der geistigen Welt.

59 Vom Grund unserer Seele werden uns ein Gefühl von Glück und mannigfache Offenbarungen zuströmen. Vom Grund unserer Seele keimt Unsagbares auf, das wir später Wunder nennen – Wunder der Liebe.
Voraussetzung ist das Sich-Versenken in das unermeßliche Meer Seiner unendlichen Güte. Je tiefer wir eintauchen, um so größere Ruhe finden wir. Jede eigene Bewegung, jedes Streben und Suchen, hat ein Ende, so daß uns der von Liebe überfließende göttliche Geist berühren kann.

60 Warum haben nur so wenig Menschen verstanden, was es heißt, sich selbst vollkommen aufzugeben, um in Einfalt und Armut des Geistes dem Weg, der Wahrheit und dem Leben zu folgen? Viele sprechen zwar von der Nachfolge Jesu Christi, doch wer hat den Weg, den Er über das Kreuz gegangen ist, schon zutiefst eingesehen?

61 In der Hingabe und Neuwerdung, im Tod und in der Auferstehung, liegt das größte Wunder, an dem wir alle teilhaben. Ein tiefes Vertrauen in die Liebe Gottes gehört dazu, sich selbst zu sterben in der Hoffnung, zu leben.

Berechtigte Fragen kommen auf: Gibt es ein Weiterleben? Bin ich im Sterben meiner selbst nicht doch verloren? Werde ich gefunden, und wer wird mich finden?

Sei nicht kleinmütig und gehe den Weg weiter. Was deiner Seele vielleicht über Jahre verweigert war, kann sich ihr in jedem Augenblick offenbaren.

62 Der ist schon sehr weit gekommen, der es vermag, sich mit „gebundenen Augen" - ohne vorher das Ziel und die Zeit abgesprochen zu haben - führen zu lassen. Obwohl er sich nicht direkt gegen seine Feinde wehren kann, wird er sie infolge seines Vertrauens abstoßen und ihnen widerstehen.

63 Bestimmt begegnete dir einmal ein geistlich lebender Mensch, der ganz von Gott durchdrungen war. Diese Menschen strahlen eine Heiterkeit der Seele aus, die selbst in Krisen und Bedrängnis nichts von ihrer Leuchtkraft verliert.

64 Anfechtungen und Anfeindungen sind Anfragen an uns: Wie können wir ihnen widerste-

hen, und wie weit sind wir innerlich gefestigt? Unsere Schwächen und Schwachstellen werden offenbar, so daß wir herausgefordert werden, an uns zu arbeiten und zu wachsen.

65 Aufbrüche und oft schmerzliche Entwicklungsprozesse gehören zu jedem Leben. Eine solche Verbindung ist unumgänglich: Der Leib kann nicht ohne die Seele bestehen; die Seele nicht ohne die Gnade, und die Erde nicht ohne die Sonne.

66 Herausforderungen und Schicksalsschläge sind wie ein starker Wind, der auf der Tenne unserer Seele die Spreu vom Weizen trennt.

67 Wenn wir uns innerlich wie gekreuzigt fühlen, sollten wir uns nicht über andere Menschen beklagen oder sie gar für unseren Zustand verantwortlich machen. Bist du auf dem Weg der Liebe unterwiesen und verfügst über entsprechende Erfahrungen, weißt du, wie du dich in Zeiten innerer Schwerstarbeit und bei seelischen Schmerzen verhalten solltest.
Die Hilfe und den Trost, den wir von anderen erwarten, werden wir wohl kaum außerhalb von uns in dieser Welt finden. Auch können uns geistliche Bücher nur bis zu einer Grenze begleiten – die Grenzüberschreitung müssen wir selbst vollziehen.

68 Wir dürfen nicht glauben, ganz ohne Leiden die Welt bestehen zu können. Nehmen wir Unvermeidliches an, wird dieses leichter zu ertragen sein, als wenn wir uns auflehnen oder es verdrängen. So unerträglich das Kreuz für viele Menschen auch ist: Wir dürfen nicht vergessen, daß es zu einer wertvollen Brücke werden kann, die uns den Weg zum Himmel weist.

69 Möchtest du wahrhaftig mit Gott vereint und in Ihm verwandelt werden, opfere dein Empfinden, Denken, Wissen und Können - ja, dein ganzes Leben für Ihn auf. Durch den Tod, den du unzählige Male im Gebet der Hingabe für Ihn stirbst, bereitest du den Weg, damit Er dich nach Seinem Bild umformen kann.

70 Deine Persönlichkeitsentwicklung schreitet fort und erhält Glanz, wenn du keinen Widerwillen hegst gegen den göttlichen Willen. Der beste und schnellste Weg zur Vollkommenheit besteht darin, immer neu geistliche Tode zuzulassen.

Wer sich jedoch dagegen sträubt und sich an Vergängliches klammert, wird in dieser und vorerst auch in jener Welt keine bleibende Stätte finden, an der er sich niederlassen und ausruhen kann. Um hier aber zu verweilen - die Sehnsucht des Menschen - müssen wir mutig Schritte gehen, die in den Bereich jenseits

der Vernunft und alles sinnlich Wahrnehmbaren führen.

Mögest du durch das Lesen dieser Texte einen Vorgeschmack dessen bekommen, was sie dir vermitteln möchten.

VIII. Kapitel

*Ist es möglich, ein Stück des verlorenen Paradieses
in dieser Welt wieder zu leben?*

71 Du magst dich gedanklich noch so anstrengen und große Leistungen vollbringen – auf dieser Grundlage werden sich dir keine absoluten Wahrheiten offenbaren. Je mehr du dich selbst zurücknimmst, desto klarer und eindeutiger wirst du Göttliches erkennen. Diese Zuständlichkeit schenkt sich dir dann auch außerhalb des Gebetes: Weder Freude noch Traurigkeit, weder Licht noch Finsternis, weder Krieg noch Frieden hinterlassen in dir Spuren. Du lebst innerhalb der Veränderlichkeit von Raum und Zeit in vollkommener Ruhe.

Hast du dagegen keinen Anteil an der Frucht des geistlichen Weges, werden dich die Veränderungen und Zufälle dieser Welt dauerhaft belasten und dich schmerzlich berühren. Wir werden wieder zu Sklaven und lehnen uns gegen den Herrn auf:

♦ Wir geben einem anderen die Schuld an unserem Unwohlsein.

♦ Gefühlsregungen nehmen uns in Bann und schalten unser klares Denken aus.

- Wir richten und urteilen über andere Menschen.
- Rechtfertigungen und Verteidigung sind an der Tagesordnung.
- Wir gewöhnen uns eine Sprache und ein Verhalten an, durch das wir besonders die Menschen, die mit uns leben, sehr belasten.

72 Es ist möglich – zumindest ansatzweise und innerlich – ein Stück des verlorenen Paradieses in dieser Welt wieder zu leben. Die Aussagen hierüber sind unterschiedlicher Natur, entsprechend der Individualität der Menschen, denen Erfahrung und Einblick geschenkt wird.

73 Alle, die den geistlichen Weg betreten, sind zunächst geneigt, etwas zu tun, um Lohn zu erhalten. Diese Lebensart, die eine große Freude einbringen kann, sind sie aus ihrem Alltag gewohnt.

Erst allmählich versteht der Weiterschreitende die reinigende Kraft des Nichttuns und der Hingabe. Im notwendigen Ablösungsprozeß lernt er es, mit Dunkelheit und Schmerzen richtig umzugehen.
Der Fortgeschrittene hat zutiefst aus eigener Erfahrung erkannt, daß man sich selbst sterben muß, um auf dem geistlichen Weg Fortschritte zu machen und um einmal für immer zu leben.

74 Mit dieser letzten Stufe ist eine Glückseligkeit verbunden, die mit Worten nicht zu beschreiben ist. Du hast nicht nur alle deine Feinde und Widersacher überwunden, sondern auch dich selbst. Dir strömt reine Liebe zu; du erfährst vollkommene Ruhe, und göttliche Weisheit erleuchtet dich.

75 Geistliches Fühlen und Wahrnehmen der göttlichen Weisheit wird dir allerdings nur dauerhaft geschenkt, wenn du gelernt hast, unter Hingabe deiner selbst den Bereich jenseits der Vernunft und der sinnlichen Wahrnehmung zu berühren.

76 Die beste und tiefgreifendste Wegweisung, die einem geistlichen Menschen gegeben werden kann, besteht darin, alles zu verlassen, um Gott zu finden. Außerhalb seines Gebetes, während seines Alltags, sollte er sich in nichts einmischen, wozu ihn sein Gewissen nicht verpflichtet.

77 Menschen, die nur äußere Ruhe suchen, bleiben stehen. Diejenigen, die die Ruhe jedoch verinnerlichen und geistlich füllen möchten, schreiten fort. Alle, die auf diesem Weg bereit sind, Unumgängliches anzunehmen und durchzustehen, befinden sich im Laufen. Und die Menschen, die aus tiefer Ruhe und in Gottes Nähe leben, fliegen bereits.

78 Für den wahrhaft Liebenden bedeutet Unheil kein Unheil. Er besitzt die Fähigkeit, anderen zu helfen und sie auch da weiterzutragen, wo jegliche Perspektive und Möglichkeit aussichtslos erscheint.

79 Diese Berge versetzende Kraft der Liebe und die damit verbundene innere Freude sind Früchte eines aus Gott geborenen Geistes. Ihn in unserem Seelengrund zu empfangen, ist jedem Menschen gegeben.

80 Sollten dich trotz all der guten Voraussetzungen, die du geschaffen hast, dunkle, negative Gedanken und Gefühle überfallen, kannst du sicher sein, daß dieser Zustand nicht lange währt. Einzig und allein wichtig dabei ist: Halte dich nicht bewußt in der Negativität auf. Ziehe auch nicht aus Mitgefühl die Dunkelheit anderer an dich, und mache sie nicht zu deinem eigenen Schicksal.

81 Daraus ergibt sich: Suche nicht Fehler und Unvollkommenheiten bei anderen, sondern schaue zunächst auf dich. Durch dein Stillschweigen werden Kräfte in dir frei, die zunächst dorthin strömen, wo sie notwendig sind. Sie stehen dir zur Verfügung, um Unvollkommenheiten auszugleichen und Fehler wieder gutzumachen.

82 Halte dich zurück und rede über niemanden etwas Schlechtes. Die unguten und vielleicht argwöhnischen Gedanken, durch die du jemanden belastest, belasten letztlich dich selbst, bringen dich aus dem Gleichgewicht und rauben dir deine innere Ruhe.

83 Du wirst nur dann auf deinem geistlichen Weg Fortschritte machen und Erfolg haben, wenn du nicht ständig auf andere blickst und sie gar noch fragst, was sie von dir halten. Du kannst nur im Zurücklassen von allem bei dir selbst einkehren. Urteile und Meinungen anderer können durchaus hilfreich sein und zu kreativen Auseinandersetzungen führen; auf deinem inneren Weg jedoch werden sie zu einem großen Hindernis.

84 Du magst noch so viel vollbringen, eventuell Wunder und Tote aufwecken – in den Augen Gottes ist all das nichtig einer Seele gegenüber, die es gelernt hat, sich vertrauend Gott zu übereignen.

85 Betrachtung und Gebet allein vermögen nichts, wenn du nicht gleichzeitig bereit bist, alles – vornehmlich dich selbst – loszulassen. Eigenwille und Eigenliebe sind die größten Hinderer auf diesem Weg.

86 Als allgemeine Regel gilt: Wer sich in Hingabe übt, bietet seinen Feinden keine Angriffsfläche mehr. Sowohl Lügen, die über dich verbreitet werden, als auch Verleumdungen verfehlen ihre Wirkung und berühren dich nicht.

87 Habe Geduld mit dir und nehme das Unumgängliche bejahend an. Nichts soll dich beunruhigen oder erschrecken. Alles vergeht und hat einmal ein Ende – nur Gott ist unwandelbar und steht dir immer zur Seite. Wenn du Seine Nähe und Gnade erfahren darfst, hast du alles; doch wer nicht auf dem Weg zu Ihm ist, muß alles entbehren.

❋]∘[❋

IX. Kapitel

*Auf dem geistlichen Weg erkennen wir unsere
Unvollkommenheit. Wir erkennen, daß wir uns dem
Schöpfer, zu dem wir zurückkehren, verdanken.*

88 Durch Fehler, die wir begehen, und Schwächen, die uns anhaften, erkennen wir unsere
Unvollkommenheit und Erlösungsbedürftigkeit. Auf
dieser Grundlage entsteht die Sehnsucht nach Heil.
Wo hingegen keine Krankheit gefühlt und erkannt
wird, besteht auch kein Verlangen nach einer Arznei.
Wir dürfen jedoch davon ausgehen, daß jedes Leben
Situationen bereithält, in denen der Mensch sich seiner Unvollkommenheit bewußt wird.

89 Einige Beispiele:

♦ Legt man dir etwas in den Weg, so daß du dein Ziel
nicht ungehindert erreichen kannst, fährst du aus
der Haut und wirst ausfällig.

♦ Lügt dich jemand an oder widersteht dem, was du
für recht hältst, bist du darüber entrüstet.

♦ Die Fehler deines Nächsten führen dich vorerst
nicht dahin, einmal über deine eigenen nachzudenken, sondern du verurteilst mit harten Worten.

◆ Du strebst nach Annehmlichkeiten, doch erreichst du sie nicht. Kannst du dich der Unzufriedenheit oder Traurigkeit erwehren?

◆ Beweist man dir, daß du ungerecht warst oder nicht richtig gehandelt hast, verhältst du dich unangemessen oder versuchst, dich zu rechtfertigen.

◆ Allzuoft nur läßt du dich durch Kleinigkeiten derart erregen, daß du die Fassung verlierst. Unruhe bemächtigt sich deiner Sinne.

90 Es darf nicht angehen, daß wir andere verantwortlich machen für etwas, das wir uns selbst zuzuschreiben haben. Sind wir uns selbst unerträglich, besteht die Gefahr, andere dafür verantwortlich zu machen. Nachdem der Unmut vorüber ist, wollen wir die wahren Zusammenhänge nicht einmal einsehen, sondern verstecken uns hinter leeren Sprüchen. Wenn du dich dagegen von dir aus stellst, dich anklagst und dich entschuldigst, so geschieht dies oft eher darum, vor anderen wieder Gunst und Achtung zu erlangen als aus wahrer Demut.

91 Du sagst bisweilen, du müßtest der Gerechtigkeit wegen jemanden verklagen. Wer bist du, der du dich anmaßt, diese Schritte zu tun?
Auch ein falsch verstandenes Märtyrertum solltest du meiden. Viele streben sogar danach, um der Liebe Gottes willen ihr Leben aufs Spiel zu setzen. Auf der

anderen Seite werden sie bereits durch ein widriges Wort beunruhigt und entrüsten sich. Alle diese Ausdrucksformen entspringen der Ich-Sucht, der Eigenliebe und einem verborgenen Hochmut. Erkenne diese listigen Feinde, die den Eingang deiner Seele versperren, so daß weder innerer Friede noch Ruhe bei dir Einlaß finden.

X. Kapitel

Unterschiedliche Auswirkungen von
Zurückhaltung und Bescheidenheit.

92 Falsche Zurückhaltung und Bescheidenheit drücken sich einmal bei sehr ich-schwachen Menschen aus wie auch bei jenen, die als bescheiden gelten wollen, es jedoch nicht sind. Sie fliehen bewußt alle Hochachtung und Ehre, die man ihnen entgegenbringt, um als demütig angesehen zu werden. Sie sagen von sich, sie seien keine guten Menschen – nur, um von anderen das Gegenteil zu hören.

93 Wahre Zurückhaltung und Bescheidenheit entspringen einer tief eingewurzelten guten Kraft. Sie äußern sich angemessen – ohne Nachteil für den Menschen selbst oder andere. Man ist sich zwar dieser Eigenschaften bewußt und empfindet sie als normal, doch denkt man nicht ständig an sie.
Menschen, die diese natürliche Bescheidenheit und Demut besitzen, sind äußerst geduldig. Sie setzen ihr Vertrauen ganz auf Gott und lassen sich durch andere Menschen nicht erschüttern. Standfestigkeit in der sich verändernden Welt und Ruhe gehören zu ihren vornehmlichen Eigenschaften. Ein in diesem Urver-

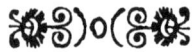

trauen verwurzelter Mensch bietet allen Widerwärtigkeiten die Stirn und erkennt, daß man vor Unumgäng-
lichem nicht fliehen kann. Ihn verlangt es weder
danach, in besonderer Weise wertgeschätzt zu werden, noch leidet er unter Verachtung. Keine Aufgabe
oder Arbeit kann ihn verunsichern, kein Glück ihn
aufblähen. Er hat Zugang zur vollkommenen Ruhe im
Grunde seiner Seele.

94 Wahre Bescheidenheit und Demut finden immer
neu ihren angemessenen Ausdruck. Äußerlichkeiten allein sind kein Maßstab: Zeremonien, Liturgie,
der letzte Platz, ärmliche Bekleidung, leises Reden, ein
niedergeschlagener Blick, Selbstanklagen.
Wahre Bescheidenheit und Demut bestehen in der Erkenntnis, daß es jemanden gibt, Gott, der größer ist
als wir, und dem wir alles verdanken.

95 Das Licht vom Licht, das in unsere Seele strömt,
wenn Gott uns mit Seinen Gaben beschenkt, offenbart uns die Herrlichkeit Gottes, gibt uns Einsicht
in die Begrenztheit unseres Bewußtseins und läßt uns
manchen Abgrund erkennen.

96 Die größte Gefahr, daß dieses fließende Licht
wieder überschattet wird, geht nicht von anderen Menschen oder diabolischen Umständen aus,
sondern einzig und allein von uns selbst. Hochmut,

Selbstgefälligkeit, Stolz, Eitelkeit, ungeordnete Neigungen, mangelndes Reflektieren, Dumpfheit können für uns zu gewaltigen Schatten werden. Wir selbst sind uns unter Umständen ein gefährlicherer Feind als alle „Teufel aus der Hölle".

97 Strebe nicht nach Anerkennung oder Ehre. Ohne Christus nachzuahmen, lasse dir in deiner Christusnachfolge Seine Demut ein leuchtendes Beispiel sein.

98 Versuche in allem, was dir begegnet, ruhig zu bleiben und Unausweichliches in Geduld zu ertragen. Es wird dir gelingen, wenn du die dir zuströmende Ruhe über alles setzt: über dein vernunftbegabtes Denken, über dein Urteilsvermögen und über alle deine Gefühle. Du wirst spüren, daß dich äußere Dinge nicht mehr beunruhigen und du ihnen gegenüber eine Haltung einnimmst, als gäbe es sie nicht.

99 Verlange nicht nach irdischem Ruhm. Dränge dich niemandem auf, sondern halte dich eher zurück. Deine Liebe, die nach Vollkommenheit strebt, hat es nicht nötig, in der Welt bekannt zu werden.

100 Es ist gut, daß du deine Grenzen, innerhalb derer du denkst und handelst, erkennst und sie auch vor anderen nicht verbirgst oder beschönigst.

Es ist gut, daß du die Begrenzung alles Geschaffenen siehst und dich gleichzeitig dem Unbegrenzten hingibst.

Begegnet dir etwas Niedriges und stellt sich dir in den Weg, schreibe es niemandem zu. Versuche es als Herausforderung zu verstehen, und du wirst damit fertig.

101 Du glaubst, die Fehler und Unvollkommenheiten deines Nächsten nicht länger ertragen zu können. Es gibt einen tiefen Sinn, daß gerade er mit seinem So-sein dir begegnete. Ihn anzunehmen und zu ertragen, bedeutet einen wesentlichen Schritt auf deinem geistlichen Weg. Du kannst den anderen noch weitaus besser annehmen und bejahen, wenn du dir deine eigenen Fehler und Unvollkommenheiten des öfteren vor Augen führst. Vielleicht bist auch du ein Kreuz für andere Menschen.

102 Möchtest du glücklich sein, so lerne, dich nicht allzu wichtig zu nehmen. Denke an die Vergänglichkeit alles Irdischen und daran, daß dein Leib eines Tages zurückbleiben muß, sobald deine Seele sich von ihm getrennt hat. Ist sie unbeschwert, wird sie leichter Fortschritte machen.

XI. Kapitel

*Von den Kennzeichen eines einfältigen, wahrhaft
demütigen und kultivierten Herzens.*

103 Mache aus den Steinen, die dir in den Weg
gelegt werden, eine Treppe, die dich höher
hinaufführt. Setze dich nicht lange mit Widerwärtigkeiten auseinander; betrachte sie als Werkzeuge, die
dein Heil fördern. Wende dich Ihm, dem Höchsten,
zu, und Er wird dich beschützen.

104 Wie groß eine Sache auch in der Welt zu sein
scheint: Sie ist nicht mehr als das, was sie in
Gottes Augen ist. Bleibe bescheiden und das, was du
von Natur aus bist. Setze auf Gott all dein Vertrauen.

105 Herausforderungen, Anfechtungen und Prü-
fungen können dir eine harte Arbeit abver-
langen. Nachdem du die äußeren Aufgaben gelöst
hast, beginnt die eigentliche innere Arbeit. Gehst du
sie an und leistest sie in Geduld und Ruhe, wird das
Ergebnis großen Fortschritt für dich bedeuten: Du
wirst dich wie ein Schiff fühlen, das den Wind hinter
sich hat.

106 Vielleicht wirst du Unverständnis oder gar Mißachtung der Welt ernten. Doch was steht dem entgegen? Wenn du dein Herz öffnest und kultivierst, findest du Gott überall.

107 Gefallen und schmeicheln dir jedoch die schönen Reden und Lobreden dieser Welt, mangelt es dir an wahrer Demut. Besitzt du aber diese Herzensqualität, sind dir alle Schmeicheleien zuwider.

108 Durch Einsicht in das, was dir zur Vollkommenheit fehlt, schenkt sich dir wie von selbst die Gabe der inneren Demut. Du wirst dich niemals überschätzen, sondern eine wache, kritische Einstellung dir selbst gegenüber haben.

109 Weißt du jedoch alles besser, hast dieses und jenes einzuwenden, oder du entschuldigst dich ständig, dann deutet ein solches Verhalten kaum auf innere Standfestigkeit. Widerreden und Ausflüchte lassen in dir einen verborgenen Hochmut erkennen, der Ursache weiterer Unstimmigkeiten ist.

110 Es gibt Menschen, die nicht zuhören können und bei allem widersprechen. Sie wollen sich durchsetzen und immer die Ersten sein. Anstatt sich auf andere einzustellen – und damit letztlich auch auf eine göttliche Schwingung – stehen sie selbst im Mittelpunkt und verbreiten unerträgliche Unruhe.

111 Ein kultiviertes Herz tritt zurück, wenn es geboten ist, und verhält sich ruhig und liebevoll. Selbst in außergewöhnlicher Bedrängnis läßt es sich nicht verunsichern. Entdeckt es eigene Schwächen oder ist nicht fähig, etwas Großes zu vollbringen, bleibt es gelassen. Es dankt Gott für diese aufrichtige Erkenntnis und dafür, daß es der Herr ist, der alles Gute vollbringt.

112 Ein wahrhaft Sehender hat ein demütiges Herz. Obwohl er Einblick in viele Schicksalszusammenhänge hat, urteilt er nicht über andere, sondern versucht zu helfen.

113 Ein wahrhaft demütiger Mensch sieht – wenn ihm Leid zugefügt wird – die tiefen Ursachen, versucht zu verstehen und entschuldigt noch da, wo andere sich verletzt zurückziehen oder kämpfen.

114 Falsche Demut kann noch Ärgeres anrichten als Hochmut. Sie entspringt einer hochmütigen Einstellung und wird zusätzlich von Heuchelei begleitet.

115 Ein in Demut geübter Mensch läßt sich durch nichts aus der Ruhe bringen. Selbst bei Mißerfolgen behält er eine bewundernswerte Haltung. Er sieht ein, daß er diesem seinem Schicksal nicht entrinnen kann und ahnt, warum ihm gerade diese oder jene Situation widerfährt. Indem er sie annimmt - oft im Wissen, sie verdient zu haben - bleiben ihm qualvolle Gedanken, ungelöste Fragen und Zweifel erspart.

116 Obwohl derjenige, der Herzensbildung und innere Demut besitzt, sich nicht aufregt, so empfindet er doch seine Unvollkommenheit als großes Kreuz. Wir dürfen aber gewiß sein, daß wir auf dem Weg unserer geistlichen Entwicklung nicht nur von diesem, sondern von allen Kreuzen erlöst werden. *„Und ich"*, sagt Jesus, *„wenn ich über die Erde erhöht bin, werde alle zu mir ziehen." (Johannes 12,32)* Überlassen wir uns dieser anziehenden Bewegung, wird Er uns Seine göttliche Weisheit mitteilen und unsere Seele mit Licht, Ruhe und Liebe füllen.

XII. Kapitel

Vorübergehende innere Einsamkeit wird zum tragfähigen Baustein auf dem geistlichen Weg.

117 *„Siehe, darum will ich sie locken, will sie in die Wüste führen und ihr freundlich zu Herzen reden."* (Hosea 2,16)
Die Wüste bedeutet hier nicht äußere, sondern innere Einsamkeit. Diese Einsamkeit, die zur höchsten Ruhe führt, besteht im Vergessen alles Geschaffenen, im Freiwerden von allen Gedanken und Gefühlen, im Loslassen jeglichen Wunsches und des eigenen Willens. Unsere Seele umgibt und füllt die Einsamkeit mit einem tiefen, in Gott gegründeten Schweigen.

118 In tiefer Ruhe kann sich die Seele uneingeschränkt ausbreiten. Zwischen dieser sogenannten göttlichen Wüste und der wahrnehmbaren Welt erleben wir eine große Distanz. Was geschieht mit uns in der inneren, geheimen und verborgenen geistlichen Wüste?
Da wir an diesem Ort Gott sehr nahe sind, geschieht es, daß Er mit unserer Seele umgeht und sie wandelt, indem Er sich ihr mitteilt. Er erfüllt die Seele mit sich selbst:

- Weil sie sich allem entledigt hat und bloß ist, bekleidet Er sie mit Licht und Liebe.
- Weil sie demütig und bescheiden ist, wird sie von Ihm erhoben.
- Weil sie arm ist, macht Er sie reich.
- Weil Er die Seele in Einsamkeit und allein findet, kann Er sie in Sein Bild wandeln und sich mit ihr vereinen.

119 Die Einsamkeit – um im Bild zu sprechen – ist wie ein Spiegel, in dem man Gott schaut. Der Weg in diese geistliche Wüste oder Einsamkeit muß von jedem allein gegangen werden.

Im Fortschreiten darfst du erkennen und erfahren, daß du die Herrlichkeit Gottes bist. Wie kommt es jedoch, daß nur wenig Menschen diese Erfahrung machen? Viele klammern sich an einen Menschen und versuchen, ihn sich zu eigen zu machen. Andere Gründe, warum wir es an dem höchsten Gut fehlen lassen, bestehen aus Angst, jemanden oder etwas zu verlieren; aus einer falsch verstandenen Liebe oder Neigung, die uns bindet.

Welch unendliche Seligkeit darfst du demgegenüber erfahren, wenn du einmal alles losläßt, dich auf Gott ausrichtest und dich vertrauend auf Ihn verläßt. Indem du alles verläßt, wirst du alles besitzen.

120 Gelingt es dir, dich auf dem inneren Weg in die Einsamkeit von Anhänglichkeiten zu befreien und deine Seele in Seine Hände zu legen, wirst du der glücklichste Mensch unter allen Menschen sein. Deine Einsamkeit ist zu einer heiligen Einsamkeit geworden, die Wüste zu einem Paradies, in dem du die Gemeinschaft mit dem Schöpfer genießt.

121 In dieser inneren Abgeschiedenheit nimmst du göttliche Schwingungen auf, so, als ob du Seine Stimme hörtest. Willst du während der Versenkung diesen geistlichen Himmel auf Erden nicht wieder verlassen, vergiß deine Gedanken und Sorgen. Sei ganz, aber tue nichts, dann wird die Liebe Gottes in deiner Seele leben.

122 Nimm dieses göttliche Leben aus deiner Seele in dein Herz auf. Widme dich stets von neuem deinem Schöpfer, und bringe dich selbst Ihm zum Opfer dar. Je mehr es dir gelingt, auf diesem Weg alles zurückzulassen, je tiefer du dich in die innere Einsamkeit versenkst, um so mehr wirst du von Gott angetan sein, der dich mit Seinem Heiligen Geist erfüllt.

123 Die Berührung mit dieser göttlichen Welt setzt voraus, daß du mutig durch die Einsamkeit geschritten bist. Der Zustand jedoch, der sich dir danach offenbart, ist ein gesegneter. Da du die Sehnsucht Gottes bist, und wiederum deine Sehnsucht Gott ist, entsteht aus dieser Liebe Begegnung und letztlich Vereinigung. Der Schöpfer teilt sich Seinem Geschöpf mit, und der Mensch gibt sich ganz dem Schöpfer hin.

124 Es gibt keinen anderen Weg zu Gott, als sich selbst und alles Geschaffene zu vergessen. Viele haben es zwar gelernt, die Dinge zu verlassen – jedoch nicht sich selbst. Sie halten fest an ihrem Willen, an ihrer Meinung, an ihrer Sinneswahrnehmung und an dem, was sie zu lieben vorgeben.
Selbst, wenn wir uns noch so stark um Erkenntnis bemühen, bewußt Ruhe einüben, Eigensinnigkeit und Fehlverhalten ablegen, um geistliche Gaben zu empfangen, so werden sie uns auf diesem Wege nicht geschenkt.

125 Gehe den beschriebenen Weg Schritt für Schritt weiter, damit du über die Einsamkeit in die Nähe Gottes gelangst. Er ruft dich, drängt sich dir aber nicht auf. Folge dem Ruf und lasse dich in deine eigene Mitte hineinfallen, in den inneren Grund deiner Seele.
„Zieh weg aus deinem Land, von deiner Verwandtschaft und aus deinem Vaterhaus in das Land, das ich dir zeigen werde." (Genesis 12,1)

Hier wird dir der Herr Erfüllung schenken, dich erneuern und dich mit Seiner Gnade bekleiden. Er wird
dir ein neues und himmlisches Reich zeigen, und dich
an Seiner Ruhe und Freude teilhaben lassen.

XIII. Kapitel

*Ohne den geringsten Aufwand strömt Licht
in unsere Seele, und sie wird auf wunderbare Weise
umgestaltet – vorausgesetzt, wir sind den Weg
in die tiefe Ruhe gegangen.*

126 Die Innere Einkehr ist zu einem festen Wesensbestandteil unserer Natur geworden. Nicht allein durch das bloße sich zur Verfügung stellen, sondern durch Gnade ist es uns geschenkt, daß Gott uns an sich zieht, uns zu sich erhebt, uns Seine vollkommene Ruhe mitteilt und tief in unser Herz Sein Licht und Seine Liebe einströmen läßt.
Diese Offenbarung geschieht so langsam und sanft, daß wir ihrer kaum gewahr werden – in der guten Veränderung diese jedoch wie selbstverständlich leben. Wir bejahen das Leben und setzen die uns zufließende göttliche Kraft zu unserem und zum Heil anderer wie auch zur Wahrung der Schöpfung erfolgreich ein.

127 Sollten wir über diese Veränderung bei uns zu anderen Menschen reden, fehlen uns die Worte. Während der Inneren Einkehr haben wir das Gefühl, in einen tiefen ruhigen Schlaf zu fallen, doch

sind und bleiben wir wach. In dieser ruhevollen Wachheit strömt göttliche Energie auf uns über. Wir genießen diese unbegreifliche Stille und wissen letztlich nicht, was wir eigentlich genießen. Es ist ein Zustand des Einsseins mit dem höchsten Gut – geschenkt und empfangen ohne irgendeine Mühe unsererseits.

Die Tiefe der Seele wird wie ein geheiligter Raum empfunden. In ihm offenbart sich der Ursprung alles Guten, der Ursprung alles Geschaffenen und aller Geschöpfe.

Man kann von einem Schmecken oder Geschmack der Seele sprechen, der den der Sinne oder der Gedanken unendlich übertrifft. Unsere Seele ist jetzt zu rein geistlichen und damit auch übersinnlichen Dingen fähig. Sie wird von reinem und heiligem Geist erleuchtet und belehrt. Dieser Geist, der unsere Seele durchweht, schenkt ihr Empfindungen, die sie auf das kommende Einssein vorbereitet.

128 Wenn nun unsere Seele aus der Berührung mit der göttlichen Welt zurückkommt, ist sie so von Licht- und Liebesenergie erfüllt, daß sie unserem Wesen Dankbarkeit und tiefe Hochachtung vor dem Schöpfer vermittelt. Wir durchschauen Zusammenhänge und verfügen über hohe Qualitäten, die es in diesem Leben für uns und andere einzusetzen gilt.

129 Der Inneren Einkehr auf unserem geistlichen Weg strömt göttliche Gnade entgegen. Sie führt uns zum Grund unserer Seele, einem geheiligten Raum, in dem sich Gott uns offenbart. Hier gibt Er der Seele Seine Güte, Seinen Frieden, Seine Freundlichkeit und Sein Wesen zu erkennen und zu „schmekken".

In tiefem inneren Stillschweigen saugt nun unsere Seele etwas von dem unaussprechlichen Gott in sich auf – abgesondert von allen menschlichen Gedanken. Die Weise, in der uns Gott zu sich zieht und erhebt, ist höchst geistlich, voll unendlicher Liebe und gleichzeitig einfach.

Diese Mitteilung Gottes ist ein Geschenk, dessen Größe, Inhalt und Dauer in Seinem Ermessen liegt.

130 Du kannst vieles tun, um dich auf diese unendliche Gabe Seiner Liebe vorzubereiten:

- ♦ Sei in allem aufrichtig.
- ♦ Setze dich für die Wahrheit ein, und lebe sie.
- ♦ Meide das Böse, und tue das Gute.
- ♦ Suche Frieden, und jage ihm nach (Psalm 34,15).
- ♦ Gehe mutig und ohne zu zögern deinen geistlichen Weg.
- ♦ Lerne das Stillschweigen und die Einsamkeit zu lieben.
- ♦ Halte Innere Einkehr in Absonderung aller Dinge.

Wie solltest du sonst die leise, verborgene Stimme Gottes inmitten der lauten Welt mit ihren vielen Verlockungen hören und wahrnehmen können? Wie kannst du ohne diese Bereitung, die in sieben Schritten vor dir liegt, den wahren Geist und die Wahrheit mitten unter künstlichen Betrachtungen und ich-zentrierten Vernunftschlüssen finden?

XIV. Kapitel

*Deine vornehmliche Haltung im Gebet
sei die der Enthaltung.*

131 Die Mitteilung Gottes im Grunde der menschlichen Seele ist und bleibt ein Geheimnis. Unabhängig von unserer Leistung und unserer Erwartung läßt Gott dem Seine besondere Gnade zukommen, der sie in Seinen Augen „verdient" hat. Die Stärke und die Dauer Seiner Zuwendung sind ebenso unvorhersehbar und geheimnisvoll. Hätten wir zur gegebenen Zeit einen bestimmten Verdienst zu erwarten, wären wir auf ihn gespannt und nicht mehr offen für das eigentlich Wesentliche.

132 Unerwartet empfangen wir auf der Verstandesebene mehr Einsicht und Erleuchtung, dann wiederum fließt größere Liebe in unser Herz, oder unser Wille und unsere Durchsetzungskraft werden gestärkt. Keines dieser wunderbaren Geschenke an uns ist vorhersehbar. Ob und wie lange wir mit der göttlichen Welt in Berührung treten dürfen, liegt ebensowenig in unserer Macht. Wenn der Schöpfer unsere Seelenkräfte gleichsam in Besitz nimmt und erfüllt, geschieht es, ohne daß wir davon Kenntnis haben. Die

Wirksamkeit dieser Kräfte kann sehr unterschiedlich sein: energievoll, sanft, fließend, liebevoll.

133 Befindet sich unsere Seele in diesem seligen Zustand, müssen wir uns vor zwei Dingen besonders hüten.

Erstens:
Durch rein gar nichts dürfen wir unseren menschlichen Geist aktivieren. Ihn loszulassen ist nicht einfach, da unser Denken die Tendenz hat, ständig in Bewegung zu sein, neue Inhalte zu suchen und alte aufzuarbeiten, folgerichtige Schlüsse zu ziehen, und etwas leisten möchte. Um aber die göttlichen Einflüsse zu empfangen, ist eine Entäußerung allen Denkens und Fühlens notwendig.

134 Zweitens:
Es darf weder der Wunsch aufkommen, in diesem Zustand bleiben zu wollen, noch der leiseste Impuls, ihn festzuhalten, um ihn auch außerhalb der Versenkung zu bewahren. Eine große Hilfe besteht darin, sich im Ausatmen und Abgeben in der leisen Anrufung Gottes Seinem Willen und Seiner Liebe zu übereignen.

135 Dieses sogenannte passive Beten, bei dem deine Mitwirkung ausgeschlossen ist, bereitet das vollkommene Gebet vor. Du überläßt dich ganz deinem Schöpfer – bereit, durch und durch von Ihm ergriffen zu werden. Was auch immer Er mit dir vorhat, was auch immer Er dir schickt: Bleibe gelassen und wisse, alles geschieht zu deinem Heil.

136 Die göttlichen Einflüsse können nur von uns empfangen werden, wenn wir uns jeglicher Einmischung enthalten und uns selbst damit sterben. Diese vollkommene Entäußerung unseres Ichs führt zum vollkommenen Gebet, das sich uns dann durch Vermittlung göttlicher Gnade schenkt.

137 Auf dem geistlichen Weg darfst du zu keiner Zeit acht geben auf das, was Gott in dir und deiner Seele wirkt. Deine vornehmliche Haltung ist die der Enthaltung. Du tust gar nichts und verhältst dich passiv. Jegliches Aktivsein führt zu Hindernissen.
Laß das an dir geschehen, was geschehen möchte. Nimm alles an und wäge nicht ab, ob dir dieses lieber und anderes weniger angenehm sei: Vergiß dich selbst, und übergebe dich ganz Gott, dem Urheber alles Guten. Er wird in dir Gestalt annehmen und dich zu ungeahnten Fähigkeiten führen, die aus unendlicher Liebe geboren sind.
„Die Liebe hört niemals auf. Prophetisches Reden hat ein Ende, Zungenrede verstummt, Erkenntnis vergeht."
(1. Korintherbrief 13,8)

XV. Kapitel

Zwei Mittel und Wege, durch die die Seele
sich stufenweise erhebt.

138 Erstens:
Wie wir letztlich alle Hunger nach Gerechtigkeit haben, so ist unserer Seele ein tiefes zusammenhängendes Bedürfnis nach Weiterentwicklung eingepflanzt. Schon zu Beginn des geistlichen Weges bekommen wir einen Vorgeschmack, der in die Richtung der Erfüllung dieses Wunsches führt. Da wir die Erfahrung machen, daß das, was wir vom Denken her als unmöglich erachten, doch möglich ist, merken die Kräfte unserer Seele auf und verlangen nach Flügeln, um dem Himmel entgegenzufliegen.

Auf dieser ersten Stufe erkennen wir, wie wir uns von Ballast befreien können, um leichter und schwungvoller zu werden. Wie von selbst geschieht dann in unserem Leben Erneuerung. Wir legen festgefahrene, schlechte Gewohnheiten ab, setzen neue Prioritäten, werden tragfähiger - ein tiefgreifendes Glücksgefühl stellt sich ein.

139 Zweitens:
Haben wir erst einmal durch tiefe Ruhe, die Körper, Geist und Seele erfahren, einen Vorgeschmack des Kommenden erhalten, stellt sich nicht nur ein erhöhter Geschmack an unserem Beten ein, sondern auch eine Sehnsucht nach Fortschritt.

Wir sind von dem geistlichen Weg ergriffen, unser Herz ist erfüllt, und wir spüren ein Verlangen, den Weg, den Jesus uns vorausging, nicht mehr zu verlassen. Mit wachsender Liebe werden wir fähig, unser Leben zu meistern, uns an ihm zu erfreuen, aber auch das Kreuz zu tragen, das uns auferlegt ist oder wir uns auferlegt haben.

140 Auf dem weiteren Weg unterscheiden wir drei Stufen. Dadurch, daß vom tiefsten Seelengrund her unser Leben ein erfüllteres geworden ist, stehen wir weltlichen Ereignissen gelassener und gleichzeitig kreativer gegenüber.

Der Schwerpunkt unserer Bedürfnisse schichtet sich allmählich um, und Geistig-Geistliches erhält Vorrang.

141 Die zweite Stufe besteht in einer geistlichen „Trunkenheit". Das Höchste, wonach sich unsere Seele sehnt – die Liebe Gottes – wird ihr im Überfluß zuteil. Durch diese Erfüllung, die zur Erleuchtung wird, wächst sie über sich selbst hinaus und wird - in Demut Gott gegenüber - über alle Dinge dieser Welt erhaben.

142 Auf der dritten Stufe ist der Seele tiefe Ruhe zu eigen. Die Seele wird derart gestärkt, daß jeglicher Mangel, vor allem die Furcht, schwindet. Die Seele ist bereit, jeglichen Auftrag, der dem Willen Gottes entspringt, auszuführen - sogar in ein geistliches Unten oder in die „Hölle" zu gehen. Die Verbundenheit mit der göttlichen Liebe wird von der Seele so stark empfunden, daß sie sich sicher ist, niemals mehr von Ihm getrennt zu werden.

143 Die Entwicklung der Seele setzt sich in sechs weiteren Stufen fort:

- Die Stufe des Feuers
- Die Stufe der Unterweisung
- Die Stufe der Erhebung des inneren Menschen
- Die Stufe der Erleuchtung und der Wahrheitsfindung
- Die Stufe des Durchströmtwerdens vom Heiligen Geist
- Die Stufe des Ruhens in Gott

144 Auf der Stufe des Feuers wird die Seele von einem brennenden göttlichen Strahl getroffen. Dieser umleuchtet sie zunächst, bis er in sie eindringt und in ihr tiefe Sehnsucht nach Gott entzündet. Die Sehnsucht nach Vergänglichem wird gleichzeitig gemindert.

Auf der nächsten Stufe erfährt die Seele geistliche Zuwendung, die sie unterweist, stärkt und fähig macht, göttliche Wahrheit zu empfangen. Diese heilenden Kräfte dringen sogar bis in die letzten Zellen des Körpers. Sie erwecken uns zu neuem Leben und stabilisieren die Gesundheit.

145 Auf der nun folgenden dritten Stufe erfährt der Mensch eine Erhebung seiner Innerlichkeit über sich selbst. Die Seele nimmt Kontakt auf mit der unveränderlichen klaren Quelle der reinen göttlichen Liebe.

146 Die vierte Stufe ist die der Erleuchtung. Die Seele erhält Einsicht in göttliche Geheimnisse und ist imstande, durch die Kraft des Heiligen Geistes die Wahrheit zu schauen. Durch Ihn wird sie von Klarheit zu Klarheit geführt, von Licht zu Licht und von einer Erkenntnis zu einer anderen.

147 Auf der fünften Stufe öffnet sich die Seele ganz dem Geist Gottes, der sie durchströmt. Sie erfährt den überfließenden Quellgrund, der Liebe ist, und dem alles Sein entspringt.

148 Nach dem Durchschreiten der verschiedenen Stufen, die das Gebet der Ruhe voraussetzen, hat die Seele teil an dem Frieden, der keinen Anfang und kein Ende kennt. Hier ist sie nicht mehr in Veränderung eingebunden, in kein Empfangen und Weiterreichen mehr, sondern ruht in einer wunderbaren und herrlichen Ruhe und Stille in Gott.

149 Außer diesen gerade noch mit Worten zu beschreibenden Stufen gibt es weitere, die dem Unerfahrenen ein Rätsel bleiben, dem auf dem geistlichen Weg Fortschreitenden jedoch erfahrbar und zur Gewißheit werden.

Die Ekstase oder das Außersichsein kann als Austritt der Seele aus dem Körper bezeichnet werden. Weder wird die Umwelt wahrgenommen noch der eigene Körper empfunden. Der Schwerpunkt des Erlebens liegt im seelischen Bereich. Es können Visionen oder Auditionen eintreten. Dieses gewaltige Erleben entzieht sich der bewußten Willenssteuerung. Falls wir in dieser Phase etwas tun oder sagen, haben wir den Eindruck, es stamme nicht von uns, sondern von einer höheren Macht – aus der innigen Verbundenheit mit Gott.

„Ich kenne jemand, einen Diener Christi, der vor vierzehn Jahren bis in den dritten Himmel entrückt wurde; ich weiß allerdings nicht, ob es mit dem Leib oder ohne den Leib geschah, nur Gott weiß es ... Er hörte unsagbare

Worte, die ein Mensch nicht aussprechen kann.“ (2. Korintherbrief 12,2–4)

Es ist zu schwer, an dieser Stelle über weitere, vom Standpunkt der Welt als außergewöhnlich bezeichnete Erfahrungen zu sprechen. Es könnte wie ein Spekulieren anmuten oder wie ein Farbspiel, das einem Blinden vor Augen geführt wird, oder wie eine Musik, die vor einem Taubstummen spielt.

XVI. Kapitel

Was einen Menschen ausmacht,
dessen Innerlichkeit sich vertieft,
und dessen Geist weiter und klarer wird.

150 Soweit wir es von unserem menschlich begrenzten Bewußtsein beurteilen können, sind es insbesondere vier Eigenschaften, die ein Wachstum der Innerlichkeit zur Erleuchtung kennzeichnen.

Erstens:
Es steigen im verinnerlicht lebenden Menschen vornehmlich nur die Gedanken, Vorstellungen und Wünsche auf, die dem Licht entspringen und in ihrem Ausdruck Licht bewirken. Die Willensimpulse sind wohlgeordnet. Sie entsprechen der Liebe zu Gott und Seinem Willen.

Zweitens:
Tritt nach getaner Arbeit, nach Gesprächen oder sonstigen Verhaltensweisen Ruhe ein, wendet sich wie von selbst die Aufmerksamkeit und alles, was den inneren Menschen ausmacht, dem liebenden Entgegenkommen Gottes zu.

Drittens:

Begeben wir uns zum Gebet, wird die äußere Welt zurückgelassen. Die Dinge, die uns sonst beschäftigten und uns lieb sind, werden in der Zeit der Versenkung vergessen. Es tritt ein inneres Gefühl ein, als ob sie niemals existiert hätten.

Viertens:

Außerhalb des Gebetes sind wir achtsam und entschieden. Wir gehen mit allen, die uns begegnen, und mit allem, was uns begegnet, verantwortungsvoll und, wenn möglich, liebevoll um. Wir vermeiden es, uns im Vielerlei der Welt zu verstricken und lassen uns nur auf das ein, was uns richtig zu sein scheint – außer, wenn die Liebe uns zu etwas anderem verpflichtet.

151 Ist die Seele nicht mehr so stark beladen, fällt es ihr leicht, sich in eine größere Innerlichkeit und gleichsam Einsamkeit zu bewegen. Da ihr hier göttliche Schwingungen entgegenströmen, ist sie von einer aufrichtigen und stillen Liebe zu Gott erfüllt. Im tiefsten Seelengrund empfangen wir eine Gabe, die uns außerhalb des Gebetes zur Aufgabe wird.

152 Der geistliche Friede unserer Seele ist durch den wiederholten Rückzug in sich selbst und die damit verbundene Zuwendung zu Gott derart gestärkt, daß uns innerpersönliche wie auch äußere

Auseinandersetzungen und Kämpfe nichts mehr anhaben können.

Der stille, heitere und klare „Himmel", der sich in unserer Seele entfaltet, ist durch kein Unwetter mehr zu trüben. Selbst, wenn uns zeitweilig noch Unsicherheit überfällt, erleben wir die Stürme außerhalb von uns und können uns ihnen gegenüber behaupten.

153 Die Seele, die die Größe und Herrlichkeit Gottes erkennt, hat die Sehnsucht, so viel wie möglich vom Feuer der göttlichen Liebe in sich aufzunehmen. Ihr gesamtes Wesen wird entflammt und von inniger Freude erfüllt. Durch die Versenkung verbinden sich die Seelenkräfte mit göttlichen Kräften, so daß unsere Seele nichts anderes mehr begehren oder suchen kann.

154 Diese Durchdringung hat eine starke Persönlichkeitsentwicklung zur Folge. Es wächst nicht nur das gesunde Selbstbewußtsein und die Tragfähigkeit, sondern wir nehmen auch da uneingeschränkt den Willen Gottes an, wo er im Gegensatz zu unseren eigenen Lebensentwürfen steht. Hoffnung und eine allmählich zunehmende Sicherheit setzen sich durch, so daß wir der Liebe Gottes nicht mehr verlustig gehen und es eine Ewigkeit gibt, in der wir nicht mehr von Ihm geschieden werden.

155 Durch die Innere Einkehr erleben wir einen Zustand, der dem des Paradieses gleichkommt. Einen Teil dieser Unbeschwertheit nehmen wir mit in unser tägliches Leben. Voraussetzung dafür aber ist und bleibt:

- Beständigkeit im Gebet und der Inneren Einkehr
- Vorübergehende Abgeschiedenheit von allen Dingen dieser Welt
- Ertragen von Widerwärtigkeiten und geistlicher Trostlosigkeit
- Bewahren der Ruhe – selbst, wenn Notwendiges vorübergehend fehlt
- Bedingungslos bereit sein, sich ganz in Gott zu versenken

Je mehr wir in Gott und von Gott leben, desto mehr schwinden die uns umgebenden Schatten und machen einer strahlenden Klarheit Platz.

156 Diese wunderbare Veränderung erkennen wir daran, daß wir

- keine geistliche Trägheit mehr zulassen,
- uns Dingen zuwenden, die unser Leben und das der anderen bereichern,
- ohne uns aufzulehnen auf Annehmlichkeiten des Lebens verzichten können,

- gewissenhaft und sorgfältig die uns zugedachten Aufgaben erfüllen,
- gegen gar nichts Widerwillen hegen, bemüht sind, Feindschaften abzubauen und Neid und Mißgunst völlig abzulegen.

157 Soweit wir es von unserer menschlichen Warte aus beurteilen können, müssen bestimmte Bedingungen erfüllt sein, damit unsere Seele sich erheben und die göttliche Welt berühren kann.

- Das Nervensystem, die Psyche und das „Herz" sollten frei von Blockaden sein.
- Die Gefühle sind nicht mehr mit unlauteren Wünschen belastet.
- Das Denken ist von ungelösten Problemen befreit.
- Dem Verstand sind tiefe Einsichten möglich.
- Der menschliche Wille ist ganz vom göttlichen Willen durchdrungen und wird von ihm be-geistert.

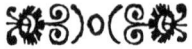

XVII. Kapitel

Göttliche Weisheit.

158 Ein höchst intelligenter Mensch mag sich noch so anstrengen – selbst wenn er in seiner Wissenschaft besondere Forschungsergebnisse erzielt: Er wird doch durch sein Denken und Forschen nicht annähernd das erreichen, was wir göttliche Weisheit nennen. Göttliche Weisheit ist eine Offenbarung des Schöpfers an Sein Geschöpf, eine Erkenntnis, die den Rahmen sinnlicher Wahrnehmung und menschlichen Denkens sprengt. Da diese Weisheit nur erfahrbar, jedoch kaum aussagbar ist, bleiben die Worte nur Fragment:

„Erkenntnis der Eigenschaften und der Vollkommenheit Gottes", „Schauen der ewigen Dinge", „Erkennen der göttlichen Güte" ...

Wissenschaft macht mit den Dingen bekannt, die man ohne Mühe und Arbeit nicht erforschen kann. Göttliche Weisheit dagegen wünscht nicht einmal das zu wissen, was sie erkennt – obwohl sie alles begreift. Zwischen den Gelehrten und den Weisen besteht ein großer Unterschied.

159 Der Weise, ein Erleuchteter, hat sich ganz auf den göttlichen Urgrund ausgerichtet. All seine Seelenkräfte leben in einem ständigen Aufmerken dem Höchsten gegenüber. Er sieht Zusammenhänge zwischen Himmel und Erde, die nicht nur Geistliches offenbaren, sondern bis in Formen der Lebenserhaltung und des Körperlichen gehen. Die Weisheit, die vom Weisen ausgeht, ist ein überfließendes Gut, das Gutes bewirkt.

„Zugleich mit der Weisheit kam alles Gute zu mir, unzählbare Reichtümer waren in ihren Händen. Ich freute mich über sie alle, weil die Weisheit lehrt, sie richtig zu gebrauchen." (Weisheit 7,11–12a)

160 Die meisten Menschen urteilen nur nach den Eingaben ihrer fünf Sinne und auf der Grundlage ihres begrenzten Denkens. Ein Weiser dagegen lebt aus der wesentlichen Wahrheit, die ihn nicht mehr verläßt. Er versteht und begreift nicht nur seine eigene Existenz, sondern durchdringt auch die der gesamten Schöpfung.

161 Zu der hervorragenden Eigenschaft eines Weisen gehört, daß er viel Gutes bewirkt, doch nicht darüber redet.

162 Wenn er spricht, strahlen auch seine Worte Leuchtkraft aus und führen zum Heil. Sein

Bewußtsein ist größer als die Summe seiner Wahrnehmungen, seines Denkens und seiner Gefühle – es ist
mit einem tiefen, stillen Wasser zu vergleichen, durch
das die Strahlen der himmlischen Weisheit ungebro-
chen und klar hervorleuchten.

163 Diejenigen, die durch den geistlichen Weg zu
Mystikern geworden sind – also zu Menschen, die geistliche Erfahrungen machen – durchschauen die verborgensten Tiefen göttlicher Geheimnisse.
Der sogenannte Schul-Gelehrte wird niemals über
den Verstand zu diesen geistlich-geheimen Wahrheiten vordringen können. Sie bleiben ihm trotz größter
Anstrengungen verborgen.

164 Es ist etwas Wunderbares, wenn sich die
göttliche Weisheit mit dem Wissen der Gelehrten verbindet. Sie werden zu wahren Gelehrten, in
denen die Barmherzigkeit Gottes lebendig ist, zu wahren Mystikern, denen wir folgen, und die wir ehren
sollten.

165 Diese Menschen ziehen es vor, in Zurückgezogenheit zu leben, sich auch geistig nicht in
den Vordergrund zu drängen und nur dann zu ant-
worten, wenn sie gefragt sind. Gerade wegen ihrer
mystischen Begabung setzen sie ihren Verstand ein,

um ihr Leben in äußerer und innerer Geordnetheit zu führen.

166 Im Bereich der Mystik gibt es viele falsche Mystiker, die durch „geistreiches Reden", auserlesene Sprüche, schöne Worte und Beispiele auf sich aufmerksam machen. Vor ihnen muß gewarnt werden, da sie nicht Gottes Wort, sondern das der Menschen kundtun.

167 Sie scharen oft eine große und weltweite Anhängerschaft um sich. Leider sind die Mitglieder oft derart fixiert auf ihren Lehrer, daß sie nicht einmal bemerken, wenn er ihnen Steine statt Brot gibt, Blätter statt Früchte, schmutzige Erde statt gesunder Nahrung.

Geschäftliche Hintergründe bestimmen nur allzu oft ein solches Geschehen, das weder Gott die Ehre gibt, noch dem Nächsten geistlichen Nutzen.

168 Diese Lehrer ziehen ihre Zuhörer zwar in Bann, doch nur an der Oberfläche. Sie reden von sich selbst, jedoch nicht das Wort Gottes. Die wahren geistlichen Lehrer dagegen sind vom Geist Gottes getrieben und prägen Sein Wort in die Herzen ein.

169 Der Weg zur Vollkommenheit besteht mehr im Handeln als im Reden, mehr im Tun als im Lehren. Verfügt jemand über viele Wahrheiten, bedeutet dies nicht, daß er ein weiser Mensch ist.

170 Eine Regel:
Wird göttliche Weisheit gelebt, drückt sie sich in Demut aus. Einer mit großer Anstrengung erlangten Wissenschaft ist dagegen oft der Hochmut eigen.

171 Ein wahrhaft geistlicher Mensch zeichnet sich eher durch Einfachheit aus als durch philosophische und theologische Sprachgewandtheit. Er vermag zu lieben und seinen Eigenwillen zurückzunehmen. Geistlich lebende Menschen trifft man daher nur selten unter Theologen und Gelehrten. Viele Frauen, die in früheren Jahrhunderten keinen Zugang zu den Wissenschaften hatten, waren arm an Bildung, doch reich an der Liebe Gottes.

172 Möchtest du das sprachlich ausdrücken, was dich bewegt und du auf deinem geistlichen Weg erfahren hast, halte dich niemals für einen Lehrmeister, sondern nur für einen Schüler. Halte dich selbst niemals für einen weisen und erleuchteten Menschen, sondern eher für unwissend und unerfahren.

173 Fanatisch ausgeführte Wissenschaft kann zu einem großen Hindernis für die Weisheit werden. Die Weisheit möchte mit ihrer Klarheit, die aus der Mitte höchster Weisheit strömt, jegliches Wissen und alle Wissenschaften erleuchten und mit himmlischem Licht durchstrahlen.

XVIII. Kapitel

Der fünfte Punkt, die Quintessenz,
ist nicht über den Schul-Weg zu erlangen.

174 Es gibt durchaus geistlich ausgerichtete Gelehrte, die eine tiefe Liebe zu Gott empfinden. Jedoch kommen sie durch ihr Forschen und Betrachten zu Vernunftschlüssen, durch die sie die Existenz Gottes beweisen möchten. Über diesen Weg, der auch der Schul-Weg genannt wird, gelangt aber niemand auf den geistlich-geheimen Weg und somit auch nicht zur wahren Einsicht, zu tiefem Frieden und der Ruhe, aus der sich göttliche Liebesenergien in unserem Leben entfalten.

175 Alle, die ausschließlich den Schul-Weg gehen, wissen letztlich nicht, was den wahren Geist Gottes ausmacht. Sie haben nicht gelernt, sich in Gott zu verlieren, Ihn zu erfahren, wenn Er sich im Seelengrund dem Menschen mitteilen möchte.
Da viele den mystischen Weg weder verstehen noch begreifen, ist es erklärlich, daß er gerade von diesen Menschen verurteilt und verworfen wird.

176 *„Keiner täusche sich selbst. Wenn einer unter euch meint, er sei weise in dieser Welt, dann werde er töricht, um weise zu werden. Denn die Weisheit dieser Welt ist Torheit vor Gott." (1. Korintherbrief 3,18–19a)*

177 Bevor man über den geistlichen Weg reden kann, zu Theorien oder Erkenntnissen kommt, ist die geistliche Übung, die Innere Einkehr, unbedingte Voraussetzung. Erst, wenn die Auswirkungen der übernatürlichen Erfahrung reife Früchte bringen, ist die Zeit gekommen, auch anderen Mitteilung davon zu machen.

178 Daß die geistlich-geheime Weisheit in der Regel eher den Demütigen und Einfältigen zuteil wird, bedeutet nicht, daß sie nicht auch von Gelehrten empfangen und gelebt werden kann. Voraussetzungen sind, daß

- sie nicht sich selbst suchen und ihrer Wissenschaft den ersten Platz einräumen,
- sie auf dem geistlichen Weg eine solche Haltung einnehmen, als gäbe es die Wissenschaft nicht,
- die Innere Einkehr geübt wird und die Seelenkräfte aufmerken können,
- Denkformen, Vorstellungsbilder, Philosophie und Theologie aufgegeben werden.

179 Ein Studium kann leicht seinen Zweck verfehlen, wenn sich beim Studieren Eitelkeit, Hochmut und Selbstgefälligkeit einschleichen. Einige nehmen nur ein Studium auf, um ihre Neugier und später ihren Machthunger zu befriedigen. Dies ist ebenso zu beklagen.

180 Auch das Gott-Suchen kann Neugierde als Motiv haben. Ein derartiges Vorgehen läßt oft eine aufrichtige Haltung und wahre Sehnsucht nach dem Urgrund der Schöpfung vermissen.

181 Wer nicht gelernt hat, sich selbst zu „verleugnen" und sich im Gebet von allen Dingen dieser Welt zu trennen, ist nicht fähig, die Wahrheiten und Erleuchtungen des Heiligen Geistes zu empfangen. Nur so gelangt man zu der im Verborgenen liegenden Weisheit, die sich offenbaren möchte.
Es gibt leider nur wenig Menschen, die lieber hören als reden möchten. Ein Weiser oder wahrer Mystiker mischt sich in keine fremden Angelegenheiten und redet nur, wenn er gefragt ist.

182 Der Geist der göttlichen Weisheit regiert mit Kraft, und gleichzeitig erfüllt er uns mit seinem sanften Wesen. Er erleuchtet alle, die sich ihm öffnen und ihn um Rat fragen. Wo dieser Geist herrscht, entsteht Freiheit.

„Der Herr aber ist der Geist, und wo der Geist des Herrn wirkt, da ist Freiheit." (2. Korintherbrief 3,17)

183 Vier Dinge solltest du lassen, um zum fünften Punkt, der Quintessenz, zu kommen:

- Übermäßige Abhängigkeit und Bindung an andere Menschen
- Abhängigkeit von Dingen dieser Welt
- Erwartungen an die göttliche Gnade
- Dich in den Mittelpunkt der Welt und des geistlichen Weges zu stellen

Der fünfte Punkt ist das Ziel der geistlich-geheimen Weisheit, und damit die Nähe Gottes. Auf dem Weg zur Vollkommenheit lernst du, alles – auch dich selbst – loszulassen, um dich selbst wieder zu finden.

184 Die göttliche Weisheit kommt einer Wissenschaft ohne Wissen gleich: Wer sie besitzt, weiß nichts und weiß doch alles. Damit wir sie in uns aufnehmen können, sind zum einen ein reines Herz Voraussetzung, zum anderen Handlungsweisen, die dem Schöpfungsplan und dem Willen Gottes entsprechen.

185 Du kannst diese höchste Weisheit nicht erlangen, wenn du keinen geistlichen Weg gehst.

Besonders in den Zeiten, in denen Ablösungsprozesse bei dir erfolgen, solltest du kraftvoll und mutig weitergehen und dich an nichts festhalten. Auch die geistlichen übernatürlichen Gaben, die inneren Mitteilungen Gottes, sollten weder von dir erbeten noch in bestimmter Weise erwartet werden.

186 Obwohl sie sehr viel Zeit in ihr Gebet investieren und häufig Gottesdienste besuchen, wird vielen Menschen die göttliche Weisheit nicht zuteil. Sie lehnen sowohl eine geistliche Wegweisung als auch einen Wegweisenden ab. Für sie bleibt die Weisung, sich selbst loszulassen, ein unverständliches Wort und unbegreifbar. Sie haben Angst, sich von allen äußeren und inneren Anhänglichkeiten zu lösen, um sich ganz der anziehenden schöpferischen Kraft hinzugeben.

Sie sprechen zwar von Erneuerung, erleben sie aber nicht. Transformation oder geistliche Verwandlung bleibt für sie ein magisches Wort. Sie denken über die Möglichkeit der göttlichen Weisheit nach, doch bleibt sie Theorie – ohne jegliche Erfahrung.

XIX. Kapitel

*Wie göttliche Weisheit durch Hingabe
zur Erfahrung werden kann.*

187 Erstens:
Unser Ich mit seinen mannigfaltigen Ausformungen wie auch alle Dinge dieser Welt müssen bei der Inneren Einkehr zurückgelassen werden. Wir dürfen nicht durch uns selbst, von anderen Menschen oder durch Leistungen und Taten vom geistlichen Weg abgehalten werden.

188 Zweitens:
Indem wir Ihn als unseren Schöpfer anerkennen, Ihn hochachten und anbeten, fließt uns eine Liebe zu, die es uns leicht macht, Seinen Willen zu dem unseren zu machen. Diese Gleichförmigkeit führt dazu, daß unsere Seele mit göttlichen Kräften überformt wird und somit teilhat an der göttlichen Natur. Ganz allmählich dringt sie in die Seele ein und verwandelt sie. Der Vorgang geschieht ohne jegliche Anstrengung der Seelenkräfte, ohne ekstatische Erlebnisse oder besondere Gefühlsbewegungen.
Selbst, wenn uns der geistliche Weg zunächst mit Dornen bewachsen scheint, so ist und bleibt er doch der

„Königliche Weg". Ungeachtet möglicher Dornen kommt uns das überhelle Licht und göttliche Gnade entgegen.

189 Wenn wir ernsthaft von Stufe zu Stufe weitergehen, ohne auf Lohn, Lob oder Ehre bedacht zu sein, ohne verstandesmäßig den Fortschritt erfassen zu wollen – erfährt unsere Seele eine lichtvolle Entwicklung zum Höheren.

190 Aufgrund unserer eigenen Grenzen, Fehler und Unvollkommenheiten sind wir uns bewußt, nicht durch unsere eigene Leistung und Verdienste angehoben zu werden, sondern einzig und allein durch die Liebe Gottes zu Seiner Schöpfung. Bewundernd, dankbar und staunend nehmen wir dieses Geschenk an und suchen jede Gelegenheit, in diesem Sinne dem Höchsten zu begegnen.

191 Da wir innerlich zutiefst und reich beschenkt sind, können uns Veränderungen dieser Welt, Unverständnis und Anfeindungen anderer Menschen wenig anhaben. Je größer der innere Reichtum wird, desto weniger Anforderungen stellen wir an das äußere Leben und seine Annehmlichkeiten: Verdienst, Umgebung, Wohnort, Kleidung ... Wir sind mit Wenigem zufrieden und geben eher ab statt anzuhäufen.

192 Das Ziel des geistlichen Weges ist die Vollkommenheit der Seele in Gott. Im Fortschreiten lernen wir - es ist ein langsamer Prozeß - von uns Abstand zu nehmen, um Ihm Raum zu gewähren. Allmählich gehen wir in einen Zustand über, der als „Nichts" und gleichzeitig als „Alles" bezeichnet werden kann. Aus vielschichtiger Erfahrung wird uns bewußt, daß wir ohne Gott rein gar nichts vermögen.

Der geistliche Tod während der Versenkung wird zur letzten Bereitung unserer Seele, um sich mit dem Urgrund der Schöpfung zu vereinen. Der geistliche Tod wandelt sich zur Quelle ewigen Lebens, in das unsere Seele einmal und für immer ganz eingehen wird.
Diese Wandlung geschieht für uns unmerklich. Ohne es wahrzunehmen, vollzieht sich an uns Wandlung in die Herrlichkeit Gottes. Da wir als Menschen auch auf diesen höheren Stufen unserer geistlichen Entwicklung dazu neigen, in alte Formen und Anhänglichkeiten zurückzufallen, findet mit zunehmender Erleuchtung immer wieder ein Reinigungsvorgang statt.

193 Die Hingabe an das höchste Ziel allen Lebens, an Gott, muß mit unserem gesamten Wesen vollzogen werden. Denken und Verstand, Wille und Wollen, Gefühle und Intuitionen, Psyche und alle Kräfte unserer Seele sind ohne irgendeine Ausnahme daran beteiligt. Im tiefsten und wahrsten

Sinne werden wir zu einem Opfer für Gott - mit der Bitte, daß Er es annehmen möge. In diesem Zustand leben wir nicht mehr für uns selbst, sondern für Gott, der in uns lebt.

Wie der Phoenix aus der Asche aufsteigt, wird unsere Seele nach dem Ganzopfer neu geboren - geistlich verwandelt und angetan von göttlicher Liebe.

XX. Kapitel

Die Erkenntnis der Nichtigkeit alles Vergänglichen führt zur Befreiung der Seele von Anhänglichkeiten, zur vollkommenen Versenkung und zum inneren Frieden.

194 Der geistliche Weg führt unmittelbar zum höchsten Gut, zum Ursprung allen Seins und zum immerwährenden Frieden.

Achte darauf, daß du diesen geradlinigen Weg nicht verläßt. Du darfst absolut sicher sein, daß der Herr zur gegebenen Zeit Wunder in deiner Seele bewirkt. Lasse daher die Innere Einkehr und die Erkenntnis, daß das sich Verändernde keinen bleibenden Wert hat, zum Bestandteil deines Wesens werden. Versenke dich ganz in das „Nichts", so wird Gott dein „Alles" sein.

195 Was ist der Grund dafür, daß viele Menschen den fließenden Strom der Liebe Gottes aufhalten und ihn somit nicht bei sich selbst und in die Welt durchkommen lassen?

Sie sind fest davon überzeugt, alles selbst in die Hand nehmen und leisten zu müssen. Sie streben danach, aus eigenem Antrieb groß zu sein und begreifen einfach nicht, daß sie - um es wahrhaft zu werden - zunächst klein sein müssen. Diese Menschen verhindern das Wirken Gottes in ihrer Seele, Seine unendliche Güte und die wunderbare Wandlung zum Besseren. Weil sie Gott nicht losgelöst von sich selbst in Wahrheit suchen, finden sie Ihn nicht.

196 Viele suchen nur sich selbst und verhindern damit sowohl den inneren als auch den äußeren Frieden. Wie einfach ist es dagegen, den umgekehrten Weg zu gehen, bei sich selbst einzukehren und durch Hingabe dem Wesen Gottes Raum zu gewähren, damit Er in uns anwesend ist. Was auch geschieht, nichts wird dich verunsichern oder beunruhigen.

197 Suchst du das Höchste zuerst, wird dir alles andere zufallen. Keine Macht der Welt oder gar der Unterwelt vermag es mehr, die starke Festung in deiner Seele zu stürmen.

Das innere Stillschweigen, die Gelassenheit und die Hingabe an den göttlichen Willen verleihen dir eine derartige Kraft, daß niemand und nichts dir etwas anhaben kann und du Unabänderliches annehmen und tragen kannst.

Hüte dich davor, über deinen Nächsten etwas Schlechtes zu denken oder zu sagen. Es wird unweigerlich auf dich zurückfallen und dein geistliches Leben schwächen.

Wenn Er dich unbelastet und in Ruhe findet, wird Er durch diese offene Tür bei dir eintreten und dich teilhaben lassen an Seinem göttlichen Wesen.

198 Der Weg, der in dieser Weisung vor dir ausgebreitet wurde, möchte dich zur höchsten Stufe der Vollkommenheit führen. Wenn du dich in Gott verlierst, wirst du alles gewinnen und dich in Ihm wiederfinden. Du darfst von dem reinen Quellwasser der göttlichen Liebe so viel in dich aufnehmen, wie du möchtest.

Schenke das Empfangene an diejenigen weiter, die Geistlichem in ihrem Leben am dringendsten bedürfen. Nimmst du das dir Zuströmende nicht an oder weigerst dich, es weiterzuschenken, kommt dein Verhalten einer Klippe gleich, an der dein Leben Schiffbruch erleidet.

199 Der geistliche Weg hat dir gezeigt, wie du durch Hingabe deiner Selbst zur Inneren Einkehr geführt wirst und deinen Seelengrund berühren darfst. Schrecke nicht davor zurück, wenn er dir zunächst als bodenloser Abgrund erscheint. Lasse dich vertrauend in ihn hineinfallen, und Gottes liebende Gegenwart wird dir entgegenkommen. Mit Ihm zusammen bist du mächtig und Herr aller Dinge, die dir begegnen.

200 Ohne Ihn vermagst du nichts. Selbst, wenn Er sich dir nicht sofort zuwendet oder dir Seine Nähe vorübergehend wieder entzieht, wird dein Herz ruhig bleiben. Da sich dir verborgene Zusammenhänge offenbaren, bist du über Zweifel und Unsicherheit erhaben.

201 Auch brauchst du keinen Gedanken daran zu verschwenden und keine Sorge zu haben, aus der Versenkung oder Inneren Einkehr nicht wieder herauszufinden in dein alltägliches Leben. Es wird von selbst geschehen – wie ein Auftrag, der an dich ergeht. Du wirst von dem Reichtum der Innerlichkeit zehren und damit allem, was nicht zu Gott gehört, die Tür verschließen.

Der Schöpfer wird dich nicht nur die göttliche Weisheit während der Inneren Einkehr lehren, sondern dir ebenso in deinem Alltagsleben zur Seite stehen. Er ist zu deiner sicheren Zuflucht geworden und schützt dich vor allen Stürmen und Widerwärtigkeiten.

202 Dies ist der Weg, der dir nicht nur die verlorene Dimension aufzeigt, sondern sie dich auch erfahren läßt. Wie durch eine geöffnete Tür kannst du in das gelobte Land des Lebens schreiten, um dir von dort das zu holen, was dir am notwendigsten fehlt. Du wirst des höchsten Gutes teilhaftig werden, und in weitem Umkreis wird dir nur Liebe,

Schönheit, Gerechtigkeit und Vollkommenheit begegnen. Tiefe Freude und Dankbarkeit werden dich erfüllen.

203 Dies ist der Weg, der über die Befreiung und Erleuchtung deiner Seele zur Vollkommenheit und zu bleibendem inneren Frieden führt.
Bleibe auf diesem Weg und wisse: Es gibt keinen besseren, auf dem du schneller fortschreiten kannst.
Lasse dich in den Abgrund der Liebe Gottes fallen und verliere dich in Ihm – so wirst du alles gewinnen und mit Ihm vereint werden.

XXI. Kapitel

Innerer Friede und inneres Glück bedingen einander.
Ihre Auswirkungen in dieser und
jener Welt grenzen ans Wunderbare.

204 Durch die Innere Einkehr steht der Weg bis zu deinem Seelengrund offen. Hier wirst du tiefen Frieden und vollkommene Ruhe finden. Nicht nur deine Seele, sondern auch dein gesamtes Sein werden von Freude und Glück durchdrungen, wie es niemand mit Worten beschreiben kann. All dein Wünschen hat ein Ende, weil du ganz von der Liebe Gottes erfüllt bist und nichts mehr entbehrst.

Du wirst zwar weiterhin in der Unvollkommenheit der Welt leben, widrige Umstände, Arbeit und Angst auf dich nehmen müssen, doch gehen dir der innere Friede und das innere Glück nicht mehr verloren.

205 Zutiefst hast du erfahren und erkannt: Verlust bedeutet Gewinn, Armut schenkt unendlichen Reichtum, und Sterben führt zum ewigen Leben. Bereits auf Erden ist es dir vergönnt, himmlische Freude zu leben – unabhängig davon, ob du etwas entbehrst oder es besitzt, körperlich gesund oder krank bist.

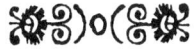

206 Alle Ehre und Reichtümer dieser Welt reichen nicht aus, dich auch nur im geringsten von deinem geistlichen Weg abzubringen. Der innere Friede und der mit ihm verbundene Glückszustand sind so unendlich kostbar, daß es für dich kein höheres Gut gibt als diese Erfahrung.

Du weißt, wie schmerzhaft der ungestillte Hunger nach geistlicher Erfahrung und himmlischen Gütern war. Du erinnerst dich, wie du unter der Sehnsucht und dem Durst nach Gott gelitten hast. Du warst von Furcht ergriffen, Ihn wieder zu verlieren. Dein Herz war schwer und voll der Klagen.

207 Jetzt, wo sich all deine Sehnsüchte erfüllt haben und du mit dir, den Menschen, der Schöpfung und mit Gott in Frieden lebst, werden dir übernatürliche Gaben reichlich zuteil. Der Grund deiner Seele, zu dem du ungehindert Zugang hast, ist von reiner Liebe erfüllt.

Du vermagst es, Finsternis in Licht, Nacht in Tag und Traurigkeit in Freude zu verwandeln. Durch dich machen Widerwärtigkeiten dem Frieden Platz, und Unruhe geht in stille Ruhe über, die von unaussprechlicher Freude begleitet wird.

208 Obgleich widergöttliche Kräfte und die Macht der Finsternis sich gegen dich erheben - dein Lichtsein wird zur Provokation - bleibst

du in allem unantastbar wie ein unbeweglicher Pfeiler im reißenden Strom.

209 Deine Erhabenheit spiegelt sich auch in dem folgenden Bild wider: Befindest du dich während eines gewaltigen Unwetters auf dem Gipfel eines hohen Berges über den Wolken, siehst du, wie Hagel, Regen, Blitze und Sturm die Erde heimsuchen. Dein Platz in der Höhe ist vor dem Wetter sicher; du bist von Licht und großer Stille umgeben.

210 Selbst, wenn du angefochten und bestürmt wirst - eine Wirklichkeit dieser Welt - erfährt deine lichtgewordene Seele keine Überschattung. Du bleibst ruhig, bewahrst den Frieden, und dein Herz ist heiter.

211 Trotz der dich umgebenden Stürme, die die Grundfeste deiner körperlichen und seelischen Existenz erschüttern wollen, verharrst du nicht nur in innerem Frieden, sondern gibst die Ruhe und das göttliche Licht an andere weiter.

212 Auf deinem Weg zur Vollkommenheit verfügst du über eine immer größer werdende geistliche Schönheit, die zu deinem Wesen geworden ist. Das göttliche Licht offenbart dir in deinem Herzen die Geheimnisse des Glaubens.

„Ein unerschöpflicher Schatz ist die Weisheit für die Menschen; alle, die ihn erwerben, erlangen die Freundschaft Gottes. Sie sind empfohlen durch die Gaben der Unterweisung." (Weisheit 7,14)

213 *Herr, unser Gott, wir danken dir für deine unendliche Güte.*
Du wandelst unser Leben auf Erden bereits in Glück.
Du, unser Gott, bist die Herrlichkeit und besitzt ewiges Leben.
Wie wunderbar bist du und unaussprechlich.
Bei dir finden wir Ruhe und unendlichen Frieden.
Du bist in unserer Seele zugegen und verläßt sie nicht.
Du wandelst unsere Armut und machst uns reich an himmlischen und geistlichen Gütern.

XXII. Kapitel

Ein heimlicher Wunsch: Viele Menschen mögen der Wegweisung folgen und den geistlichen Weg beschreiten.

214 *Herr, unser Gott, du bist mehr als die unendliche Güte.*
Alle Heerscharen brennen in Liebe vor dir.
Führe auch die Menschen auf den geistlichen Weg, die dir gegenüber blind und undankbar sind.
Wende dich denen zu, die sich von dir, unserem Gott, abgewandt haben.
Wende dich denen zu, die den Verlockungen dieser Welt erliegen und die Quelle des lebendigen Wassers verlassen haben.

215 Warum haben wir Gott, unser höchstes Gut, verlassen?
Wer redet zu uns wahrhaftiger,
und wer liebt uns inniger?
Wer beschützt und verteidigt uns mächtiger?
Wer ist treuer als du, unser Freund?
Wer ist gütiger als du, unser Vater?
Warum sind wir blind und wollen der höchsten und unendlichen Güte nicht folgen?

216 *Herr, du unser Freund und du unser Vater!*
Schenke uns die Einsicht und Gnade,
dir vollkommen zu dienen.
Lehre uns in der Nachfolge Jesu
das Kreuz anzunehmen und zu überwinden.
Laß uns nicht nur deinen Tod verkünden, sondern wahrhaft mit dir sterben, um mit dir aufzuerstehen.
Schenke uns Gelassenheit, Ruhe der Seele
und Erkenntnis unserem Verstand.
Dein Wille geschehe wie im Himmel
also auch auf Erden.
Befreie uns von allen Anhänglichkeiten,
die uns hindern auf dem Weg zu dir.
Gib uns ein reines Herz, daß wir dich schauen.
Führe uns den geistlichen Weg der Ruhe
und der Hingabe.
Bekleide uns mit deiner Gnade, erfülle uns mit deiner Liebe und führe uns den Weg zur Vollkommenheit.

217 Diese Wegweisung, die du heute vernommen hast, geht nicht über deine Kraft und ist nicht fern von dir. Sie ist weder in jenseitigen Welten beheimatet noch jenseits des „Meeres". Du brauchst nicht zu fragen: Wer fährt über das Meer und holt sie herüber, um sie uns zu verkünden?
„Nein, das Wort ist ganz nah bei dir, es ist in deinem Mund und in deinem Herzen, du kannst es halten."
(Deuteronomium 30,14)

Miguel de Molinos

Wer war Miguel de Molinos, der mit seiner Schrift „Guia espiritual" großes Aufsehen erregte? Diese geistliche Schrift, nach der sich die vorliegende „Wegweisung" richtet, soll zunächst im Mittelpunkt dieser Betrachtung stehen.

Der spanische Theologe und Mystiker Miguel de Molinos schrieb sein Hauptwerk im Jahr 1675 in Rom, wo er bis zu seinem Lebensende tätig war. Es war sein großes Anliegen, die in rituellen Praktiken und im dogmatischen Formalismus erstarrte Religiosität wieder zu vergeistigen. Molinos war der Überzeugung, daß nur ein rein passives Gebet – das Ruhegebet – zu spiritueller Vollkommenheit führt. Um diese Vollkommenheit zu erreichen, sollte man alle anstrengenden asketischen Bemühungen vermeiden und sich stattdessen der inneren Ruhe in Gott hingeben.

Da Molinos genau wußte, daß er mit dieser Auffassung die Gebets- und Meditationspraktiken der Jesuiten in Frage stellte, gab er seine Schrift vor ihrem Erscheinen bekannten Zensoren der Inquisition in Rom und in Spanien zur Durchsicht. Er erfuhr Billigung und Unterstützung der vorgetragenen Gebetslehre durch die angesehensten Theologen, die das Buch als durchaus rechtgläubig und der kirchlichen Tradition gemäß beurteilten und es empfahlen. Molinos bekam zudem die Approbation etlicher Inquisitions-Qualifikatoren und Geistlicher Prälaten. Die Druckerlaubnis seines Werkes erteilte der Dominikaner und spätere Kardinal Capizucchi. Auch Kardinal Benedetto Odescalchi, der 1676 zum Papst Innozenz XI., geweiht wurde, war von der „Guia espiritual" sehr angetan und trug wesentlich zum literarischen Erfolg bei.

Bereits 1681, sechs Jahre nach seinem Erscheinen, hatte das Buch zwanzig Ausgaben in verschiedenen Sprachen erreicht: drei im spanischen Urtext, sieben in italienischer Übersetzung sowie lateinische, französische, holländische und deutsche Ausgaben. Zu einem Neudruck von 1681 schrieb der Erzbischof von Palermo, Jaime Palafox y Cardona, ein Vorwort mit hohem Lob für den Verfasser und sein Werk. Molinos Buch, das den letzten großen Beitrag der spanischen Mystik zur europäischen Geistesgeschichte darstellt, fand besonders in Frankreich und Deutschland ein überaus starkes Echo. Hier löste es nicht zu unterschätzende geistliche Erneuerungsbewegungen aus (Fénelon, Madame Guyon, August Hermann Francke, Gottfried Arnold, Gerhard Tersteegen).

Molinos Ausführungen zum mystischen Weg stützen sich vor allem auf die Werke von Johannes Charlier

Gerson, Teresa von Avila und die des Johannes vom Kreuz. Gleichzeitig ist aber auch starker Einfluß durch die rheinisch-flämischen Mystiker spürbar. In mancher Hinsicht erinnert das Buch an die „Nachfolge Christi" des Thomas von Kempen.

Molinos war bestrebt, die Aufmerksamkeit der Wahrnehmung und letztlich damit auch die Aufmerksamkeit der Seele von den sinnlich wahrnehmbaren Dingen abzuziehen und durch den inneren Weg zu einer tiefen Ruhe zu führen. Die praktisch nachvollziehbaren Anweisungen führten bei vielen Menschen zu der großen Veränderung, stiller, ruhiger und innerlicher zu leben. Besonders die für Spiritualität offenen Menschen schätzten das Buch. Geistliche benutzten es als Anleitung für ihre Seelsorge.

A. H. Francke übersetzte 1687 die „Guia espiritual" zuerst ins Lateinische; in deutscher Sprache gab Gottfried Arnold das Werk 1699 in Frankfurt heraus unter dem Titel „Der geistliche Wegweiser, die Seele von den sinnlichen Dingen abzuziehen und zur inneren Ruhe zu führen".

Miguel de Molinos in seiner Zeit ...

Miguel de Molinos wurde am 29. Juni 1628 in Muniesa in Spanien geboren. An der Universität von Valencia, die durch und durch von der mystischen Spiritualität geprägt war, nahm er sein Studium auf. Dort schloß er mit dem Doktorat ab und wurde 1652 zum Priester geweiht. Bevor er als Theologe an die Universität von Coimbra nach Portugal ging, hatte er sich bereits in Valencia als junger Prediger und Beichtvater einen Namen gemacht.

Molinos verfügte über die große Gabe, Menschen die Irrtümer aufzuzeigen, denen sie verfallen waren, und sie auf einen guten, weiterführenden Weg zu geleiten. Er war belesen – kannte vor allem die Mystischen Schriften, aus denen er große Erkenntnisse zog. Molinos war in keinen geistlichen Orden eingetreten, denn er hielt alle selbstgewählte Gelübde-Leistung für ein Hindernis im Christentum. Daher blieb er Säkular-Priester und übernahm das Amt eines Seelsorgers. Gerade, weil er niemanden drängte, ein geistliches Leben zu führen, kamen viele Menschen zu ihm, um sich Rat zu holen.

Am 3. Oktober 1663 erhielt Miguel de Molinos den Auftrag, in Rom für die Seligsprechung des Priesters Simon von Valencia tätig zu werden. Da seine Seelen-

führung wie auch seine Gebetslehre selbst in den höchsten Kreisen Roms ein starkes Echo gefunden hatten, wurde er gebeten, in Rom zu bleiben. Die Fürstinnen Ludovisi und Borghese waren ihm zugetan, wie auch Königin Christine von Schweden, viele Kardinäle, die einflußreichen Ratgeber des Papstes, Favoriti und Casoni – vor allem jedoch der Papst selbst.

Miguel de Molinos und Papst Innozenz XI.

Bereits als Kardinal Benedetto Odescalchi hatte Papst Innozenz XI. den spanischen Mystiker Molinos zu schätzen gelernt. Die Lehre über das Beten in Stille und Ruhe wie auch das Versinken in Gott kamen dem Papst, der die Zurückgezogenheit und Einfachheit mehr liebte als die Öffentlichkeit und den Pomp, sehr entgegen. Er bat Molinos darum, in seiner Nähe zu wohnen, um dem Mystiker häufig zuhören zu können. Die Gebetslehre mit dem Ideal einer vollkommenen inneren Ruhe, einer Ruhe des eigenen Willens, hatte großen Einfluß auf ihn. Molinos vermittelte, daß diese Ruhe zu einem stabilen Zustand werden könne, der auch inmitten allen Tuns nicht mehr schwindet.

Da Papst Innozenz XI. sich anders verhielt, als viele es von ihm erwarteten, zog er ein erhebliches Maß an Mißfallen auf sich. Man unterstellte ihm, er sei durch Molinos der Welt entfremdet und in die Irre geführt worden. Diese Fehlschlüsse konnten nicht ausbleiben, da die Anwesenheit des Spaniers beim Papst unter den Geistlichen Neid verursachte – besonders bei den Jesuiten. Da man dem Papst gegenüber keine aggressive Haltung zeigen konnte, richteten sich die Anfeindungen gegen Molinos. So ist es zu erklären, daß päpstliche Anordnungen indirekt einen Schatten auf die spanische Mystik warfen.

Innozenz setzte sich vehement für die Minderung des Luxus der Geistlichkeit ein, reduzierte das Personal im Vatikan, vermied jegliches Festgepränge, verbot die Errichtung von Triumphbögen und schaffte die Jahresfeier des päpstlichen Krönungstages am 4. Oktober ab.

Miguel de Molinos jedoch hielt trotz der Attacken gegen ihn konsequent an der folgerichtigen Weiterführung seiner Mystik fest. Es ging ihm einzig und allein darum, der Seele den Weg zu weisen, der durch die Versenkung und der damit verbundenen inneren tiefen Ruhe über die Reinigung der Seele zur Erleuchtung und damit zu tiefgreifenderen Einsichten und letztlich zur Einheit mit Gott führt.

1684 riefen die Gegner von Miguel de Molinos König Ludwig XIV. von Frankreich um Hilfe – gerade zu der Zeit, in der er die Ketzerei in Frankreich ausrottete. Sie meinten und beschuldigten damit Papst Innozenz XI., daß dieser eine Ketzerei dulde, die schon ganz Italien angesteckt habe und deren Urheber Molinos, ein Spanier, sei – ein gefährlicher Mann, von dem sich der Papst hätte so einnehmen lassen, daß sie keinen Einspruch hätten einlegen können. Sie meinten, wenn „Seine allerchristliche Majestät" nicht einschreiten würde, so erleide die Christliche Kirche größten Schaden.

Der König ließ sich stark von diesen gegnerischen Machenschaften einnehmen und schrieb an seinen in Rom residierenden Abgesandten, er solle mit äußerster Schärfe Molinos verfolgen. Dieser königliche Abgesandte, der persönlich Miguel de Molinos gegenüber gut gesonnen war, sah sich dazu veranlaßt, den Befehl des Königs auszuführen. Er verlangte im Namen und Auftrag des Königs, der Papst solle eine „Inquisition" über Molinos in Gang setzen.

Der Papst, der sehr betroffen über den Eifer war, der vom französischen König ausging, wie auch über die Drohungen gegen seine Person, verwies den französischen Abgesandten an das General-Inquisitions-Amt. Die Widersacher Miguel de Molinos' hatten jedoch hier bereits gute Vorarbeit geleistet. Als sich der Abgesandte an das Tribunal mit etlichen Beschuldigungen wandte, nahm man, besonders weil das ernstliche Ansinnen des französischen Königs dahinter stand, seine Forderung sehr gewissenhaft auf und beschloß, diese angebliche Ketzerei von Molinos eingehend zu untersuchen und – wenn nötig – auszurotten.

Niemand war vor Verdächtigungen und Verfolgungen sicher. Ins Visier hatten die Inquisitoren besonders diejenigen genommen, die eine Spiritualität lebten, die auf klerikale Bevormundungen und Beichtdisziplin bewußt verzichtete. Eine solche individuelle

Frömmigkeit, die Pflege des inneren Gebetes und eine damit verbundene Bibellektüre reichen aus, um Argwohn zu wecken.

Was bei vielen Theologen im Vordergrund steht – etwa Tat, Willens- und Bußübungen, wortreiche Gebete, Sakramente, Dogmen, kirchliche Rituale, ja sogar das Einswerden mit der mystisch aufgefaßten Kirche – verliert bei Molinos jede Bedeutung. Bei dem Vorwurf, er lehre, bei allem Handeln den freien Willen auszuschalten, erwiderte er, er habe den freien Willen nicht bestritten, sondern gelehrt, im Gebet und in der darin angestrebten Verbindung mit Gott sei es dieser, der handle und nicht die Facultas. Molinos erklärte ausdrücklich, daß er niemals die jesuitische Gebetslehre angreifen, sondern nur einen anderen Weg zur Vollkommenheit anbieten wollte.

Obwohl Papst Innozenz XI., der diesen mystischen Weg mit allen Konsequenzen ging, Molinos beschützte, wurde dieser doch zur größten Überraschung seiner Freunde und Anhänger am 18. Juli 1685 unter dem Vorwand und Vorwurf einer Irrlehre von der Inquisition verhaftet. Der Papst stand diesem Geschehen ohnmächtig gegenüber. Er konnte dem Verhafteten keine direkte Hilfe mehr sein, versuchte jedoch wenigstens die Anhänger von Molinos zu warnen und in Sicherheit zu bringen.

Die Inquisitoren berieten sich und kamen zu dem Ergebnis, Molinos härter anzufassen und ihm stellvertretend für alle seine Freunde und Anhänger den Prozeß zu machen. Vergeblich suchte man in seinen Werken und seinem ausgedehnten Briefwechsel nach stichhaltigen Beweisgründen. Eigentlich hatten seine mystischen Lehren und Gebetsanweisungen nichts an sich, was die Kirche bei den großen spanischen Mystikern oder Franz von Sales nicht gebilligt hatte. Molinos lehrte das mystische Schweigen, wo Reden, Denken und Wollen aufhören und Gott zur Seele sprechen kann und ihr die höchste Erkenntnis und Weisheit mitteilt.

Auf die Dauer aber mußte eine Lehre, die kirchliche Veranstaltungen nicht an die erste Stelle setzte und zunächst einmal von äußeren Werken absah, auf denen Macht und Reichtum der Kirche beruhten, Gegnerschaft hervorrufen.

Am 3. September 1687 erfolgte in der Kirche der Minerva unter starker Anteilnahme des Volkes und in Gegenwart des gesamten Kardinal-Kollegiums die Verurteilung des Miguel de Molinos zu lebenslanger Haft. Man beschuldigte ihn sowohl des unmoralischen Verhaltens als auch der Irrlehre – eine merkwürdige Anklage für einen Menschen, der für sein vorbildhaftes Leben bekannt war und von seiner Umgebung verehrt wurde. Die Gründe für seine scharfe

Verurteilung, die einen schweren Schlag gegen die Mystik insgesamt darstellte, sind schwer nachvollziehbar, da die verurteilten 68 Thesen aus seinen Schriften nicht belegt, seine zahlreichen, im Prozeß herangezogenen Briefe nicht erhalten und die Akten des Inquisitionsprozesses 1797/99 verbrannt worden sind. Das Verfahren gegen Molinos muß als Stellvertreter-Prozeß gegen zeitgenössische Strömungen in Italien verstanden werden, die um 1680 der kirchlichen Autorität zu entgleiten drohten. Die Verurteilung dokumentiert nicht nur ein schlimmes Intrigenspiel, sondern auch die Schwierigkeit, mystische Erfahrungen korrekt ins Wort zu bringen.

Die Inquisitoren befürchteten, der Papst würde das von der Inquisition verfaßte und verhängte Urteil gegen Molinos nicht unterschreiben oder sei nur schwerlich zur Unterschrift zu bewegen. Daher suchten sie nach Mitteln, den Papst nicht nur zu erschrekken, sondern ihn auch zur Unterschrift zu zwingen. Sie sandten eine feierliche Abordnung zu Innozenz XI., die ihn nicht als Papst, sondern als Benedetto Odescalchi ansprach, um ihm Glaubensfragen zu stellen.
Innozenz XI., der bis zu seinem Tod am 12. August 1689 auf dem Papstthron blieb, fühlte sich ausweglos gedrängt und genötigt, seinen Freund Miguel de Molinos der Inquisition und dem Willen der Inquisitoren

zu überlassen - obwohl er ihn für gerecht und unschuldig hielt.

Der grausige Akt war hiermit beendet. Miguel de Molinos wurde für immer in seine Gefängniszelle im Dominikanerkloster San Pedro Montorio zurückgeführt. Neun Jahre mußte er im Kerker verbringen, bis er am 28. Dezember 1696 an diesem unwürdigen Ort starb. Miguel de Molinos wurde 68 Jahre alt.
Die letzten drei Monate vor seinem Tod war er sehr krank. Molinos konnte nichts mehr zu sich nehmen, da er sich ständig erbrechen mußte. Man vermutet, daß man ihn durch über einen längeren Zeitraum verabreichte kleine Dosen von Gift umbrachte.

Literatur

Miguel de Molinos: Guia espiritual. Rom 1675.

–: Guia espiritual. Herausgegeben von J.I. Tellechea Idigoras. 1974.

–: Der geistliche Wegweiser, die Seele von den sinnlichen Dingen abzuziehen und zur inneren Ruhe zu führen. Herausgegeben von Gottfried Arnold. Frankfurt 1699.

Literatur, auf die sich Molinos bezieht

Aurelius Augustinus: Alleingespräche. Aus den Werken Augustins ausgewählt und übersetzt von Joseph Bernhart. Stuttgart [7]1965.

–: Selbstgespräche über Gott und die Unsterblichkeit der Seele. Herausgegeben von H. Müller. Zürich 1954.

–: Selbstgespräche. Die echten Soliloquien. Herausgegeben von L. Schopp. München 1938.

–: Bekenntnisse und Gottesstaat. Sein Werk ausgewählt von Joseph Bernhart. Stuttgart [7]1965.

Bonaventura: Pilgerbuch der Seele zu Gott. Die Zurückführung der Künste auf die Theologie. Eingeleitet, übersetzt und erläutert von Julian Kaup OFM. München 1961.

–: Alleingespräch. Über die vier geistlichen Tugenden. Herausgegeben und übersetzt von Josef Hosse. München 1958.

Jeanne-Francoise von Chantal: Briefe an den hl. Franz von Sales. Herausgegeben von E. Heine. München 1929.

Johannes Charlier Gerson: De mystica theologia. Herausgegeben von A. Combes. Lugano 1958.

–: Initiation á la vie mystique. Ed. P. Pascal. Paris 1945.

Gregor der Große: Buch der Pastoralregel. Aus dem Lateinischen übersetzt von Prälat Joseph Funk. Bibliothek der Kirchenväter. München 1933.

Ignatius von Loyola: Der Bericht des Pilgers. Übersetzt und erläutert von Burkhart Schneider. Freiburg [4]1977.

M. Petrocchi: Il Quietismo italiano del seicento. Rom 1948.

Franz von Sales: Philotea. Anleitung zum religiösen Leben. Übersetzt und herausgegeben von Otto Karrer. München 1961.

–: Deutsche Ausgabe der Werke. Herausgegeben von F. Reisinger. Eichstätt 1948–1983.

Heinrich Seuse: Deutsche Mystische Schriften. Herausgegeben und übersetzt von Georg Hoffmann. Düsseldorf 1966.

Katharina von Siena: Meditative Gebete. Christliche Meister. Band 5. Einsiedeln 1979.

–: Briefe. Herausgegeben von F. Strobel. Einsiedeln-Köln 1943.

Johannes Tauler: Predigten. Übertragen und herausgegeben von Georg Hofmann. Christliche Meister. Band 2 und Band 3. Einsiedeln 1979.

Teresa von Avila: Leben von ihr selbst beschrieben. Übersetzt von Pater Aloysius Alkofer OCD. München ^{4}1973.

–: Brief an Alfons Velásquez, Bischof von Osma, in Toledo. Palencia, im Mai 1581. In: Briefe der heiligen Theresia von Jesu. Übersetzt von Pater Aloysius Alkofer OCD. III. Teil. München ^{2}1957, 590.594.

Weisung der Väter. Apophthegmata Patrum. Eingeleitet und übersetzt von Bonifaz Miller. Freiburg 1965.

Weiterführende Literatur

Gottfried Arnold: Auswahl aus seinen Werken. Herausgegeben von E. Seeberg. München 1934.

–: Unparteyische Kirchen- und Ketzerhistorie von Anfang des Neuen Testaments bis auff das Jahr Christi 1688. Vier Teile. 2 Bände. Frankfurt 1699/1700.

M. Bendiscioli: Der Quietismus zwischen Häresie und Orthodoxie. Wiesbaden 1964.

Walther L. Bernecker: Religion in Spanien. Darstellung und Daten zur Geschichte und Gegenwart. Gütersloh 1995.

Walther L. Bernecker und Horst Pietschmann: Geschichte Spaniens. Von der frühen Neuzeit bis zur Gegenwart. Stuttgart 1993.

Bruno Borchert: Mystik. Das Phänomen – Die Geschichte – Neue Wege. Freiburg 1997.

L. Cognet: Crépuscule des mystiques. Paris 1958.

J.I. Connolly: Johannes Gerson, Reformer and Mystic. Löwen 1928.

G. della Croce: Gerhard Tersteegen. Neubelebung der Mystik als Ansatz einer kommenden Spiritualität. Bern 1979.

P. Debongnie: L'inquietante mystique de Michel Molinos. Études carmélitaines. Paris 1952, 152-169.

W. Drees: Die Theologie Gersons. Hildesheim/NY 1977. (Nachdruck der Ausgabe Gütersloh 1931).

P. Dudon: Le quiétiste espagnol - Michel Molinos. Paris 1921.

Louis Dupré: Molinos. In: Geschichte der christlichen Spiritualität. Dritter Band: Die Zeit von der Reformation bis zur Gegenwart. Würzburg 1997, 156-159.

Peter Dyckhoff: Das Ruhegebet. Einübung nach Cassian. München 4. Aufl. 1994.

–: Das Mystische Gebet. Einübung nach Dionysius. München 1996.

Francois Fénelon: Geistliche Werke. Einleitung und Textauswahl von Francois Varillon. Düsseldorf 1961.

August Hermann Francke: Werke in Auswahl. Herausgegeben von E. Peschke. Bielefeld 1968.

–: Öffentliches Zeugnis von Werk, Wort und Dienst Gottes. Theologische Schriften. Halle 1702.

Pius Bonifatius Gams: Die Kirchengeschichte von Spanien. 3 Bände. Regensburg 1862-79.

Johann Wolfgang von Goethe: Dichtung und Wahrheit. II. Teil, Achtes Buch. In: Goethes sämtliche Werke. Dreizehnter Band. Berlin o.A., 427.

Joseph Gregor: Das spanische Welttheater. Wien 1937.

Grote Winkler Prins Encyclopedie. 25 Bände. Amsterdam [8]1984, 15.470.

Jeanne Marie Guyon: Das innere Gebet. Geisweid 1917. Nachdruck „Les Opuscules spirituels" 1978.

–: Die geistlichen Ströme. (Die Heimkehr des Menschen zu Gott). Marburg [4]1978.

–: Das Leben der Madame J.M.B. de la Mothe Guyon. Von ihr selbst beschrieben. Leipzig 1727.

A. Hämel-Stier: Jeanne-Francoise von Chantal. Eichstätt 1954.

Hartmut Heine: Geschichte Spaniens in der frühen Neuzeit 1400-1800. München 1984.

Heinrich Heppe: Geschichte der quietistischen Mystik in der katholischen Kirche. Berlin 1875. (Nachdruck 1978).

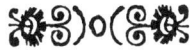

Henry Kamen: Die spanische Inquisition. München 1980.

Ronald Knox: Christliches Schwärmertum. Köln/ Olten 1957, 262 ff.

J. Köhler: Das persönliche Schicksal des Molinos und der Bereich seiner Anhänger. In: Zeitschrift für Kirchengeschichte. Gotha/Stuttgart 1898, 572 ff.

Joh. Kraus und Joseph Calvet (Herausgeber): Fénelon, Persönlichkeit und Werk. Baden-Baden 1953.

Henry Charles Lea: Geschichte der Spanischen Inquisition. Deutsch bearbeitet von Prosper Müllendorf. Drei Bände. Leipzig 1911 und 1912. (Neudruck der Leipziger Ausgabe: Aalen 1980).

–: Geschichte der Inquisition im Mittelalter. Drei Bände. Autorisierte Übersetzung, bearbeitet von Heinz Wieck und Max Rachel. Revidiert und herausgegeben von Joseph Hansen. Frankfurt 1997.

Robert Lemm: Die Spanische Inquisition. München 1996.

B. Llorca: Die spanische Inquisition und die Alumbrados. Berlin 1934.

K. Muth: Fénelon und Frau von Guyon. In: Hochland, 36, 1938, 21-34.

W. Nelle: Tersteegens Geistliche Lieder. Mit einer Lebensgeschichte des Dichters und seiner Dichtung. Gütersloh 1897.

Walter Nigg: Gerhard Tersteegen – der Verstand des Herzens: ein Lebensbericht. Giessen-Basel 1997.

–: Das Buch der Ketzer. Zürich 1949.

Ludwig Freiherr von Pastor: Geschichte der Päpste. Band XIV, 2, 983-995. Freiburg 1930.

L. Pfandl: Spanische Kultur und Sitte des 16. und 17. Jahrhunderts. Kempten 1924.

Jean Plaidy: The Spanish Inquisition. Its Rise, Growth and End. New York 1967.

Cris Popenoe: Books for Inner Development. Washington 1974.

Luis de la Puente – A. P. Ramirez: De la vida meravillosa de la ven. dona Marina de Escobar. Zwei Bände. Madrid 1664-1673. Deutsche Ausgabe: In: Sammlung der vorzügl. mystischen Schriften aller kath. Völker. Herausgegeben von G. J. Manz. Regensburg 1861, 23-26.

Leopold von Ranke: Spanische Geschichte. Die Osmanen und die spanische Monarchie im 16. und 17. Jahrhundert. Herausgegeben von Professor Dr. Willy Andreas. Essen o.A.

H. von Redern: Die Geschichte einer Seele. Leben, Leiden und Lehren von J. M. B. de la Mothe Guyon. Schwerin 1908.

Bernd Rill: Die Inquisition und ihre Ketzer. Puchheim 1982.

E. Seeberg: Gottfried Arnold, die Wissenschaft und die Mystik seiner Zeit. Studien zur Historiographie und zur Mystik. Meerane in Sachsen 1923. (Nachdruck: Darmstadt 1964).

Robert Spaemann: Reflexion und Spontaneität. Studien über Fénelon. Stuttgart 1963.

K. E. Scharling: Miguel de Molinos. In: Zeitschrift für die historische Theologie. 1854/55.

H. Stahl: A. H. Francke. Der Einfluß Luthers und Molinos' auf ihn. Stuttgart 1939.

J. Stelzenberger: Die Mystik des Johannes Gerson. Breslau 1928.

J. I. Tellechea: Dos origénales manucritos de la „Guia espiritual" de Molinos. In: Anthologica Annua 8, 1960, 495–515.

Gerhard Tersteegen: Weg der Wahrheit. Stuttgart [4]1968. (Nachdruck).

–: Kleine Perlenschnur. Mühlheim an der Ruhr [5]1882.

–: Geistliches Blumen-Gärtlein inniger Seelen; oder, kurtze Schluszreimen, Betrachtungen und Lieder, ueber allerhand Wahrheiten des inwendigen Christenthums; zur Erweckung, Stärkung und Erquikkung in dem verborgenen Leben mit Christo in Gott. Frankfurt/Leipzig 1729.

Manfred Tietz: Miguel de Molinos. In: Wörterbuch der Mystik. Herausgegeben von Peter Dinzelbacher. Stuttgart 1989, 360–361.

E. van der Vekené: Bibliograhie der Inquisition; ein Versuch. Hildesheim 1963.

Gerhard Wehr: Europäische Mystik zur Einführung. Hamburg 1995, 12.161–165.